LS그룹

인적성검사

LS그룹

인적성검사

개정판 발행	2023년 5월 4일
개정2판 발행	2026년 3월 11일

편 저 자 | 취업적성연구소

발 행 처 | ㈜서원각

등록번호 | 1999-1A-107호

주   소 | 경기도 고양시 일산서구 덕산로 88-45(가좌동)

교재주문 | 031-923-2051

팩   스 | 031-923-3815

교재문의 | 카카오톡 플러스 친구[서원각]

홈페이지 | goseowon.com

PREFACE

우리나라 기업들은 1960년대 이후 현재까지 비약적인 발전을 이루었다. 이렇게 급속한 성장을 이룰 수 있었던 배경에는 우리나라 국민들의 근면성 및 도전정신이 있었다. 그러나 빠르게 변화하는 세계 경제의 환경에 적응하기 위해서는 근면성과 도전정신 이외에 또 다른 성장 요인이 필요하다.

한국기업들이 지속가능한 성장을 하기 위해서는 혁신적인 제품 및 서비스 개발, 선도 기술을 위한 R&D, 새로운 비즈니스 모델 개발, 효율적인 기업의 합병·인수, 신사업 진출 및 새로운 시장 개발 등 다양한 대안을 구축해 볼 수 있다. 하지만, 이러한 대안들 역시 훌륭한 인적자원을 바탕으로 할 때에 가능하다. 최근으로 올수록 기업체들은 자신의 기업에 적합한 인재를 선발하기 위해 기존 학벌 위주의 채용을 탈피하고 기업 고유의 인·적성검사 제도를 도입하고 있는 추세이다.

LS그룹에서도 업무에 필요한 역량 및 책임감과 적응력 등을 구비한 인재를 선발하기 위하여 고유의 인·적성검사를 치르고 있다. 본서는 LS그룹 채용대비를 위한 필독서로 LS그룹 인·적성검사의 출제경향을 철저히 분석하여 응시자들이 보다 쉽게 시험유형을 파악하고 효율적으로 대비할 수 있도록 구성하였다.

신념을 가지고 도전하는 사람은 반드시 그 꿈을 이룰 수 있습니다. 처음에 품은 신념과 열정이 취업 성공의 그 날까지 빛바래지 않도록 서원각이 수험생 여러분을 응원합니다.

STRUCTURE

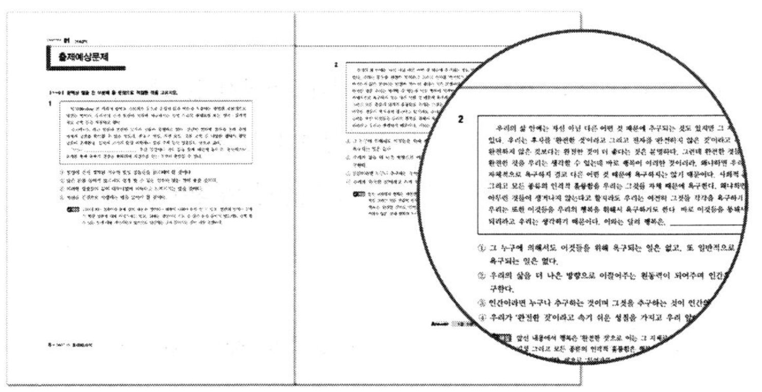

출제예상문제

적중률 높은 영역별 출제예상문제를 수록하여 학습효율을 확실하게 높였습니다.

인성검사 및 면접

인성검사의 개요와 실전 인성검사로 다양한 유형의 인성검사를 대비할 수 있습니다. 또한 성공취업을 위한 면접의 기본과 면접기출을 수록하여 취업의 마무리까지 깔끔하게 책임집니다.

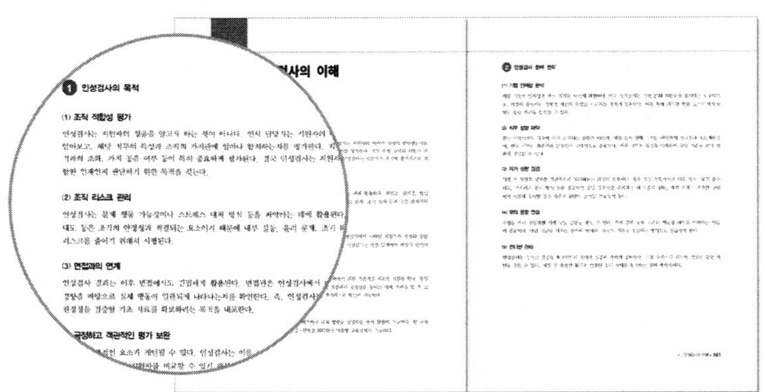

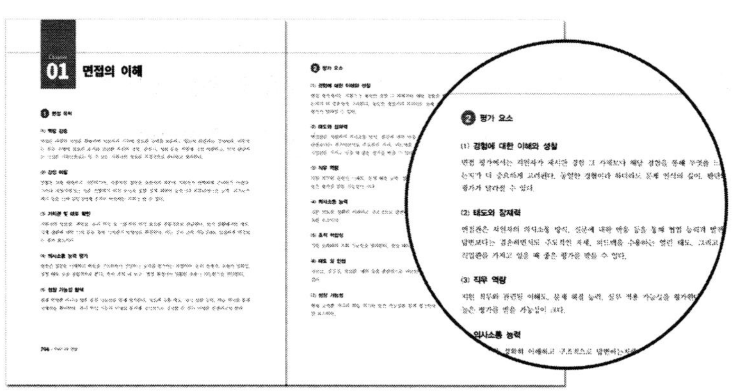

정답 및 해설

문제의 핵심을 꿰뚫는 명쾌하고 자세한 해설로 수험생들의 이해를 돕습니다.

CONTENTS

01

출제예상문제

출제예상문제

|1~9| 문맥상 밑줄 친 부분에 올 문장으로 적절한 것을 고르시오.

1

힐링(Healing)은 사회적 압박과 스트레스 등으로 손상된 몸과 마음을 치유하는 방법을 포괄적으로 일컫는 말이다. 우리보다 먼저 힐링이 정착된 서구에서는 질병 치유의 대체요법 또는 영적·심리적 치료 요법 등을 지칭하고 있다.

국내에서도 최근 힐링과 관련된 갖가지 상품이 유행하고 있다. 간단한 인터넷 검색을 통해 수천 가지의 상품을 확인할 수 있을 정도다. 종교적 명상, 자연 요법, 운동 요법 등 다양한 형태의 힐링 상품이 존재한다. 심지어 고가의 힐링 여행이나 힐링 주택 등의 상품들도 나오고 있다.

그러나 _______________________ 우선 명상이나 기도 등을 통해 내면에 눈뜨고, 필라테스나 요가를 통해 육체적 건강을 회복하여 자신감을 얻는 것부터 출발할 수 있다.

① 힐링이 먼저 정착된 서구의 힐링 상품들을 참고해야 할 것이다.

② 많은 돈을 들이지 않고서도 쉽게 할 수 있는 일부터 찾는 것이 좋을 것이다.

③ 이러한 상품들의 값이 터무니없이 비싸다고 느껴지지는 않을 것이다.

④ 자신을 진정으로 사랑하는 법을 알아야 할 것이다.

> **✔해설** '그러나'라는 접속어를 통해 앞의 내용과 상반되는 내용이 나와야 함을 알 수 있다. 빈칸의 앞에는 갖가지 힐링 상품에 대해 이야기하고 있고, 뒤에는 명상이나 기도 등 많은 돈을 들이지 않고서도 쉽게 할 수 있는 일에 대해 이야기하고 있으므로 빈칸에는 ②가 들어가는 것이 가장 적절하다.

2

우리의 삶 안에는 자신 아닌 다른 어떤 것 때문에 추구되는 것도 있지만 그 자체로 추구될만한 것도 있다. 우리는 후자를 '완전한 것'이라고 그리고 전자를 '완전하지 않은 것'이라고 부를 수 있을 것이다. 완전하지 않은 것보다는 완전한 것이 더 좋다는 것은 분명하다. 그런데 완전한 것들 중에서도 단적으로 완전한 것을 우리는 생각할 수 있는데 바로 행복이 이러한 것이리라. 왜냐하면 우리는 행복을 항상 그 자체적으로 욕구하지 결코 다른 어떤 것 때문에 욕구하지는 않기 때문이다. 사회적 존경, 즐거움, 지성 그리고 모든 종류의 인격적 훌륭함을 우리는 그것들 자체 때문에 욕구한다. 왜냐하면 이런 것들로부터 아무런 것들이 생겨나지 않는다고 할지라도 우리는 여전히 그것들 각각을 욕구하기 때문이다. 그런데 우리는 또한 이것들을 우리의 행복을 위해서 욕구하기도 한다. 바로 이것들을 통해서 우리가 행복하게 되리라고 우리는 생각하기 때문이다. 이와는 달리 행복은, ______________________________

① 그 누구에 의해서도 이것들을 위해 욕구되는 일은 없고, 또 일반적으로 다른 어떤 것 때문에 욕구되는 일은 없다.

② 우리의 삶을 더 나은 방향으로 이끌어주는 원동력이 되어주며 인간은 계속적으로 행복을 추구한다.

③ 인간이라면 누구나 추구하는 것이며 그것을 추구하는 것이 인간의 궁극적인 목표가 될 수 있다.

④ 우리가 '완전한 것'이라고 속기 쉬운 성질을 가지고 우리 앞에 나타난다.

> **✔해설** 앞선 내용에서 행복은 '완전한 것'으로 이는 그 자체로 추구되는 것이라고 말한다. 사회적 존경, 즐거움, 지성 그리고 모든 종류의 인격적 훌륭함은 행복을 위해 욕구되기도 하는 '완전하지 않은 것'이며 반면에 '행복'은 '완전한 것'으로 '무언가를 위해서' 혹은 '무언가 때문에' 욕구 되지 않는다. 때문에 빈칸에는 '완전하지 않은 것'과 행복의 차이점을 이야기하는 ①이 적절하다.

3

> 천재성에 대해서는 두 가지 서로 다른 직관이 존재한다. 개별 과학자의 능력에 입각한 천재성과 후대의 과학발전에 끼친 결과를 고려한 천재성이다. 개별 과학자의 천재성은 일반 과학자의 그것을 뛰어넘는 천재적인 지적 능력을 의미한다. 후자의 천재성은 과학적 업적을 수식한다. 이 경우 천재적인 과학적 업적이란 이전 세대 과학을 혁신적으로 바꾼 정도나 그 후대의 과학에 끼친 영향의 정도를 의미한다. 다음과 같은 두 주장을 생각해 보자. 첫째, 과학적으로 천재적인 업적을 낸 사람은 모두 천재적인 능력을 소유하고 있다. 둘째, 천재적인 능력을 소유한 과학자는 모두 반드시 천재적인 업적을 낸다. 역사적으로 볼 때 천재적인 능력을 갖추고도 천재적인 업적을 내지 못한 과학자는 많다. 이는 천재적인 능력을 갖고 태어난 사람들의 수에 비해서 천재적인 업적을 낸 과학자의 수가 상대적으로 적다는 사실만 보아도 쉽게 알 수 있다. 실제로 많은 나라에서 영재학교를 운영하고 있으며, 이들 학교에는 정도의 차이는 있지만 평균보다 탁월한 지적 능력을 보이는 학생들이 많이 있다. 그러나 이들 가운데 단순히 뛰어난 과학적 업적이 아니라 과학의 발전과정을 혁신적으로 바꿀 혁명적 업적을 내는 사람은 매우 드물다. 그러므로 ___________________________________

① 천재적인 업적을 남기는 것은 천재적인 과학자만이 할 수 있는 것은 아니다.

② 우리는 천재적인 업적을 남겼다고 평가 받는 과학자를 존경해야 한다.

③ 아이들을 영재로 키우는 것이 과학사 발전에 이바지하는 것이다.

④ 천재적인 과학자라고 해서 반드시 천재적인 업적을 남기는 것은 아니라고 할 수 있다.

> ✔ **해설** 주어진 글은 천재성에 대한 천재적인 능력과 천재적인 업적이라는 두 가지 직관에 대해 말한다. 빈칸은 앞서 말한 내용을 한 문장으로 정리한 것이고, 빈칸의 앞에서 천재적인 능력을 가진 이들이 많다고 해도 이들 중 천재적인 업적을 내는 사람은 매우 드물다고 했으므로 이를 한 문장으로 정리한 ④번이 빈칸에 들어가는 것이 적절하다.

4

> 과거에는 종종 언어의 표현 기능 면에서 은유가 연구되었지만, 사실 은유는 말의 본질적 상태 중 하나이다. 언어는 한 종류의 현실에서 또 다른 현실로 이동함으로써 그 효력을 발휘하며, 따라서 본질적으로 은유적이다. 어떤 이들은 기술과학 언어에는 은유가 없어야 한다고 역설하지만, ______________________ 예컨대 우리는 조직에 대해 생각할 때 습관적으로 위니 아래이니 하며 공간적으로 생각하게 된다. 우리는 이론이 마치 건물인 양 생각하는 경향이 있어서 기반이나 기본구조 등을 말한다. ‘토대’와 ‘상부 구조’는 마르크스주의에서 기본 개념들이다. 데리다가 보여 주었듯이, 심지어 철학에도 은유가 스며들어 있는데 단지 인식하지 못할 뿐이다.

① 은유적인 표현은 주류 집단의 전유물이다.
② 은유적 표현들은 언어 그 자체에 깊이 뿌리박고 있다.
③ 은유는 보다 본격적인 의미의 언어사용이다.
④ 은유는 문학적인 측면에서 적극적인 언어이다.

> **해설** 빈칸의 앞선 내용에서 언어는 본질적으로 은유적이라고 말하고 있다. 또한 빈칸의 뒤에서는 ‘조직’을 공간적으로 생각하며 ‘이론’을 건물인 양 생각하는 경향을 예로 우리 생활에 은유가 가까이 스며있음을 부연하고 있으므로 빈칸에는 ②가 적절하다.

5

> 기억이 착오를 일으키는 프로세스는 인상적인 사물을 받아들이는 단계부터 이미 시작된다. 감각적인 지각의 대부분은 무의식중에 기록되고 오래 유지되지 않는다. 대개는 수 시간 안에 사라져 버리며, 약간의 본질만이 남아 장기 기억이 된다. 무엇이 남을지는 선택에 의해서이기도 하고, 그 사람의 견해에 따라서도 달라진다. 분주하고 정신이 없는 장면을 주고, 나중에 그 모습에 대해서 이야기하게 해 보자. 일어난 일에 대한 묘사는 본 사람이 무엇을 중요하게 판단하고, 무엇에 흥미를 가졌느냐에 따라 크게 다르다. 어느 부분에 주목하고, 또 어떻게 그것을 해석했는지에 따라 즐겁기도 하고 무섭기도 하다. 단순히 정신 사나운 장면으로만 보이는 경우도 있다. 기억이란 ____________________________

① 어떠한 사건을 받아들인 첫 순간에 대한 기록이다.
② 처음 받아들인 감각에 대한 객관적인 기록이다.
③ 원래 일어난 일을 단순하게 기록하는 것이 아니다.
④ 다른 재현이 아닌 시간의 순서대로 기억하는 것이다.

> **해설** 제시된 글은 기억은 무언가를 받아들이면서부터 착오가 시작되며 같은 사건일지라도 사람에 따라 선택적으로 기억한다고 말하고 있다. 때문에 빈칸에 올 수 있는 내용은 기억은 객관적이기 보다 주관적이며 발생한 사건의 단순한 기록이 아니라는 ③이 적절하다.

Answer　　3.④　4.②　5.③

6

> 　영혼은 아주 미세한 입자들로 구성되어 있기 때문에, 몸의 나머지 구조들과 더 잘 조화를 이룰 수 있다. 감각의 주요한 원인은 영혼에 있다. 그러나 몸의 나머지 구조에 의해 보호되지 않는다면, 영혼은 감각을 가질 수 없을 것이다. 몸은 감각의 원인을 영혼에 제공한 후, 자신도 감각 속성의 몫을 영혼으로부터 얻는다. 영혼이 몸을 떠나면, 몸은 더 이상 감각을 소유하지 않는다. 왜냐하면 몸은 감각 능력을 스스로 가진 적이 없으며, 몸과 함께 태어난 영혼이 몸에게 감각 능력을 주었기 때문이다. 물론 몸의 일부가 소실되어 거기에 속했던 영혼이 해체되어도 나머지 영혼은 몸 안에 있다. 또한 영혼의 한 부분이 해체되더라도, 나머지 영혼이 계속해서 존재하기만 한다면 여전히 감각을 유지할 것이다. 반면에 영혼을 구성하는 입자들이 전부 몸에서 없어진다면, 몸 전체 또는 일부가 계속 남아 있더라도 감각을 가지지 못할 것이다. 더구나_______________________

① 영혼이 더욱 미세한 입자로 구성되어 있다면 더 섬세한 감각을 가질 수 있다.

② 몸 전체가 분해된다면, 영혼도 더 이상 이전과 같은 능력을 가지지 못하고 해체되며 감각 능력도 잃게 된다.

③ 감각을 잃은 영혼은 더 이상 존재의 이유를 가지지 못해 소멸한다.

④ 일부만 존재하는 육체에 담긴 영혼은 불완전하며 감각의 능력을 가지고 있음에도 그 기능이 점점 쇠퇴한다.

✔해설 몸이나 영혼의 일부가 소실되어도 나머지로 인해 감각을 유지할 수 있다는 주장에 상반되는 내용이 이어지는 데에 빈칸이 존재한다. '반면에'로 이어지는 앞선 주장과 상반되는 내용은 영혼이 없으면 몸이 있어도 감각을 가질 수 없다는 것이며 '더구나'로 이어지는 이에 나아간 주장은 몸이 없을 경우에도 감각을 가질 수 없다는 내용이 오는 것이 적절하다.

7

> 　　정부는 공공의 이익을 위해 정책을 기획, 수행하여 유형 또는 무형의 생산물인 공공 서비스를 공급한다. 공공 서비스의 특성은 배제성과 경합성의 개념으로 설명할 수 있다. 배제성은 대가를 지불하여야 사용이 가능한 성질을 말하며, 경합성은 한 사람이 서비스를 사용하면 다른 사람은 사용할 수 없는 성질을 말한다. 이러한 배제성과 경합성의 정도에 따라 공공 서비스의 특성이 결정된다. 예를 들어 국방이나 치안은 사용자가 비용을 직접 지불하지 않고 여러 사람이 한꺼번에 사용할 수 있으므로 ＿＿＿＿＿＿＿＿＿＿＿ 이에 비해 배제성은 없지만, 많은 사람이 한꺼번에 사용하는 것이 불편하여 경합성이 나타나는 경우도 있다. 무료로 이용하는 공공 도서관에서 이용자가 많아 도서 열람이나 대출이 제한될 경우가 이에 해당한다.

① 배제성과 경합성이 모두 있다.

② 경합성은 없지만 배제성이 나타난다.

③ 배재성을 가지면서 경합성을 나타내기도 하고 그렇지 않기도 하다.

④ 배제성과 경합성이 모두 없다.

✔ **해설** 주어진 글에서 '배제성은 대가를 지불하여야 사용이 가능한 성질을 말하며, 경합성은 한 사람이 서비스를 사용하면 다른 사람은 사용할 수 없는 성질을 말한다'고 설명하고 있다. 빈칸의 문장에서 예로 들고 있는 국방이나 치안은 사용자가 비용을 직접 지불하지 않는다고 했으므로 배재성이 없고, 여러 사람이 한꺼번에 사용할 수 있으므로 경합성도 없다.

8

> 　행랑채가 퇴락하여 지탱할 수 없게끔 된 것이 세 칸 이었다. 나는 마지못하여 이를 모두 수리하였다. 그런데 그중의 두 칸은 앞서 장마에 비가 샌 지가 오래되었으나, 나는 그것을 알면서도 이럴까 저럴까 망설이다가 손을 대지 못했던 것이고, 나머지 한 칸은 비를 한 번 맞고 샜던 것이라 서둘러 기와를 갈았던 것이다. 이번에 수리하려고 본즉 비가 샌 지 오래된 것은 그 서까래, 추녀, 기둥, 들보가 모두 썩어서 못 쓰게 되었던 까닭으로 수리비가 엄청나게 들었고, 한 번밖에 비를 맞지 않았던 한 칸의 재목들은 완전하여 다시 쓸 수 있었던 까닭으로 그 비용이 많이 들지 않았다.
>
> 　나는 이에 느낀 것이 있었다. 사람의 몫에 있어서도 마찬가지라는 사실을. 잘못을 알고서도 바로 고치지 않으면 곧 그 자신이 나쁘게 되는 것이 마치 나무가 썩어서 못 쓰게 되는 것과 같으며, 잘못을 알고 고치기를 꺼리지 않으면 해(害)를 받지 않고 다시 착한 사람이 될 수 있으니, 저 집의 재목처럼 말끔하게 다시 쓸 수 있는 것이다. 뿐만 아니라 나라의 정치도 이와 같다. 백성을 좀먹는 무리들을 내버려두었다가는 백성들이 도탄에 빠지고 나라가 위태롭게 된다. 그런 연후에 급히 바로잡으려 하면 _______________________ 어찌 삼가지 않겠는가.

① 금세 말끔하게 다시 쓸 수 있을 것이다.
② 시간이 걸리겠지만 아직 늦지 않은 것이다.
③ 나라가 더욱 위태로워질 수 있는 것이다.
④ 이미 썩어 버린 재목처럼 때는 늦은 것이다.

> ✔해설　앞에 제시된 집의 수리에 대한 이야기를 정치에 대입하고 있으므로 백성을 좀먹는 무리들을 내버려두는 것은 나무가 썩어서 못 쓰게 되는 것과 같으므로 빈칸에 들어갈 가장 적절한 것은 ④이다.

9

> 희생제의는 원시사회의 산물로 머문 것이 아니라 아주 오랫동안 동서양을 막론하고 여러 문화권에서 지속적으로 행해져 왔다. 이에 희생제의의 기원이나 형식을 밝히기 위한 종교현상학적 연구들이 시도되어 왔다. 그리고 인류학적 연구에서는 희생제의에 나타난 인간과 문화의 본질에 대한 탐색이 있어 왔다. 인류학적 관점의 대표적인 학자인 지라르는 「폭력과 성스러움」, 「희생양」 등을 통해 인간 사회의 특징, 사회 갈등과 그 해소 등의 문제를 '희생제의'와 '희생양'으로 설명했다.
>
> 인간은 끊임없이 타인과 경쟁하고 갈등하는 존재이다. 이러한 인간들 간의 갈등은 공동체 내에서 무차별적이면서도 심각한 갈등 양상으로 치닫게 되고 극도의 사회적 긴장 관계를 유발한다. 이때 다수의 사회 구성원들은 ______________________________ 지라르 논의의 핵심이다.

① 사회 갈등을 희생양에게 전이시켜 사회 갈등을 해소하고 안정을 되찾고자 하였다는 것이

② 희생양을 통해 구원받기를 갈구하며 고유의 선발 기준에 그 정당성을 부여한다는 것이

③ 그러한 갈등에서 이기기 위해 상대보다 더욱 강력한 것들을 희생양으로 제시한다는 것이

④ 희생양의 존재에 자신을 대입하여 고통을 위로받으며 구원을 희망한다는 것이

✔ **해설** 앞선 문단에서 지라르는 희생양을 이용해 사회 갈등과 그 해소 등의 문제를 설명한다고 말한다. 빈칸이 지라르 논의의 핵심이라고 했으므로 ①의 내용이 가장 적절하다.

10

> 음성을 인식하기 위해서 먼저 입력된 신호에서 잡음을 제거한 후 음성 신호만 추출한다. 그런 다음 음성 신호를 하나의 음소로 판단되는 구간인 '음소 추정 구간'들의 배열로 바꾸어 준다. (   ) 음성 신호를 음소 단위로 정확히 나누는 것은 쉽지 않다. 이를 해결하기 위해 먼저 음성 신호를 일정한 시간 간격의 '단위 구간'으로 나누고, 이 단위 구간 하나만으로 또는 연속된 단위 구간을 이어 붙여 음소 추정 구간들을 만든다.

① 그래서   ② 그런데
③ 그럼에도   ④ 예를 들면

✔해설 빈칸의 앞에서 음성 신호를 음소 단위로 전환한다는 내용에 이어 음성 신호를 음소 단위로 나누는 것이 쉽지 않다고 말하고 있으므로 화제를 앞의 내용과 관련시키며 다른 방향으로 이끌어가는 접속사인 '그런데'가 오는 것이 적절하다.

11

> 비자발적인 행위는 강제나 무지에서 비롯된 행위이다. (   ) 자발적인 행위는 그것의 단초가 행위자 자신 안에 있다. 행위자 자신 안에 행위의 단초가 있는 경우에는 행위를 할 것인지 말 것인지가 행위자 자신에게 달려 있다.
>
> 욕망이나 분노에서 비롯된 행위들을 모두 비자발적이라고 할 수는 없다. 그것들이 모두 비자발적이라면 인간 아닌 동물 중 어떤 것도 자발적으로 행위를 하는 게 아닐 것이며, 아이들조차 그럴 것이기 때문이다. 우리가 욕망하는 것들 중에는 마땅히 욕망해야 할 것이 있는데, 그러한 욕망에 따른 행위는 비자발적이라고 할 수 없다. 실제로 우리는 어떤 것들에 대해서는 마땅히 화를 내야하며, 건강이나 배움과 같은 것은 마땅히 욕망해야 한다. 따라서 욕망이나 분노에서 비롯된 행위를 모두 비자발적인 것으로 보아서는 안 된다.

① 반면에   ② 더욱이
③ 그래서   ④ 그럼에도 불구하고

✔해설 주어진 글은 비자발적 행위와 자발적 행위의 상반된 특성에 대해 말하고 있으므로 빈칸에는 ①이 가장 적절하다.

12

　　공리주의자는 동일한 강도의 행복을 동등하게 고려한다. (　　　　) 공리주의자들은 '나'의 행복이 '너'의 행복보다 더 도덕적 가치가 있다고 생각하지 않는다. 이런 점에서 볼 때 공리주의에서 행복이 누구의 것인가는 중요하지 않다. 하지만 누구의 행복인가 하는 질문이 행복 주체의 범위로 이해될 때에는 다르다. 이미 실제로 존재하고 있는 생명체의 행복만을 고려할 것인가, 아니면 앞으로 존재할 생명체의 행복까지 고려할 것인가? 이와 관련해서 철학자 싱어는 행복의 양을 증가시키는 방법에 대한 공리주의의 견해를 '실제적 견해'와 '전체적 견해'로 구별한다.

① 이를테면　　　　　　　　　　② 그리하여

③ 즉　　　　　　　　　　　　　④ 따라서

　　✔해설　빈칸의 뒤에 이어지는 문장은 앞선 문장을 바꾸어 설명하고 있으므로 ③이 적절하다.

13

　　사람의 키는 주로 다리뼈의 길이에 의해서 결정된다. 다리뼈는 뼈대와 뼈끝판 그리고 뼈끝으로 구성되어 있다. 막대기 모양의 뼈대는 뼈 형성세포인 조골세포를 가지고 있다. (　　) 뼈끝은 다리뼈의 양쪽 끝 부분이며 뼈끝과 뼈대의 사이에는 여러 개의 연골세포층으로 구성된 뼈끝판이 있다. 뼈끝판의 세포층 중 뼈끝과 경계면에 있는 세포층에서만 세포분열이 일어난다. 연골세포의 세포분열이 일어날 때, 뼈대 쪽에 가장 가깝게 있는 연골세포의 크기가 커지면서 뼈끝판이 두꺼워진다. 크기가 커진 연골세포는 결국 죽으면서 빈 공간을 남기고 이렇게 생긴 공간이 뼈대에 있는 조골 세포로 채워지면서 뼈가 형성된다. 이 과정을 되풀이하면서 뼈끝판이 두꺼워지는 만큼 뼈대의 길이 성장이 일어나는데, 이는 연골세포의 분열이 계속되는 한 지속된다.

① 그리고　　　　　　　　　　② 그래서

③ 반면에　　　　　　　　　　④ 그리고나서

　　✔해설　빈칸의 앞에는 다리뼈가 뼈대, 뼈끝판, 뼈끝으로 구성되어 있고 먼저 뼈대에 대한 설명을 하고 있다. 빈칸의 뒤에 이어지는 글은 뼈끝, 뼈끝판에 대한 설명이므로 앞뒤를 연결하는 접속사 '그리고'가 오는 것이 적당하다.

Answer　　　10.② 　11.① 　12.③ 　13.①

14

> 항공기 결빙은 기체에 달라붙으므로 착빙(着氷)이라고 부른다. 먼저 기체에 달라붙는 착빙으로는 서리 착빙이 있다. 이는 활주로에 주기 중인 항공기에 잘 발생하며, 맑은 날 복사냉각에 의해 공기 온도가 0℃ 이하로 냉각될 때 항공기 기체에 접촉된 수증기가 승화해서 만들어지는 것이다. 서리가 내리는 것과 같은 원리다. 이 외에 비행 중에도 서리 착빙이 발생하기도 한다. 이는 빙점 이하의 아주 저온인 기층에서 비행해 온 항공기가 급격히 고온다습한 공기층으로 비행할 때 발생한다. 서리 착빙은 새털 모양의 부드러운 얼음의 피막 형태로 가벼우며 얼음의 중량은 문제되지 않는다. (　　　) 서리가 붙은 그대로 이륙하면 공기흐름이 흐트러져 이륙 속도에 도달할 수 없게 될 수도 있다. (　　　) 거친 착빙(rime icing)이 있다. 거친 착빙은 저온인 작은 입자의 과냉각 물방울이 충돌했을 때 생기며, 수빙(樹氷)이라고도 한다. 거친 착빙은 물방울이나 과냉각 물방울이 많은 −20℃~0℃의 기온에서 주로 발생하며 날개 등 항공기 기체 첨단부의 풍상 측에서 잘 발생한다.

① 그리하여, 이를테면

② 한편, 게다가

③ 아무튼, 그렇지만

④ 그러나, 다음으로

> **✔ 해설** 첫 번째 빈칸은 서리 착빙은 중량이 가볍다는 내용과 서리가 붙은 채로 이륙하면 문제가 발생할 수 있다는 상반된 내용을 연결해주고 있어 '그러나, 하지만과 같은 역접의 접속사가 위치하는 것이 적절하다. 두 번째 빈칸은 서리 착빙에 이어 거친 착빙에 대한 설명을 연결해주고 있어 '다음으로'가 적절하다.

15

> ㉠ 이 때, 기둥을 연결한 창방들이 만들어내는 수평선은 눈높이보다 높은 곳에 위치하고 있어 양쪽 끝이 아래로 처져 보이는 착시현상이 발생한다.
> ㉡ 목조 건축물에서 지붕의 하중을 떠받치고 있는 수직 부재(部材)는 기둥이다.
> ㉢ 이 기둥이 안정되게 수직 방향으로서 있도록 기둥과 기둥의 상부 사이에 설치하는 수평 부재를 창방이라고 한다.
> ㉣ 이러한 착시현상을 교정하기 위해 건물의 중앙에서 양쪽 끝으로 가면서 기둥이 점차 높아지도록 만드는데, 이것을 귀솟음 기법이라고 한다.

① ㉠ - ㉡ - ㉣ - ㉢
② ㉠ - ㉢ - ㉣ - ㉡
③ ㉡ - ㉢ - ㉠ - ㉣
④ ㉢ - ㉠ - ㉡ - ㉣

✔해설 ㉡은 '기둥'을 언급하고 있으므로 ㉢의 앞에 오는 것이 적절하다. ㉢은 ㉡에서 말하는 '기둥'을 받아 설명을 이어가고 있으므로 ㉡의 뒤에 위치하며, ㉠은 ㉢에서 언급 '창방에 대해, ㉣은 ㉠에서 언급한 '착시현상'에 대해 말하고 있으므로 ㉢-㉠-㉣의 순서대로 배열하는 것이 적절하다.

16

> 새로운 것, 체험되지 않은 것, 낯선 것은 원인이 될 수 없다.
> ㉠ 이러한 전환은 우리 마음을 편하게 해주고 안심시키며 만족하게 하고 힘을 느끼게 한다.
> ㉡ 알려지지 않은 것에서는 위험, 불안정, 걱정, 공포감이 뒤따라 나오기 때문이다.
> ㉢ 이 때문에 우리는 이미 알려진 것, 체험된 것, 기억에 각인된 것을 원인으로 설정하게 된다.
> ㉣ 우리 마음의 불안한 상태를 없애고자한다면, 우리는 알려지지 않은 것을 알려진 것으로 전환해야 한다.

① ㉠ - ㉣ - ㉡ - ㉢
② ㉡ - ㉢ - ㉣ - ㉠
③ ㉢ - ㉣ - ㉠ - ㉡
④ ㉡ - ㉣ - ㉠ - ㉢

✔해설 ㉡ : 새롭고 낯선 것이 원인이 될 수 없는 이유
㉣ : 불안을 없애기 위해 알려지지 않은 것을 알려진 것으로 전환
㉠ : 전환의 효과
㉢ : 익숙한 것을 원인으로 설정하는 이유

17

> ㉠ 이에 대해 농민들과 무신들은 강하게 반발하였고, 결국 농민 출신 병사들의 지지를 얻은 무신들이 문벌들을 몰아내고 권력을 장악하였다.
> ㉡ 고려 전기 문신 출신 문벌들의 정치적 특권과 경제적 풍요는 농민이나 무신 등에게 돌아가야 할 몫이 그들에게 집중된 결과였다.
> ㉢ 예를 들어 청자의 형태에도 영향을 미쳤다. 문양을 새기지 않았던 순청자의 아름다운 비색 바탕에 문양을 더하여 상감청자가 만들어지게 된 것이다.
> ㉣ 이 지배세력의 교체는 문화에서도 변화를 가져왔다.

① ㉡ - ㉢ - ㉠ - ㉣   ② ㉡ - ㉠ - ㉣ - ㉢
③ ㉢ - ㉠ - ㉡ - ㉣   ④ ㉢ - ㉣ - ㉠ - ㉡

✔해설 ㉠에서 무언가에 대응해 농민들과 무신이 반발하였다는 내용이 나오며 ㉡에서 그 내용이 주어지고 있으므로 ㉠은 ㉡의 뒤로 이어진다. ㉣에서 말하는 '이 지배세력의 교체'는 ㉠의 내용이며 ㉢은 문화의 변화에 대한 내용이므로 '㉡ - ㉠ - ㉣ - ㉢'이 적절하다.

18

> ㉠ 받침점에서 힘점까지의 거리가 받침점에서 작용점까지의 거리에 비해 멀수록 힘점에 작은 힘을 주어 작용점에서 물체에 큰 힘을 가할 수 있다.
> ㉡ 지레는 받침과 지렛대를 이용하여 물체를 쉽게 움직일 수 있는 도구이다.
> ㉢ 이러한 지레의 원리에는 돌림힘의 개념이 숨어 있다.
> ㉣ 지레에서 힘을 주는 곳을 힘점, 지렛대를 받치는 곳을 받침점, 물체에 힘이 작용하는 곳을 작용점이라 한다.

① ㉣ - ㉡ - ㉢ - ㉠   ② ㉡ - ㉣ - ㉠ - ㉢
③ ㉠ - ㉡ - ㉣ - ㉢   ④ ㉢ - ㉠ - ㉣ - ㉡

✔해설 지레에 대한 정의(㉡)를 말한 뒤 지레의 힘점, 받침점, 작용점을 설명(㉣)하고 각 지점들이 작용하는 원리(㉠)를 통해 돌림힘의 개념을 설명(㉢)하고 있다.

19

> ㉠ 이 경우 억양은 문장의 유형을 결정하는 문법적 기능을 담당한다. 또 억양은 이러한 문법적 기능 이외에 화자의 태도와 의미를 드러내기도 한다.
> ㉡ 억양에는 이처럼 발화 태도와 의미가 드러나 있기 때문에, 이를 잘 이해해야 정확한 뜻을 전달할 수 있다.
> ㉢ 하강 억양은 완결의 뜻을, 상승 억양은 비판의 뜻을 나타낸다.
> ㉣ 억양은 소리의 높낮이의 이어짐으로 이루어지는 일정한 유형이라고 할 수 있다.
> ㉤ 동일한 문장이라도 억양을 상승 조로 하느냐 하강 조로 하느냐에 따라 의문문도 되고 평서문도 된다.

① ㉠ - ㉢ - ㉤ - ㉡ - ㉣
② ㉡ - ㉤ - ㉣ - ㉠ - ㉢
③ ㉡ - ㉠ - ㉣ - ㉤ - ㉢
④ ㉣ - ㉤ - ㉠ - ㉢ - ㉡

✔해설 글의 제재인 억양에 대한 소개(㉣)가 가장 먼저 등장한다. ㉠은 앞서 제시된 예시가 억양의 문법적 기능이라 말하고 있으며 억양이 가지는 화자의 태도나 의미의 기능을 제시하고 있다. ㉤은 억양의 문법적 기능의 예시이고, ㉢은 억양에 드러나는 화자의 태도나 의미에 대한 예시이므로 ㉤-㉠-㉢ 순으로 글이 전개되며 ㉢에 대한 추가 설명인 ㉡이 뒤이어 오는 것이 적절하다.

(가) 바야흐로 "21세기는 문화의 세기가 될 것이다."라는 전망과 주장은 단순한 바람의 차원을 넘어서 보편적 현상으로 인식되고 있다. 이러한 현상은 세계 질서가 유형의 자원이 힘이 되었던 산업사회에서 눈에 보이지 않는 무형의 지식과 정보가 경쟁력의 원천이 되는 지식 정보 사회로 재편되는 것과 맥을 같이 한다.

(나) 지금까지의 산업사회에서 문화와 경제는 각각 독자적인 영역을 유지해 왔다. 그러나 지식정보사회에서는 경제성장에 따라 소득 수준이 향상되고 교육 기회가 확대되면서 물질적 풍요를 뛰어넘는 삶의 질을 고민하게 되었고, 모든 재화와 서비스를 선택할 때 기능성을 능가하는 문화적, 미적 가치를 고려하게 되었다.

(다) 이제 문화는 배부른 자나 유한계급의 전유물이 아니라 생활 그 자체가 되었다. 고급문화와 대중문화의 경계가 무너지고 장르 간 구분이 모호해지면서 서로 다른 문화가 뒤섞여 새로운 문화가 생겨나고 있다. 이렇게 해서 나타나는 퓨전 문화가 대중적 관심을 끌고 있는 가운데 이율배반적인 것처럼 보였던 문화와 경제의 공생 시대가 열린 것이다. 특히 경제적 측면에서 문화는 고전 경제학에서 말하는 생산의 3대 요소인 토지·노동·자본을 대체하는 생산 요소가 되었을 뿐만 아니라 경제적 자본 이상의 주요한 자본이 되고 있다.

20 주어진 글의 내용과 일치하지 않는 것은?

① 문화와 경제가 서로 도움이 되는 보완적 기능을 하는 공생 시대가 열렸다.

② 산업사회에서 문화와 경제는 각각 독자적인 영역을 유지해 왔다.

③ 이제 문화는 부유층의 전유물이 아니라 생활 그 자체가 되었다.

④ 고급문화와 대중문화가 각자의 영역을 확고히 굳히며 그 깊이를 더하고 있다.

> ✔해설 ④ 고급문화와 대중문화의 경계가 무너지고 장르 간 구분이 모호해지면서 서로 다른 문화가 뒤섞여 새로운 문화가 생겨나고 있다고 언급하고 있다.

21 주어진 글의 흐름에서 볼 때 아래의 글이 들어갈 적절한 곳은?

> 뿐만 아니라 정보통신이 급격하게 발달함에 따라 세계 각국의 다양한 문화를 보다 빠르게 수용하면서 문화적 욕구와 소비를 가속화시켰고, 그 상황 속에서 문화와 경제는 서로 도움이 되는 보완적 기능을 하게 되었다.

① (가) 앞 　　　　　　　　　　② (가)와 (나) 사이

③ (나)와 (다) 사이 　　　　　④ (다) 다음

> ✔해설 '뿐만 아니라'의 쓰임으로 볼 때 이 글의 앞부분에는 문화와 경제의 영역이 무너지고 있다는 내용이 언급되어야 한다. 따라서 (나) 뒤에 이어지는 것이 적절하다.

▌22~24 ▌ 다음 제시된 개요의 결론으로 알맞은 것을 고르시오.

22

제목 : 미개봉 영화의 불법 파일 유출 문제

Ⅰ. 서론 : 개봉 영화가 불법 파일로 만들어져 인터넷에 떠돌고 있는 현실

Ⅱ. 본론
㉠ 개봉 영화가 불법 파일로 유출되는 사실의 문제점
 • 저작권법 위반
 • 영화 산업 침체 우려
㉡ 개봉 영화가 불법 파일로 유출되는 원인
 • 영화사의 관리 소홀
 • 네티즌의 준법 의식 결여
㉢ 문제의 해결 방안
 • 철저한 저작권법 적용으로 경각심 고취
 • 영화사의 보안 관리 철저

Ⅲ. 결론 : (   )

① 불법 파일 다운로드 네티즌의 사법처리 위법성
② 영화사의 불법 파일에 대한 보안성 제고 및 네티즌의 자정 노력 촉구
③ 개봉 영화 관람객의 실질적인 감소 현상을 막기 위한 대안 촉구
④ 불법적인 인터넷 공유 사이트의 성장을 막기 위한 방안

> **✔해설** ② 결론에서는 제시된 해결방안을 바탕으로 주장을 정리해야하므로 주제문에 알맞다.
> ① 해결방안으로 제시된 저작권법 강화와 상반되는 논지이다.
> ③④ 본론의 문제 해결방안에 제시되어야 할 내용이다.

23

제목 : 어린이 과보호
Ⅰ. 서론 : 어린이 과보호의 문제점

Ⅱ. 본론
㉠ 문제의 배경
 • 핵가족화 현상으로 인한 가족 우선주의
 • 자녀에 대한 소유 의식
㉡ 문제점의 규명
 • 가정 차원의 문제점
 − 아이의 경우 : 자기중심적이고 비자주적인 태도 형성
 − 부모의 경우 : 자녀에 대한 기대가 충족되지 않는 데서 오는 배신감과 소외감
 • 사회 차원의 문제점
 − 공동체 의식의 이완
 − 시민 의식의 파괴

Ⅲ. 결론 : (   )

① 과보호 문제 해결을 위해 선진국의 사례를 집중적으로 연구
② 유치원 교육의 개편을 통한 시민 도덕규범의 일상적 실천 촉구
③ 과보호에 대한 인식전환과 건전한 가족 문화 형성의 필요성
④ 과보호 규제를 위한 가정과 사회의 노력 촉구

✔ 해설 ④ 본론에서 어린이 과보호의 배경과 그로 인한 문제점을 가정, 사회 차원에서 드러내고 있으므로 이를 바탕으로 결론의 내용을 찾는다.

24

제목 : 컴퓨터 범죄의 정의 및 범위
Ⅰ. 서론 : 컴퓨터 범죄의 개요

Ⅱ. 본론
㉠ 컴퓨터 범죄와 사이버 공간의 대중성, 익명성, 시간적·공간적 무제약성과의 관련성
㉡ 사이버 공간의 특성과 컴퓨터 범죄의 특징
 • 피해 범위가 광범위하다.
 • 익명성 때문에 범인 추적이 어렵다.
 • 범죄 행위 장소와 그에 따른 결과 발생지가 다르다. 따라서 결과 발생지에서 범죄자의 흔적을 추적할 수 없다.
 • 범죄자가 새로 개발된 기술을 사용한 경우 수사 기관이 그 기술의 상세한 내용을 파악하기 전에는 범죄에 대처하기 어렵다.
 • 사전에 컴퓨터 프로그램을 제작한 경우 범죄 행위자가 다른 일을 하고 있는 순간에도 프로그램을 자동으로 실행시켜 범행을 저지를 수 있으므로 알리바이 수사가 무의미해진다.
 • 프로그램의 반복 수행에 의하여 동일한 결과를 계속 추출함으로써 연속적 또는 동시다발적으로 같은 범죄를 저지를 수 있게 된다.

Ⅲ. 결론 : (   )

① 대학이나 기업에 비해 개인이 사용하는 컴퓨터 부분에서 해킹 피해가 급증하고 있음을 알 수 있다.

② 정보 시스템에 대한 의존도가 높아지고 있는 상황에서 정보 시스템의 정상적인 운영은 아주 중요하다.

③ 전자 상거래는 전자 기술을 이용하여 세무 행정의 획기적인 발전을 기할 수 있는 반면, 납세자 정보 관리 등 인권 침해의 소지가 발생할 수 있다.

④ 컴퓨터 등 정보 통신 매체에 대한 폭넓은 지식을 쌓아야 하며, 기술이 변화함에 따라 발생할 수 있는 새로운 범죄 유형에 대처하기 위해 수사 기법을 계속 연구하고 발전시켜야 할 것이다.

✔ 해설 ①번은 해킹에 의한 피해 접수 현황에 대한 것이므로 위 글과 무관하다.
②번은 문제점을 지적하기에 앞서 서술하는 것이 적당하므로 위 글의 앞에 놓여야 한다.
③번은 전자 상거래에 대한 내용이므로 위 글과 무관하다.
④번은 컴퓨터 범죄의 특징에 대해 살펴본 결과 제기되는 과제를 제시하는 내용이므로 적당하다.

25 다음 글의 제목으로 적절한 것은?

국내 주요 기업 최고 경영자들이 잇따라 트위터 열풍에 동참하고 있다. 이들은 개인적인 일상생활 뿐만 아니라 경영 활동의 일환인 해외 출장과 같은 주요 일정도 공개하는 등 트위터를 통한 '소통의 경영'을 실천해 눈길을 끌고 있다. 이 같은 재계 주요 인사들의 적극적인 트위터 활용을 바라보는 시각은 두 가지다. 회사 직원들뿐만 아니라 궁극적 소비자인 불특정 다수의 국민들과 진정한 '스킨십 경영'을 실천한다는 점은 긍정적이다. 그러나 기업의 관련 업무 담당자들이 자사 최고 경영자의 트위터를 모니터링하는 업무까지 수행해야 하는 것은 부정적인 측면으로 평가된다.

① 트위터와 스킨십
② 트위터와 업무 집중도
③ 최고 경영자의 업무 방식
④ 최고 경영자의 트위터 열풍의 명암

> **✔ 해설** 국내 주요 기업 최고 경영자들의 트위터 열풍에 대한 두 가지 시각에 대해 말하고 있다. 회사 직원들뿐 아니라 국민들과 진정한 '스킨십 경영'을 실천한다는 점은 긍정적이지만 기업의 관련 업무 담당자들이 자사 최고 경영자의 트위터를 모니터링하는 업무까지 수행해야 하는 것은 부정적이라고 언급하였으므로 답이 ④라는 것을 쉽게 알 수 있다.

26 다음 글의 결론으로 적당한 것은?

책은 휴대 가능하고, 값이 싸며, 읽기 쉬운 데 반해 컴퓨터는 들고 다닐 수가 없고, 값도 비싸며, 전기도 필요하다. 전자 기술의 발전은 이런 문제를 해결할 것이다. 조만간 지금의 책 크기만 한, 아 니 더 작은 컴퓨터가 나올 것이고, 컴퓨터 모니터도 훨씬 정교하고 읽기 편해질 것이다. 조그만 칩 하나에 수백 권 분량의 정보가 기록될 것이다.

① 컴퓨터는 종이 책을 대신할 것이다.
② 컴퓨터는 종이 책을 대신할 수 없다.
③ 컴퓨터도 종이 책과 함께 사라질 것이다.
④ 종이 책의 역사는 앞으로도 계속될 것이다.

> **✔ 해설** 전자 기술이 발전함에 따라 컴퓨터의 단점이 개선되어 종이 책을 대신할 수 있는 작지만 더욱 정교하고 용량이 큰 컴퓨터가 등장할 것임을 예상하고 있음으로 글의 결론은 '컴퓨터가 종이 책을 대신할 것이다.' 가 적절하다.

27 다음 글을 읽고 알 수 없는 것은?

> 환경호르몬이란 생물체에서 정상적으로 생성·분비되는 물질이 아니라, 인간의 산업 활동을 통해 생성·방출된 화학물질로, 생물체에 흡수되면 내분비계의 정상적인 기능을 방해하거나 혼란케 하는 화학물질이다. 환경호르몬은 우리가 즐겨먹는 통조림 식품이나 캔 음료 등에 들어 있다. 또한 과일이나 채소를 재배할 때 사용하는 농약 속에도 들어 있다.
>
> 우리가 식생활을 하면서 이러한 위험성의 노출을 최소화 하려면 캔류 사용을 줄이고, 랩이나 플라스틱 용기의 식품도 피하는 것이 좋다. 또한 되도록 유기농 야채나 과일을 먹는 것이 좋으며 먹기 전에는 꼭 깨끗이 씻어 먹어야 한다. 화장품에도 환경호르몬이 들어있는데, 우리가 자주 쓰는 세안용품, 샴푸, 트리트먼트, 바디샴푸, 바디로션, 파운데이션, 마스카라, 립스틱, 매니큐어, 염색제 등등 … 이런 미용용품에 상당량의 환경호르몬이 들어있다고 한다. 따라서 이런 류의 제품 사용을 최대한 줄이고, 꼭 필요한 것만 쓰는 생활습관이 요구된다.

① 환경호르몬의 종류   ② 환경호르몬의 정의

③ 환경호르몬에 대한 대처법   ④ 환경호르몬이 인체에 미치는 영향

> **✔해설** 환경호르몬의 종류에 관한 언급은 없다.

28 다음 글의 내용과 유사한 사례는?

> 중남미 국가에서는 전체 인구의 80% 이상이 가톨릭을 믿고 있다. 그러나 원주민의 문화적 전통이 강하거나, 가톨릭이 뿌리내리지 못한 지역에서는 원주민의 전통 요소와 혼합되어 중남미 특유의 민간 가톨릭이 만들어졌다. 이들 지역에서는 성모 마리아와 함께 고유의 수호신을 중요한 믿음의 대상으로 여긴다.

① 불교 사원에 산신각이나 칠성각이 함께 있다.

② 일제시대에는 신사참배와 창씨개명이 강요되었다.

③ 한류의 확산으로 한국 드라마의 수출이 늘어나고 있다.

④ 식품 회사가 주력기업인 A그룹이 건설업에도 진출하였다.

> **✔해설** 하나의 종교와 전통 요소가 혼합되어 존재하는 모습을 설명하고 있다. 따라서 여러 가지의 요소가 혼합되어 함께 존재하는 사례를 찾으면 답은 ①이 된다.

Answer   25.④   26.①   27.①   28.①

29 다음 글에 관련된 내용을 바르게 이해한 것은?

> 국회의원들의 천박한 언어 사용은 여야가 다르지 않고, 어제오늘의 일도 아니다. '잔대가리', '양아치', '졸개' 같은 단어가 예사로 입에서 나온다. 막말에 대한 무신경, 그릇된 인식과 태도가 원인이다. 막말이 부끄러운 언어 습관과 인격을 드러낸다고 여기기보다 오히려 투쟁성과 선명성을 상징한다고 착각한다.

① 모든 국회의원들은 막말 쓰기를 좋아한다.
② 국회의원들의 천박한 언어 사용은 아주 오래되었다.
③ '잔대가리', '양아치', '졸개' 등은 은어(隱語)에 속한다.
④ 국회의원들은 고운 말과 막말을 전혀 구분할 줄 모른다.

> ✔ **해설** 국회의원들은 막말이 부끄러운 언어 습관과 인격을 드러낸다고 여기기보다 오히려 투쟁성과 선명성을 상징한다고 착각하는 것으로 보아 고운 말과 막말을 전혀 구분할 줄 모른다고 할 수 있다.

30 지문에 대한 반론으로 부적절한 것은?

> 사람들이 '영어 공용화'의 효용성에 대해서 말하면서 가장 많이 언급하는 것이 영어 능력의 향상이다. 그러나 영어 공용화를 한다고 해서 그것이 바로 영어 능력의 향상으로 이어지는 것은 아니다. 영어 공용화의 효과는 두 세대 정도 지나야 드러나며 교육제도 개선 등 부단한 노력이 필요하다. 오히려 영어를 공용화하지 않은 노르웨이, 핀란드, 네덜란드 등에서 체계적인 영어 교육을 통해 뛰어난 영어 구사자를 만들어 내고 있다.

① 필리핀, 싱가포르 등 영어 공용화 국가에서는 영어 교육의 실효성이 별로 없다.
② 우리나라는 노르웨이, 핀란드, 네덜란드 등과 언어의 문화나 역사가 다르다.
③ 영어 공용화를 하지 않으면 영어 교육을 위해 훨씬 많은 비용을 지불해야 한다.
④ 체계적인 영어 교육을 하는 일본에서는 뛰어난 영어 구사자를 발견하기 힘들다.

> ✔ **해설** 제시된 글은 영어 공용화에 대한 부정적인 입장이므로 반론은 영어 공용화에 대한 긍정적인 입장에서 근거를 제시해야 한다. ①은 영어 공용화에 대한 부정적 입장이다.

31 다음 주장의 설득력을 가장 약화시키는 것은?

> 거짓말을 하면 정신적 스트레스 때문에 일정한 생리적 변화가 일어난다. 우리가 거짓말 탐지기를 믿을 수 있는 이유는 바로 적절한 도구를 통해 이러한 생리적 증상을 측정할 수 있기 때문이다.

① 여러 종류의 정신적 스트레스가 동일한 생리적 증상을 낳기도 한다.

② 거짓말을 하면 남보다 훨씬 큰 스트레스를 받는 사람도 있다.

③ 검사자가 적절한 도구를 사용할 수 있을 만큼 전문지식을 갖추어야 한다.

④ 적절한 도구마저도 오용되거나 남용될 수 있다.

> ✔ **해설** ① 거짓말이 아닌 다른 이유로 인한 정신적 스트레스도 거짓말로 치부할 수 있으므로 주장의 설득력이 약화된다.

32 다음 명제들을 통해 추론한 설명으로 올바른 것은 어느 것인가?

> • 전주를 가 본 사람은 부산도 가보았다.
> • 부산을 가 본 사람은 대구도 가보았다.
> • 대구를 가 본 사람은 제주도를 가보지 않았다.
> • 제주도를 가 본 사람은 강릉을 가보지 않았다.
> • 강릉을 가 본 사람은 전주를 가보지 않았다.

① 대구를 가보지 않은 사람은 전주를 가보았다.

② 제주도를 가 본 사람은 전주를 가보지 않았다.

③ 강릉을 가보지 않은 사람은 대구를 가보았다.

④ 부산을 가 본 사람은 강릉을 가 보았다.

> ✔ **해설** 대우 명제를 이용하여 해결하는 문제이다. 대우 명제를 생각하기 전에 주어진 명제들의 삼단논법에 의한 연결 형태를 먼저 찾아보아야 한다. 주어진 다섯 개의 명제들 중 첫 번째, 두 번째, 세 번째 명제는 단순 삼단논법으로 연결되어 전주→부산→대구→~제주의 관계가 성립됨을 쉽게 알 수 있다.
> 따라서 이것의 대우 명제인 제주→~전주(제주도를 가본 사람은 전주를 가보지 않았다)도 옳은 명제가 된다.

Answer   29.④   30.①   31.①   32.②

문학이란 언어로 이루어진 예술을 의미한다. 즉 문학은 언어예술로 언어로 이루어졌다는 점에서 다른 예술과 다르고 예술이라는 점에서 언어활동의 다른 영역과 차이를 이룬다. 흔히 일반 사람들은 글로 적은 것만을 문학이라 하지만 실제로 문학이란 글로 적은 것뿐만 아니라 말로 된 것까지 포함한다. 하지만 과거 오랫동안 사람들이 문학에 대한 비평과 연구를 할 때 글로 적은 문학을 더 중시했던 까닭에 이러한 오해가 생긴 것이다. 조선시대 대표적인 학자인 이이는 "사람이 내는 소리로 뜻을 가지고 글로 적히고 쾌감을 주고, 도리에 합당한 것을 문학이라 한다."고 규정하였다. 이는 문학의 기본 성격과 문제점이 잘 나타나 있다. 문학은 보통 독자를 즐겁게 하면서 진실을 깨우쳐 준다는 양면성을 지니고 있다. 여기서 어느 부분을 더 강조하느냐에 따라 문학관이 달라진다. 한국문학은 한국인의 문학이고 한국어로 된 문학이다. 여기서 한국인이란 한민족을 말하며 또한 다른 나라의 국적을 가진 해외교포의 문학이라도 자신을 한민족으로 의식한 작가가 한국어로 창작한 것이면 한국문학에 속한다. 한국문학은 크게 구비문학과 한문학, 국문 기록문학으로 나눌 수 있다. 구비문학은 말로 이루어지고 말로 전하는 문학을 말하며 한문학이란 과거 한자의 수용으로 인해 형성된 문학을 이른다. 그리고 국문 기록문학이란 처음에는 한자를 이용한 차자문학으로 시작하여 훈민정음 창제 후 한글로 기록된 문학을 말한다.

33 다음 중 옳지 않은 것은?

① 문학이란 언어로 이루어진 언어예술을 뜻하며 언어로 이루어졌다는 점에서 다른 예술과 차이점을 보이고 있다.

② 이이는 문학을 사람이 내는 소리로 뜻을 가지고 글로 적히고 쾌감을 주고 도리에 합당한 것이라 규정하였다.

③ 한국문학이란 한국인이 한국어로 기록한 문학으로 다른 나라의 국적을 가진 해외교포가 한국어로 기록한 문학은 한국문학에 속하지 않는다.

④ 국문 기록문학은 처음에 한자를 이용한 차자문학으로 시작하여 훈민정음 창제 후 한글로 기록된 문학을 말한다.

> ✔해설 ③ 한국문학은 한국인의 문학이고 한국어로 된 문학이다. 여기서 한국인이란 한민족을 말하며 또한 다른 나라의 국적을 가진 해외교포의 문학이라도 자신을 한민족으로 의식한 작가가 한국어로 창작한 것이면 한국문학에 속한다.

34 다음 글의 주제로 적절한 것은?

> 바이러스 입장에서 보면 인간을 감염시키는 일이 그렇게 호락호락하지 않다. 일단 체내로 들어가는 것부터가 고난의 시작이다. 이때 우리 몸은 표피 세포에서 분비되는 산성 물질, 병원균 분해 효소 등으로 방어를 개시한다. 만약 끝내 이를 뚫고 들어오는 바이러스가 있다면 우리 몸은 발열 반응과 염증을 일으킨다. 발열 반응은 열에 약한 바이러스를 무력화시키고, 염증은 모세혈관을 확장시켜 인터페론 같은 항바이러스성 단백질과 백혈구를 감염된 조직에 대량 투입한다. 자연 살해 세포는 감염된 세포를 파괴해 바이러스도 함께 죽인다. 이런 일사불란한 전투가 바이러스가 침입했을 때 일어나는 1차 면역 반응이다. 이것은 인류가 바이러스의 공격에 대처하기 위해 진화한 결과이다.

① 바이러스의 감염 경로

② 바이러스와 인간의 동반 죽음

③ 바이러스가 다른 숙주에게 전염되는 방법

④ 바이러스의 인간 세포 침입과 인간의 면역 반응

> **해설** 바이러스가 인간의 몸에 침입하는 방법과 그로 인해 인간의 몸에서 일어나는 면역 반응에 관해 설명하고 있는 글이다.

35 다음 중 한국문학에 속하지 않는 것은?

① 입에서 입으로 전해져 내려오는 설화

② 일본에 사는 한국인이 일본어로 적은 소설

③ 한문으로 기록된 고려시대 가요

④ 향찰로 표기된 향가

> **해설** ② 비록 기록한 사람이 한국인이라 하더라도 한국어가 아닌 일본어로 기록된 소설은 한국문학에 속하지 않는다.

36 다음 글을 통해서 볼 때, 그림을 그린 사람(들)은 누구인가?

> 송화, 진수, 경주, 상민, 정란은 대학교 회화학과에 입학하기 위해 △△미술학원에서 그림을 그린다. 이들은 특이한 버릇을 가지고 있다. 송화, 경주, 정란은 항상 그림이 마무리되면 자신의 작품 밑에 거짓을 쓰고, 진수와 상민은 자신의 그림에 언제나 참말을 써넣는다. 우연히 다음과 같은 글귀가 적힌 그림이 발견되었다.
> "이 그림은 진수가 그린 것이 아님"

① 진수

② 상민

③ 송화, 경주

④ 경주, 정란

✔**해설** 작품 밑에 참인 글귀를 적는 진수와 상민이 그렸다면, 진수일 경우 진수가 그리지 않았으므로 진수는 그림을 그린 것이 아니고 상민일 경우 문제의 조건에 맞으므로 상민이 그린 것이 된다.

37 19명의 T사 직원들은 야유회 자리에서 게임을 하게 되었다. 본부장은 다음과 같은 규칙에 의해 탈락되지 않고 남는 직원들에게 특별히 준비한 선물을 주기로 하였다. 다음 중 본부장의 선물을 받게 되는 직원들이 가진 번호가 아닌 것은 어느 것인가?

> • 1단계 : 19명의 직원이 2부터 20번까지의 숫자가 적힌 종이를 무작위로 한 장씩 나누어 갖는다.
> • 2단계 : 첫 번째 수인 2를 '시작 수'로 한다.
> • 3단계 : '시작 수' 보다 큰 수 중 '시작 수'의 배수에 해당하는 숫자를 가진 직원들을 모두 탈락된다.
> • 4단계 : '시작 수' 보다 큰 숫자를 가진 직원들이 있으면 그 직원들이 가진 수 중 가장 작은 수를 '시작 수'로 하고 3단계로 간다. '시작 수' 보다 큰 수를 가진 직원이 없으면 종료한다.

① 2

② 5

③ 1

④ 18

✔**해설** 2부터 20까지의 수에서 3단계에 해당하는 2의 배수를 지우면 다음과 같다.
2, 3, ~~4~~, 5, ~~6~~, 7, ~~8~~, 9, ~~10~~, 11, ~~12~~, 13, ~~14~~, 15, ~~16~~, 17, ~~18~~, 19, ~~20~~
다음에는 3이 '시작 수'가 되므로 이에 해당하는 3의 배수인 9와 15를 지운다.
2, 3, 5, 7, ~~9~~, 11, 13, ~~15~~, 17, 19
다음에는 5가 '시작 수'가 되므로 이에 해당하는 5의 배수를 지워야 하는데 더 이상 해당하는 수가 없다. '시작 수'는 7, 11, 13, 17, 19로 변경되지만 이들 수의 배수에 해당하는 수가 없으므로 종료한다.
따라서 2, 3, 5, 7, 11, 13, 17, 19를 가진 직원들이 선물을 받게 된다.

38

> • A는 나의 어머니이다.
> • B는 C의 딸이다.
> • C의 남편은 D이다.
> • A와 C는 자매이다.

① 나와 B는 사촌 관계이다.

② D는 나의 이모이다.

③ B는 A를 고모라고 부른다.

④ A와 D는 가족관계가 아니다.

> ✔해설　② '나'의 어머니와 자매인 C는 '나'의 이모이고 D는 '나'의 이모부이다.
> ③ B의 어머니인 C는 A와 자매이므로 B는 A를 이모라고 불러야 한다.
> ④ D는 A의 동생과 결혼 한 사이이므로 가족이라고 할 수 있다.

39

> • 진아는 두통이 있을 때 A약을 먹는다.
> • A약은 두통을 해소하고 위장 운동을 촉진하는 데에 효과적이다.
> • A약은 B약과 함께 먹으면 위장 장애를 일으킨다.

① 진아가 B약을 먹을 때는 소화가 안 되는 것이다.

② 진아가 A약을 먹지 않으면 두통이 없는 것이다.

③ A약은 B약과 함께 처방하지 않는다.

④ A약을 먹고 위장 장애가 일어나면 B약을 함께 먹은 것이다.

> ✔해설　주어진 말이 모두 참이라고 했으므로 첫 번째 '진아는 머리가 아플 때 A약을 먹는다'의 대우인 'A약을 먹지 않으면 두통이 없는 것이다'라는 문장 역시 항상 참이다.

Answer　36.② 37.④ 38.① 39.②

40

> • 클래식을 좋아하는 사람은 독서를 좋아한다.
> • 독서를 좋아하는 사람은 서점에 자주 간다.
> • 내성적인 사람은 독서를 좋아한다.

① 내성적인 사람은 클래식을 좋아한다.

② 클래식을 좋아하는 사람은 서점에 자주 간다.

③ 독서를 좋아하지 않는 사람은 서점에 자주 가지 않는다.

④ 내성적인 사람은 주로 서점에 모인다.

> ✔해설 ② '클래식을 좋아함→독서를 좋아함→서점에 자주감'이 성립하므로 '클래식을 좋아함→서점에 자주감'이 항상 참이다.
> ① 세 번째 문장의 역인 '독서를 좋아하는 사람은 내성적이다'는 항상 참이 되지 않으므로 ①번 문장 역시 항상 참이 될 수 없다.
> ③ 두 번째 문장의 이의 관계인 문장이므로 항상 참이 될 수 없다.
> ④ 주어진 문장만으로는 알 수 없다.

41

> • 4마리 고양이 중 범이가 가장 까맣고 무겁다.
> • 설기는 가장 어리고 가장 마른 고양이다.
> • 둘째 고양이 율무는 애교가 많고 노는 걸 좋아한다.
> • 도롱이는 나이는 제일 늙었지만 달리기를 제일 잘한다.

① 도롱이는 하얀 털을 가진 고양이다.

② 범이는 4마리 중 셋째 고양이다.

③ 설기는 태어난 지 두 달이 되지 않은 고양이다.

④ 율무는 4마리 중 유일한 수컷이다.

> ✔해설 주어진 명제에 따르면 고양이의 나이는 도롱이 > 율무 > 범이 > 설기 순이다.

42

> ㉠ 6명의 팀원은 원탁에 앉아있다.
> ㉡ 원탁은 6명까지 앉을 수 있다.
> ㉢ 준서는 미영이의 바로 왼쪽에 앉아있다.
> ㉣ 명수는 진영이 바로 오른쪽에 앉아있다.
> ㉤ 정희는 성우의 맞은편에 앉아있다.

① 미영이는 진영이와 마주보고 있다.

② 진영이는 준서와 마주보고 있다.

③ 정희의 바로 옆에는 명수가 올 수 없다.

④ 성우의 바로 옆에는 준서가 올 수 없다.

✔ 해설 ㉤에 의해 정희와 정수를 맞은편으로 고정시켜놓고 나머지 자리를 배치하면,
㉢㉣에 의해 준서와 진영이는 마주보고 있고, 명수와 미영이도 마주보게 된다.
① 미영이는 명수와 마주보고 있다.
② 진영이는 준서와 마주보고 있다.
③ 정희의 바로 옆에는 명수가 올 수 있다.
④ 성우의 바로 옆에는 준서가 올 수 있다.

43 M사 직원 갑, 을, 병, 정, 무는 창립 기념식에서 단체 사진을 찍었다. 각자가 입은 옷의 색깔이 다음과 같을 때, 사진 속의 직원과 직원의 옷 색깔에 대한 올바른 설명은 어느 것인가?

- 분홍색 옷을 입은 사람은 2명이고, 나머지 3명은 초록색, 베이지 색, 흰 색 옷을 입고 있다.
- 을은 분홍색 옷을 입지 않았다.
- 병은 분홍색과 초록색 옷을 입지 않았다.
- 무는 초록색과 베이지 색 옷을 입지 않았다.
- 갑은 분홍색 옷을 입고 있으며, 무와 같은 색 옷을 입고 있지 않았다.

① 갑은 병과 같은 색 옷을 입고 있다.

② 을은 베이지 색과 흰 색 옷을 입지 않았다.

③ 병은 흰 색 옷을 입고 있다.

④ 무는 분홍색 옷을 입고 있다.

해설 무의 옷 색깔에 주목하면, 초록색과 베이지 색 옷을 입지 않았으며, 갑과 같은 색인 분홍색 옷도 입지 않았으므로 흰 색 옷을 입은 것이 된다. 또한, 을과 병이 분홍색 옷을 입지 않았으므로 분홍색 옷을 입은 사람은 갑과 정이 되는 것을 알 수 있다. 을과 병 중, 병이 초록색 옷을 입지 않았으므로 을이 초록색, 병이 베이지 색 옷을 입은 것이 된다.

따라서 이를 종합하면, 갑은 분홍색, 을은 초록색, 병은 베이지 색, 정은 분홍색, 무는 흰 색 옷을 입은 것이 되어, '을은 베이지 색과 흰 색 옷을 입지 않았다.'가 올바른 설명이 된다.

44 법안 X에 대하여 사무관 A~H 8명은 찬성이나 반대 중 한 의견을 제시하였다. 이들의 찬반 의견이 다음 〈조건〉과 같다고 할 때, 반대 의견을 제시한 최소 인원 수는?

〈조건〉
- A나 B가 반대하면, C와 D는 찬성하고 E는 반대한다.
- B나 C가 찬성하면, F 또는 G 중 적어도 한 명이 찬성한다.
- D와 H 중 한 명만이 찬성한다.
- B나 D 중 적어도 한 명이 반대하면, E가 반대하거나 H가 찬성한다.
- E가 반대하면, H는 찬성한다.
- D는 찬성한다.

① 1명

② 2명

③ 3명

④ 4명

 D는 찬성, D와 H 중 한 명만이 찬성이므로, H는 반대이다. E가 반대하면 H는 찬성, H가 반대하면 E
가 찬성이므로 E는 찬성이다.

B나 D중 적어도 한 명이 반대하면, E가 반대하거나 H가 찬성한다. E가 찬성하고 H가 반대하면 B와 D
모두가 반대하지 않으므로 B는 찬성이다.

B나 C가 찬성하면 F또는 G 중 적어도 한 명이 찬성하며, 이는 F, G모두 찬성도 가능하다는 뜻도 된다.

A나 B가 반대하면 C와 D가 찬성하고 E는 반대한다는 C 또는 D가 반대하거나 E가 찬성하면 A와 B가
찬성하고 C도 찬성 가능하다. 따라서 반대의 최소 인원은 H 1명이다.

45 홍 부장은 이번 출장에 계약 실무를 담당케 하기 위해 팀 내 직원 서 과장, 이 대리, 최 사원, 엄 대
리, 조 사원 5명 중 2명을 선정하려고 한다. 다음 조건을 만족할 때 홍 부장이 선정하게 될 직원 2명
으로 알맞게 짝지어진 것은 어느 것인가?

> • 서 과장이 선정되면 반드시 이 대리도 선정된다.
> • 이 대리가 선정되지 않아야만 엄 대리가 선정된다.
> • 최 사원이 선정되면 서 과장은 반드시 선정된다.
> • 조 사원이 선정되지 않으면 엄 대리도 선정되지 않는다.

① 서 과장, 최 사원　　　　　　② 엄 대리, 조 사원

③ 서 과장, 조 사원　　　　　　④ 이 대리, 엄 대리

 첫 번째 조건에서 서 과장 선정 시 이 대리는 반드시 선정되어야 한다. 또한 두 번째 조건에서 이 대리
가 선정되면 엄 대리는 선정되지 않으므로 결국 이 대리와 엄 대리, 서 과장과 엄 대리는 함께 선정될
수 없다.

세 번째 조건에서 최 사원 선정 시 서 과장은 반드시 참여해야 한다. 네 번째 조건의 대우 명제를 살펴
보면, 엄 대리가 선정될 때 조 사원도 선정된다는 것을 알 수 있다.

따라서 서 과장과 이 대리, 최 사원과 서 과장은 반드시 함께 선정되어야 하므로 서 과장+이 대리+최
사원 세 명이 반드시 함께 선정되어야만 하며, 엄 대리와 조 사원 역시 함께 선정된다는 사실을 알 수
있다.

따라서 2명을 선정할 경우, 항상 함께 선정되어야만 하는 인원과 제한 인원 2명과의 모순 관계가 없는
엄 대리와 조 사원이 선정되어야 하는 것을 알 수 있다.

Answer　　43.②　44.①　45.②

46 A, B, C, D, E는 4시에 만나서 영화를 보기로 약속했다. 이들이 도착한 것이 다음과 같다면 옳은 것은?

> - A 다음으로 바로 B가 도착했다.
> - B는 D보다 늦게 도착했다.
> - B보다 늦게 온 사람은 한 명뿐이다.
> - D는 가장 먼저 도착하지 못했다.
> - 동시에 도착한 사람은 없다.
> - E는 C보다 일찍 도착했다.

① D는 두 번째로 약속장소에 도착했다.

② C는 약속시간에 늦었다.

③ A는 가장 먼저 약속장소에 도착했다.

④ E는 제일 먼저 도착하지 못했다.

> **✔해설** 약속장소에 도착한 순서는 E − D − A − B − C 순이고, 제시된 사실에 따르면 C가 가장 늦게 도착하긴 했지만 약속시간에 늦었는지는 알 수 없다.

47 다음의 조건이 전부 참일 때 빈칸에 들어갈 말로 가장 적절한 것은?

> 조깅을 좋아하는 사람은 음악을 좋아한다.
> 음악을 좋아하는 사람은 무선 이어폰을 사용한다.
> 한결이는 조깅을 좋아한다.
> - 그러므로 ________________________________

① 한결이는 아침에 일찍 일어나는 편이다.

② 한결이는 주로 클래식을 듣는다.

③ 한결이는 무선 이어폰을 사용한다.

④ 한결이는 무선 이어폰을 사용할 줄 모른다.

> **✔해설** 조깅을 좋아하는 사람은 음악을 좋아하고 음악을 좋아하는 사람은 무선 이어폰을 사용한다고 했으므로 조깅을 좋아하는 한결이는 무선 이어폰을 사용한다.

48 다음 글의 내용이 참일 때, 반드시 참인 것은?

> 이번에 K부서에서는 자기 부서의 정책을 홍보하기 위해 책자를 제작해 배포하였다. 이 홍보 사업에 참여한 K부서의 팀은 A와 B 두 팀이다. 두 팀은 각각 500권의 정책홍보 책자를 제작하였다. 그러나 책자를 어떤 방식으로 배포할 것인지에 대해 두 팀 간에 차이가 있었다. A팀은 자신들이 제작한 K부서의 모든 정책홍보책자를 서울이나 부산에 배포한다는 지침에 따라 배포하였다. 한편, B팀은 자신들이 제작한 K부서 정책홍보책자를 서울에 모두 배포하거나 부산에 모두 배포한다는 지침에 따라 배포하였다. 사업이 진행된 이후 배포된 결과를 살펴보기 위해서 서울과 부산을 조사하였다. 조사를 담당한 한 직원은 A팀이 제작·배포한 K부서 정책홍보책자 중 일부를 서울에서 발견하였다. 한편, 또 다른 직원은 B팀이 제작·배포한 K부서 정책홍보 책자 중 일부를 부산에서 발견하였다. 그리고 배포 과정을 검토해 본 결과, 이번에 A팀과 B팀이 제작한 K부서 정책홍보책자는 모두 배포되었다는 것과, 책자가 배포된 곳과 발견된 곳이 일치한다는 것이 확인되었다.

① 부산에는 K부서 정책홍보책자가 500권이 넘게 배포되었다.
② A팀이 제작한 K부서 정책홍보책자가 부산에서도 발견되었다면, 부산에 배포된 K부서 정책홍보책자의 수가 서울에 배포된 수보다 많다.
③ 서울에 배포된 K부서 정책홍보책자의 수는 부산에 배포된 K부서 정책홍보책자의 수보다 적다.
④ 서울에서도 500권의 K부서 정책홍보책자가 배포되었다.

✔해설 주어진 글에 따르면 A팀은 정책홍보책자를 서울이나 부산에 배포하였고 B팀은 서울과 부산 중 한 곳에만 배포하였다. B팀이 배포한 정책홍보책자가 부산에서 발견되었으므로 B팀의 정책홍보책자는 부산에만 배포되었음을 알 수 있다. 한편 A팀의 정책홍보책자의 일부가 서울에서도 발견되었다고 했으므로 전부를 서울에 배포했을 수도, 일부만 서울에 배포했을 수도 있다. 따라서 A팀의 정책홍보책자가 부산에서도 발견되었다면 부산에는 B팀의 정책홍보책자 500권과 A팀의 정책홍보책자 일부가 배포되고 서울에는 A팀의 나머지 정책홍보책자가 배포 된 것으로 부산이 서울보다 많은 양의 정책홍보책자가 배포되었음을 알 수 있다.

49 다음의 조건이 전부 참일 때 중 항상 참인 것은?

> • 오븐을 구매한 사람은 전자레인지를 구매하지 않는다.
> • TV를 구매한 사람은 냉장고도 구매한다.
> • 전자레인지를 구매한 사람은 믹서도 구매한다.
> • 냉장고를 구매한 사람은 오븐을 구매한다.

① 전자레인지를 구매한 사람은 냉장고도 구매한다.
② TV를 구매한 사람은 전자레인지를 구매하지 않는다.
③ 오븐을 구매한 사람은 믹서도 구매한다.
④ 믹서를 구매한 사람은 TV 구매한다.

> ✔해설 TV를 구매한 사람은 냉장고를 구매하며, 냉장고를 구매한 사람은 오븐을 구매한다. 오븐을 구매한 사람
> 은 전자레인지를 구매하지 않으므로 ②는 항상 옳다.

50 다음 글의 내용이 참일 때, 반드시 참인 것은?

> '다다'는 두 동물들 사이에서 맺는 신비스런 관계이다. x와 y가 다다라는 것은, y와 x가 다다라는
> 것도 의미한다. 깊은 숲속에 동물들인 A, B, C, D는 외부와의 접촉을 완전히 차단한 채, 험준한 산
> 악 마을인 바람숲에 살고 있다. 바람숲에 있는 동물은 이 네 명 외에는 없다. 이들 사이에 다음과
> 같은 관계가 성립한다.
>
> ㉠ A와 D가 다다라면, A와 B가 다다일 뿐 아니라 A와 C도 다다이다.
> ㉡ C와 D가 다다라면, C와 B도 다다이다.
> ㉢ D와 A가 다다가 아니고 D와 C도 다다가 아니라면, 바람숲의 그 누구도 D와 다다가 아니다.
> ㉣ B와 D가 다다이거나, C와 D가 다다이다.
> ㉤ A와 다다가 아닌 동물이 B, C, D 중에 적어도 한 명은 있다.

① 바람숲에는 D와 다다가 아닌 동물이 있다.　② A는 D와 다다이다.
③ C는 B와 다다일 수 없다.　　　　　　　　④ C는 D와 다다인지 알 수 없다.

> ✔해설 ㉤에 따르면 A는 바람숲의 모든 동물과 다다는 아니므로 A와 D가 다다일 경우 ㉠에 따라 B와 C와도
> 다다 관계이므로 A와 D는 다다가 아니다. 따라서 ①은 옳고 ②는 옳지 않다.
> 　　④ ㉢의 대우에 따르면 D가 바람숲의 누군가와 다다이면 D와 A가 다다이거나 D와 C가 다다인데, D와
> 　　　 A는 다다가 아니므로 D와 C는 다다이다.
> 　　③ ④와 ㉡에 따라 C와 B도 다다이다.

51 다음에 제시된 명제가 모두 참일 때, 반드시 참이라고 할 수 있는 것은 어느 것인가?

> • 배가 아픈 사람은 식욕이 좋지 않다.
> • 배가 아프지 않은 사람은 홍차를 좋아하지 않는다.
> • 웃음이 많은 사람은 식욕이 좋다.

① 식욕이 좋지 않은 사람은 배가 아프다.
② 배가 아프지 않은 사람은 웃음이 많다.
③ 배가 아픈 사람은 홍차를 좋아한다.
④ 홍차를 좋아하는 사람은 웃음이 많지 않다.

✔해설 참인 명제의 대우 명제는 항상 참이며, 역과 이 명제는 참일 수도, 참이 아닐 수도 있다는 근거를 통해 해결할 수 있다.

따라서 주어진 명제들의 대우 명제를 이용하여 삼단논법에 의한 새로운 참인 명제를 다음과 같이 도출할 수 있다.

- 두 번째 명제의 대우 명제 : 홍차를 좋아하는 사람은 배가 아프다. →A
- 세 번째 명제의 대우 명제 : 식욕이 좋지 않은 사람은 웃음이 많지 않다. →B

A+첫 번째 명제+B→홍차를 좋아하는 사람은 웃음이 많지 않다.

① 첫 번째 명제의 역 명제이므로 반드시 참이라고 할 수 없다.
② '세 번째 명제+첫 번째 명제의 대우 명제'의 역 명제이므로 반드시 참이라고 할 수 없다.
③ 두 번째 명제의 이 명제이므로 반드시 참이라고 할 수 없다.

52 다음에 제시되는 명제들을 통해 추론할 수 있는 명제로 올바른 것은 어느 것인가?

> • 어떤 야구선수는 회식을 좋아한다.
> • 모든 안경을 낀 사람은 여행을 좋아한다.
> • 어떤 야구선수는 여행을 좋아하지 않는다.

① 안경을 끼지 않은 야구선수는 모두 여행을 좋아한다.

② 여행을 좋아하지 않지만 안경을 끼고 있는 야구선수도 있다.

③ 안경을 낀 야구선수는 모두 여행을 좋아한다.

④ 여행을 좋아하는 사람은 모두 야구선수이다.

> ✔ **해설** 야구선수 중 일부는 안경을 끼고 있으며, 그들은 모두 여행을 좋아하므로 '안경을 낀 야구선수는 모두 여행을 좋아한다.'는 참인 명제가 된다.
> ① 안경을 끼지 않은 야구선수는 여행을 좋아할 수도, 좋아하지 않을 수도 있으므로 항상 참이 되는 명제가 될 수 없다.
> ② 안경을 낀 사람은 모두 여행을 좋아하므로 여행을 좋아하지 않는 안경 낀 사람은 있을 수 없게 되어 주어진 명제는 참이 아닌 명제가 된다.
> ④ 여행을 좋아하는 사람은 야구선수일 수도, 아닐 수도 있으므로 항상 참이 되는 명제는 아니다.

53 다음의 논증이 타당하려면 반드시 보충되어야 할 전제는?

> M방송국이 월드컵 중계방송을 하지 않는다면 K방송국이 월드컵 중계방송을 한다. K방송국과 S방송국이 동시에 월드컵 중계방송을 하는 일은 있을 수 없다. 그러므로 M방송국은 월드컵 중계방송을 한다.

① S방송국이 월드컵 중계방송을 한다.

② K방송국이 월드컵 중계방송을 한다.

③ K방송국이나 S방송국이 월드컵 중계방송을 한다.

④ S방송국이 월드컵 중계방송을 하지 않으면 K방송국이 월드컵 중계방송을 한다.

> ✔ **해설** 각 방송국별로 중계방송을 하는 경우는 K, M, S라 표기하고 중계방송을 하지 않는 경우를 ~로 나타내면 위의 논증은 다음과 같다.
> $\sim M \rightarrow K$, $\sim(K \text{ and } S) \rightarrow M$
> $\sim M \rightarrow K$의 대우인 $\sim K \rightarrow M$이 성립하면서 $\sim(K \text{ and } S) = \sim K \text{ or } \sim S$가 성립해야 하므로, M이 성립하기 위해서는 $\sim(\sim S) = S$가 추가적으로 필요하다.

54 다음 내용으로 추론할 수 있는 것은 무엇인가?

> A전자회사는 오늘 국내에서 두 번째로 가정용 에어컨에 태양전지를 결합한 신개념 에어컨을 선보였다. 이는 태양전지에서 생산되는 전력만으로 에어컨의 공기청정기능을 사용할 수 있는 수준이다.

① 국내 최초의 태양전지를 결합한 가정용 에어컨은 A전자회사 제품이다.
② 신개념 에어컨에는 공기청정기능이 없다.
③ 오늘 선보인 A회사 에어컨의 공기청정기능은 태양전지의 전력만으로도 사용 가능하다.
④ 기존의 태양전지를 이용한 에어컨은 모두 가정용이 아니었다.

✔ 해설　① 국내 최초의 태양전지를 결합한 가정용 에어컨이 어디 제품인지는 알 수 없다.
② 신개념 에어컨에는 태양전지의 전력으로 사용할 수 있는 공기청정기능이 있다.
④ '국내에서 두 번째로…'라고 하였으므로 가정용 태양전지 에어컨이 기존에 존재했다.

55 다음의 상황에서 교장이 정확하게 선생님인지 학생인지 알 수 있는 사람은 누구인가?

> 어느 노인대학에 진실만을 말하는 선생님과 짓궂은 학생들이 모여 있다. 짓궂은 학생들은 거짓말만 한다. 누가 선생님인지 누가 학생인지 모르는 교장이 자기 앞에 서있는 다섯 사람에게 자신 또는 다른 사람에 대해 이야기해보라고 했다.
> A : 저는 선생님입니다.
> B : D는 학생입니다.
> C : 저 빼고 다 학생입니다.
> D : 저는 선생님이고, B는 거짓말을 하고 있습니다.
> E : A는 거짓말을 하고 있습니다.

① A　　　　　　　　　　② B
③ C　　　　　　　　　　④ D

✔ 해설　A~E의 주장을 살펴보면 A와 E의 주장 중 단 하나만이 참이 될 수 있고, B와 D의 주장도 둘 중 하나만이 참이다. 참을 말하는 사람은 선생님이라고 했으므로 A와 E 중 한 명이 선생님, B와 D 중 한 명이 선생님이 되고 이에 따라 C의 말은 항상 거짓이므로 C는 반드시 학생이다.

Answer　　52.③　53.①　54.③　55.③

56 다음 진술이 참이 되기 위해서 꼭 필요한 전제를 보기에서 고른 것은?

세훈이는 약속을 잘 지키는 사람이 아니다.

〈보기〉
㉠ 세훈이는 약속을 잘 지키려고 노력한다.
㉡ 세훈이는 때때로 약속 시간보다 일찍 도착한다.
㉢ 약속을 잘 지키는 사람이라면 약속 시간에는 절대 늦지 않는다.
㉣ 약속 시간에 늦는 사람도 약속을 잘 지키는 사람일 수 있다.
㉤ 세훈이는 약속 시간에 자주 늦는다.
㉥ 세훈이는 약속 시간에 절대 늦지 않는다.

① ㉠㉡　　　　　　　　　　　　② ㉠㉣
③ ㉡㉤　　　　　　　　　　　　④ ㉢㉤

✔해설　보기는 약속을 잘 지키는 것과 약속 시간에 늦지 않는 것의 관계를 나타내는 진술로 이루어져 있다. '세훈이는 약속을 잘 지키는 사람이 아니다'라는 진술이 참이 되기 위해서는 약속을 잘 지키는 사람은 약속 시간에 절대 늦지 않는다는 전제와 세훈이가 약속 시간을 지키지 않는다는 전제가 필요하다. 따라서 ㉢과 ㉤이 전제가 되면 주어진 진술이 반드시 참이 된다.

57 다음의 상황에서 옳은 것은?

다음은 자동차 외판원 A, B, C, D, E, F의 판매실적에 대한 진술이다.
• A는 B에게 실적에서 앞서 있다.
• C는 D에게 실적에서 뒤졌다.
• E는 F에게 실적에서 뒤졌지만, A에게는 실적에서 앞서 있다.
• B는 D에게 실적에서 앞서 있지만, E에게는 실적에서 뒤졌다.

① 외판원 C의 실적은 꼴지가 아니다.

② B의 실적보다 안 좋은 외판원은 3명이다.

③ 두 번째로 실적이 좋은 외판원은 B이다.

④ 실적이 가장 좋은 외판원은 F이다.

✔ **해설** 제시된 조건을 통해 외판원들의 판매실적을 유추하면 A>B, D>C이다. 또한 F>E>A, E>B>D임을 알 수 있다. 결과적으로 F>E>A>B>D>C가 된다.
① 외판원 C의 실적은 꼴지이다.
② B의 실적보다 안 좋은 외판원은 2명이다.
③ 두 번째로 실적이 좋은 외판원은 E이다.

58 다음 실험에 대해 옳게 판단한 사람을 모두 고르면?

> 한 대학병원의 암 연구소에서는 스트레스가 생체에 미치는 영향을 연구하는 과정에서 실험용 쥐를 대상으로 전기충격 실험을 진행하였다. 그 실험에서 연구진들은 쥐를 두 집단으로 나누어서 투명한 유리 상자에 넣은 다음, 한 집단에는 정해진 시간마다 전기충격을 주고 또 한 집단은 단순히 다른 집단의 쥐를 관찰하도록 하였다. 관찰조건의 쥐들이 들어가 있는 실험상자의 구조는 기본적으로 전기충격 조건의 쥐들이 들어가 있는 상자와 동일했지만 바닥에 고무판을 깔아 주어 전기충격을 받지 않도록 한 점만 달랐다. 전기충격은 50볼트의 강도로 매 2분마다 10초씩 주어졌다. 총 16시간 동안 실험을 진행한 결과, 먼저 탈진을 한 것은 전기충격 조건의 쥐들이 아니라 관찰조건의 쥐들이었다. 전기충격을 받는 쥐들은 충격이 주어질 때마다 고통스러워하면서도 조금이라도 충격을 더 적게 받기 위해 계속해서 펄쩍펄쩍 뛰어 올랐다. 반면에 관찰조건의 쥐들은 처음에는 고통스러워하는 쥐들을 보지 않기 위해서 고개를 돌리기도 하는 등 안간힘을 썼으나 시간이 지남에 따라 구석으로 가서 무기력하게 웅크리고 앉아서 벌벌 떨기만 하였다. 실험결과, 전기충격 조건의 쥐보다 관찰조건의 쥐가 암과 같은 스트레스성 질환에 더 많이 걸리는 것으로 나타났다.

> ㉠ 아라 : 두 조건의 쥐들 모두 초반에 스트레스를 덜 받기 위한 노력을 하는걸 알 수 있어.
> ㉡ 기호 : 신체적인 고통은 스트레스에 아무런 영향도 주지 않는구나.
> ㉢ 민주 : 전기충격 조건의 쥐들은 일정 시간이 지나면 스트레스 호르몬의 분비가 줄어들 거야.
> ㉣ 영기 : 전기충격 조건의 쥐들이 관찰조건의 쥐들보다 더 금방 지치는구나.

① 아라
② 민주
③ 아라, 기호
④ 기호, 민주

✔ **해설** 지문의 실험은 정신적 스트레스가 신체적 스트레스보다 더 심하다는 결론을 낼 수 있는 실험이다.
㉠ 충격을 덜 받기위해 전기충격 조건의 쥐들은 뛰어오르고, 관찰조건의 쥐들은 고통스러워하는 쥐들을 보지 않기 위해 고개를 돌리는 노력을 한다.
㉡ 신체적 스트레스가 정신적 스트레스보다 덜하긴 하지만 아무런 영향을 주지 않는 건 아니다.
㉢ 스트레스 호르몬의 분비에 대한 내용은 주어진 내용만으로는 알 수 없다.
㉣ 관찰조건의 쥐들이 전기충격 조건의 쥐들보다 더 금방 지친다.

Answer 56.④ 57.④ 58.①

59 무게가 서로 다른 ㉠~㉫의 6개의 돌이 다음과 같은 조건을 가질 때 추론할 수 없는 것은?

> • ㉡은 ㉠과 ㉫보다 무겁다.
> • ㉢은 ㉡보다 무겁고, ㉣보다 가볍다.
> • ㉤은 ㉢보다 가볍다.

① ㉠은 ㉫보다 무겁다. ② ㉢은 두 번째로 무겁다.
③ ㉤은 ㉣보다 가볍다. ④ ㉡보다 무거운 돌은 ㉢과 ㉣이다.

✔해설 주어진 각각의 조건에 따라 ㉠~㉫의 무게를 비교하면 다음과 같다.
• ㉡>㉠, ㉡>㉫
• ㉣>㉢>㉡
• ㉢>㉤
따라서 ㉣이 가장 무겁고 ㉢이 그 다음이며, ㉤과 ㉡, ㉠, ㉫의 관계나 ㉠, ㉫의 관계는 알 수 없다.

60 다음 보기의 두 명제가 항상 참일 때, 명제 "농구를 잘하면 배구를 잘한다."가 성립하기 위해 필요한 참인 명제는?

> [보기]
> ㈎ 축구를 잘하면 농구를 잘하지 못한다.
> ㈏ 배구를 잘하지 못하면 당구를 잘하지 못한다.

① 당구를 잘하면 축구를 잘하지 못한다. ② 농구를 잘하면 당구를 잘하지 못한다.
③ 축구를 잘하지 못하면 당구를 잘한다. ④ 배구를 잘하지 못하면 농구를 잘한다.

✔해설 주어진 조건을 p, q, r, s로 놓으면
p : 농구를 잘한다. q : 축구를 잘한다.
r : 배구를 잘한다. s : 당구를 잘한다.
이므로 조건을 이용하야 나타내면
$q \rightarrow \sim p$, $\sim r \rightarrow \sim s$
이때, 대우명제도 참이므로 $p \rightarrow \sim q$, $s \rightarrow r$이다.
그런데 "농구를 잘하면 배구도 잘한다." 즉 $p \rightarrow r$가 참이 되게 해야 하므로 $p \rightarrow \sim q$와 $s \rightarrow r$을 연결해 주는 문장이 필요하다. 따라서, $\sim q \rightarrow s$ 또는 $\sim s \rightarrow q$가 필요하므로
③ 축구를 잘하지 못하면 당구를 잘한다.

61 다음 글을 근거로 판단할 때, ㉠에 해당하는 값은? (단, 소수점 이하 반올림함)

> 한 남자가 도심 거리에서 강도를 당했다. 그는 그 강도가 흑인이라고 주장했다. 그러나 사건을 담당한 재판부가 당시와 유사한 조건을 갖추고 현장을 재연했을 때, 피해자가 강도의 인종을 정확하게 인식한 비율이 80% 정도밖에 되지 않았다. 강도가 정말로 흑인일 확률은 얼마일까?
>
> 물론 많은 사람들이 그 확률은 80%라고 말할 것이다. 그러나 실제 확률은 이보다 상당히 낮을 수 있다. 인구가 1,000명인 도시를 예로 들어 생각해보자. 이 도시 인구의 90%는 백인이고 10%만이 흑인이다. 또한 강도짓을 할 가능성은 두 인종 모두 10%로 동일하며, 피해자가 백인을 흑인으로 잘못 보거나 흑인을 백인으로 잘못 볼 가능성은 20%로 똑같다고 가정한다. 이 같은 전제가 주어졌을 때, 실제 흑인강도 10명 가운데 ( )명만 정확히 흑인으로 인식될 수 있으며, 실제 백인강도 90명 중 ( )명은 흑인으로 오인된다. 따라서 흑인으로 인식된 ( )명 가운데 ( )명만이 흑인이므로, 피해자가 범인이 흑인이라는 진술을 했을 때 그가 실제로 흑인에게 강도를 당했을 확률은 겨우 ( )분의 ( ), 즉 약 ㉠%에 불과하다.

① 18

② 21

③ 26

④ 31

✔ 해설 각 괄호에 들어갈 수를 순서대로 채워보면, '실제 흑인강도 10명 가운데 8명만 정확히 흑인으로 인식될 수 있으며, 실제 백인강도 90명 중 18명은 흑인으로 오인된다. 따라서 흑인으로 인식된 26명 가운데 8명만이 흑인이므로, 피해자가 범인이 흑인이라는 진술을 했을 때 그가 실제로 흑인에게 강도를 당했을 확률은 겨우 26분의 8, 즉 약 31%에 불과하다.'이므로 따라서 ㉠에 들어갈 값은 31이다.

62 다음 〈쓰레기 분리배출 규정〉을 준수한 것은?

- 배출 시간 : 수거 전날 저녁 7시~수거 당일 새벽 3시까지(월요일~토요일에만 수거함)
- 배출 장소 : 내 집 앞, 내 점포 앞
- 쓰레기별 분리배출 방법
  - 일반 쓰레기 : 쓰레기 종량제 봉투에 담아 배출
  - 음식물 쓰레기 : 단독주택의 경우 수분 제거 후 음식물 쓰레기 종량제 봉투에 담아서, 공동주택의 경우 음식물 전용용기에 담아서 배출
  - 재활용 쓰레기 : 종류별로 분리하여 투명 비닐봉투에 담아 묶어서 배출
    ① 1종(병류)
    ② 2종(캔, 플라스틱, 페트병 등)
    ③ 3종(폐비닐류, 과자 봉지, 1회용 봉투 등)
    ※ 1종과 2종의 경우 뚜껑을 제거하고 내용물을 비운 후 배출
    ※ 종이류 / 박스 / 스티로폼은 각각 별도로 묶어서 배출
  - 폐가전 · 폐가구 : 폐기물 스티커를 부착하여 배출
- 종량제 봉투 및 폐기물 스티커 구입: 봉투판매소

① 甲은 토요일 저녁 8시에 일반 쓰레기를 쓰레기 종량제 봉투에 담아 자신의 집 앞에 배출하였다.

② 공동주택에 사는 乙은 먹다 남은 찌개를 그대로 음식물 쓰레기 종량제 봉투에 담아 주택 앞에 배출하였다.

③ 丙은 투명 비닐봉투에 캔과 스티로폼을 함께 담아 자신의 집 앞에 배출하였다.

④ 戊는 집에서 쓰던 냉장고를 버리기 위해 폐기물 스티커를 구입 후 부착하여 월요일 저녁 9시에 자신의 집 앞에 배출하였다.

✔해설 ① 배출 시간은 수거 전날 저녁 7시부터 수거 당일 새벽 3시까지인데 일요일은 수거하지 않으므로 토요일 저녁 8시에 쓰레기를 내놓은 甲은 규정을 준수했다고 볼 수 없다.
② 공동주택에서 음식물 쓰레기를 배출할 경우 음식물 전용용기에 담아서 배출해야 한다.
③ 스티로폼은 별도로 묶어서 배출해야 하는 품목이다.

63 다음 글과 〈조건〉을 근거로 판단할 때, 처리공정 1회 가동 후 바로 생산된 물에는 A균과 B균이 리터 (L)당 각각 몇 마리인가? (단, 다른 조건은 고려하지 않는다)

보란이와 예슬이는 주스를 제조하는 공장을 운영하고 있으며, 甲회사의 물과 乙회사의 물을 정화한 후 섞어서 사용한다. 甲회사의 물에는 A균이, 乙회사의 물에는 B균이 리터(L)당 1,000마리씩 균일하게 존재한다. A균은 70℃ 이상에서 10분간 가열하면 90%가 죽지만, B균은 40℃ 이상이 되면 즉시 10% 증식한다. 필터를 이용해 10분간 거르면 A균은 30%, B균은 80%가 걸러진다. 또한 자외선을 이용해 물을 10분간 살균하면 A균은 90%, B균은 80%가 죽는다.

〈물 처리공정〉

공정 1 : 甲회사의 물과 乙회사의 물을 각각 자외선을 이용하여 10분간 살균한다.

공정 2-1 : 甲회사의 물을 100℃이상에서 10분간 가열한다.

공정 2-2 : 乙회사의 물을 10분간 필터로 거른다.

공정 3 : 甲회사의 물과 乙회사의 물을 1 : 1의 비율로 배합한다.

〈조건〉

• 각각의 공정은 독립적이며, 서로 영향을 미치지 않는다.

• 공정 2-1과 공정 2-2는 동시에 이루어진다.

• 공정 3을 거친 물의 온도는 60° C이다.

• 모든 공정에서 물의 양은 줄어들지 않는다.

• 모든 공정에 소요되는 시간은 물의 양과는 상관관계가 없다.

① A균 : 10, B균 : 44

② A균 : 10, B균 : 40

③ A균 : 5, B균 : 44

④ A균 : 5, B균 : 22

 • 공정 1 처리 결과 : A균 100마리, B균 200마리
• 공정 2-1 처리 결과 : A균 10마리
• 공정 2-2 처리 결과 : B균 40마리
• 공정 3 처리 결과 : 물에 A균 10마리, B균 44마리

64 다음 〈조건〉을 근거로 판단할 때, 가장 많은 품삯을 받은 일꾼은? (단, 1전은 10푼이다)

〈조건〉

- 일꾼 다섯 명의 이름은 좀쇠, 작은놈, 어인놈, 상득, 정월쇠이다.
- 다섯 일꾼 중 김씨가 2명, 이씨가 1명, 박씨가 1명, 윤씨가 1명이다.
- 이들의 직업은 각각 목수, 단청공, 벽돌공, 대장장이, 미장공이다.
- 일당으로 목수와 미장공은 4전 2푼을 받고, 단청공과 벽돌공, 대장장이는 2전 5푼을 받는다.
- 윤씨는 4일, 박씨는 6일, 김씨 두 명은 각각 4일, 이씨는 3일 동안 동원되었다. 동원되었지만 일을 하지 못한 날에는 보통의 일당 대신 1전을 받는다.
- 박씨와 윤씨는 동원된 날 중 각각 하루씩은 배가 아파 일을 하지 못했다.
- 목수는 이씨이다.
- 좀쇠는 박씨도 이씨도 아니다.
- 어인놈은 단청공이다.
- 대장장이와 미장공은 김씨가 아니다.
- 정월쇠의 일당은 2전 5푼이다.
- 상득은 김씨이다.
- 윤씨는 대장장이가 아니다.

---

① 좀쇠
③ 어인놈

② 작은놈
④ 상득

 **해설** • 목수는 이씨이고, 대장장이와 미장공은 김씨가 아니라는 조건에 의해 대장장이와 미장공은 박씨와 윤씨임을 알 수 있다. 그런데 마지막 조건에 따라 윤씨는 대장장이가 아니므로 대장장이는 박씨이고 미장공은 윤씨임을 알 수 있다. 따라서 2명의 김씨의 직업은 단청공과 벽돌공이다.
- 어인놈은 단청공이며, 상득은 김씨라는 조건에 따라 어인놈은 김씨이며 단청공이고, 상득은 김씨이며 벽돌공임을 알 수 있다.
- 어인놈이 단청공이고 상득이 벽돌공인 상황에서 2전 5푼의 일당을 받는 정월쇠는 대장장이며 박씨이다.
- 좀쇠는 박씨도 이씨도 아니라는 조건에 의해 윤씨이며 직업은 미장공이다.
- 마지막으로 남은 작은놈이 이씨이며 목수이다.

이름을 기준으로 일당을 정리하면,
- 좀쇠(윤씨, 미장공) : 동원된 4일 중 3일을 일하고 1일을 쉬었으므로 4 × 4전 2푼 + 1전 = 17전 8푼을 받는다.
- 작은놈(이씨, 목수) : 동원된 3일을 일하였으므로 3 × 4전 2푼 = 12전 6푼을 받는다.
- 어인놈(김씨, 단청공) : 동원된 4일을 일하였으므로 4 × 2전 5푼 = 10전을 받는다.
- 상득(김씨, 벽돌공) : 동원된 4일을 일하였으므로 4 × 2전 5푼 = 10전을 받는다.
- 정월쇠(박씨, 대장장이) : 동원된 6일 중 5일을 일하고 1일을 쉬었으므로 5 × 2전 5푼 + 1전 = 13전 5푼을 받는다.

65 다음 글을 근거로 판단할 때, 김과장이 단식을 시작한 첫 주 월요일부터 일요일까지 한 끼만 먹은 요일(끼니때)은?

김과장은 건강상의 이유로 간헐적 단식을 시작하기로 했다. 김과장이 선택한 간헐적 단식 방법은 월요일부터 일요일까지 일주일 중에 2일을 선택하여 아침 혹은 저녁 한 끼 식사만 하는 것이다. 단, 단식을 하는 날 전후로 각각 최소 2일간은 정상적으로 세 끼 식사를 하고, 업무상의 식사 약속을 고려하여 단식일과 방법을 유동적으로 결정하기로 했다. 또한 단식을 하는 날 이외에는 항상 세 끼 식사를 한다.

간헐적 단식 2주째인 김과장은 그동안 단식을 했던 날짜를 기록해두기 위해 아래와 같이 최근 식사와 관련된 기억을 떠올렸다.

- 2주차 월요일에는 단식을 했다.
- 지난주에 먹은 아침식사 횟수와 저녁식사 횟수가 같다.
- 지난주 월요일, 수요일, 금요일에는 조찬회의에 참석하여 아침식사를 했다.
- 지난주 목요일에는 업무약속이 있어서 점심식사를 했다.

① 월요일(저녁), 목요일(저녁)
② 화요일(아침), 금요일(아침)
③ 화요일(아침), 금요일(저녁)
④ 화요일(저녁), 금요일(아침)

✔ 해설 단식을 하는 날 전후로 각각 최소 2일간은 정상적으로 세 끼 식사를 하므로 2주차 월요일에 단식을 하면 전 주 토요일과 일요일은 반드시 정상적으로 세 끼 식사를 해야 한다. 이를 바탕으로 조건에 따라 김과장의 첫 주 월요일부터 일요일까지의 식사를 정리하면 다음과 같다.

	월	화	수	목	금	토	일
아침	○		○	○	○	○	○
점심	○		○	○		○	○
저녁	○	○	○	○		○	○

민화는 보통 민속에 얽힌 관습적인 그림이나 오랜 역사를 통해 사회의 요구에 따라 같은 주제를 되풀이하여 그린 생활화나 비전문적인 화가나 일반 대중들의 치졸한 작품 등을 일컫는 말로 쓰인다. 민화라는 용어를 처음 사용한 일본인 야나기는 민화를 "민중 속에서 태어나고 민중을 위하여 그려지고 민중에 의해서 구입되는 그림"이라고 정의하였다. 이와 더불어 우리나라에서도 민화에 대한 연구와 논의를 벌였는데 이러한 연구결과를 종합해 보면 민화는 엄밀한 의미의 순수, 소박한 회화와 함께 도화서 화풍의 생활화·실용화를 모두 가리킨다. 또한 백성들이 오랜 세월을 살아오는 동안 이 세상에서 복을 받고 오래 살기를 바라는 불로장생과 벽사진경의 염원, 신앙과 생활 주변을 아름답게 꾸미고자 하는 마음을 솔직하고 자연스럽게 나타낸 전통 사회의 산물이라고 정의할 수 있다. 한국민화는 신석기 시대의 암벽화나 청동기 시대의 공예품, 삼국시대의 고분벽화, 고려·조선시대 미술 공예품에서 그 연원을 찾을 수 있다. 특히 암벽화의 동물그림이나, 고구려의 사신도, 신선도, 십장생도, 수렵도, 백제의 산수도 등에서 그 흔적이 엿보인다. 민화의 작가로는 도화서 화원과 화원의 제자, 그림에 재능은 있지만 화원이 되지 못한 사람들, 그리고 일반 백성에 이르기까지 그 범위가 매우 넓다. 민화는 대부분 나쁜 귀신을 쫓고 경사스러운 일을 맞기를 희망하는 대중의 의식과 습속에 얽힌 그림, 집 안팎을 단장하기 위한 그림, 병풍·족자·벽화 같은 일상생활과 관련된 그림이 주류를 이루었다.

66 다음 중 옳지 않은 것은?

① 민화는 비전문적인 화가나 일반 대중들이 전통적으로 이어 내려온 생활 습속에 따라 제작한 대중적인 실용화를 의미한다.

② 야나기는 민중 속에서 태어나고 민중을 위하여 그려지고 민중에 의해서 구입되는 그림이라고 민화를 정의하였다.

③ 민화는 대중적인 생활화나 실용화로써 도화서의 정식 화원들이 그린 그림은 민화에 속하지 않는다.

④ 우리나라 암벽화의 동물그림이나 고구려의 사신도, 수렵도 그리고 백제의 산수문 등에서 한국 민화의 연원을 찾아볼 수 있다.

> ✔해설 ③ '민화는 엄밀한 의미의 순수, 소박한 회화와 함께 도화서 화풍의 생활화·실용화를 모두 가리킨다.'와 '민화의 작가로는 도화서 화원과 화원의 제자, 그림에 재능은 있지만 화원이 되지 못한 사람들, 그리고 일반 백성에 이르기까지 그 범위가 매우 넓다.'의 내용으로 미루어 볼 때 도화서 화원들이 그린 그림 또한 민화에 속한다고 볼 수 있다.

67 위 글을 통해 알 수 없는 것은?

① 민화를 처음 그린 사람   ② 민화의 정의

③ 민화의 작가   ④ 민화로 그려진 그림들

> **✔해설** ① 위 글을 통해 민화를 처음 그린 사람에 대해서는 알 수 없다.

┃68~69┃ 다음 글을 읽고 물음에 답하시오.

화산은 지구 깊숙한 곳에서 고온의 용융상태로 있던 마그마가 지표에 분출하여 화구에 쌓여서 이루어진 지형을 말한다. 화산이 형성될 때는 다량의 분출물이 뿜어져 나오는데 화산가스, 화산쇄설물, 용암 등이 그것이다. 화산가스는 대부분 수증기로 이루어져 있지만 수증기 이외에 염화수소·황화수소·수소·이산화탄소·일산화탄소·염소·붕소·황·이산화황·질소 등도 포함되어 있다. 화산쇄설물은 화산이 폭발할 당시 그 힘에 의해 화구 주변의 암석이나 이미 굳어진 용암 자체가 부서져 여러 가지 크기의 파편물 상태로 뿜어져 나온 것으로 그 크기나 형태, 구조 등에 따라 화산암괴, 화산력, 화산재로 분류된다. 용암은 마그마가 직접 지표로 흘러나온 것으로 분출 당시의 온도는 약 1,000~1,200℃이고 600~700℃ 정도로 식으면 굳어서 암석이 된다. 또한 화산은 그 활동시기에 따라 활화산과 휴화산·사화산으로 나뉘는데 활화산이란 현재 분화가 일어나고 있는 화산을 말하고 휴화산이란 현재는 분화하고 있지 않지만 역사상으로 분화한 기록이 있는 화산이나 장래에 분화할 가능성이 있는 화산을 말한다. 그리고 사화산은 화산의 특성을 가지고 있으나 현재는 분화도 하지 않고 분화했다는 기록도 없는 화산을 지칭한다. 현재 지구상에는 약 800여개의 활화산이 있는 것으로 알려져 있고 이들은 대부분 지진대와 밀접하게 관련되어 서로 평행하게 분포되고 있다.

68 다음 중 옳지 않은 것은?

① 용암은 화산 분출 당시 그 크기나 형태, 구조 등에 따라 화산암괴, 화산력, 화산재로 분류된다.

② 화산은 그 활동 시기에 따라 활화산과 휴화산, 그리고 사화산으로 나눌 수 있다.

③ 화산은 지구 깊숙한 곳에서 용융상태로 있던 고온의 마그마가 지표에 분출하여 화구에 쌓여서 이루어진 지형이다.

④ 현재 전 지구상에는 약 800여개의 활화산이 있으며 이들 활화산은 주로 지진대와 평행하게 분포되어 있다.

> **✔해설** ① 화산쇄설물은 화산이 폭발할 당시 그 힘에 의해 화구 주변의 암석이나 이미 굳어진 용암자체가 부서져 여러 가지 크기의 파편물 상태로 뿜어져 나온 것으로 그 크기나 형태, 구조 등에 따라 화산암괴, 화산력, 화산재로 분류된다.

Answer   66.③   67.①   68.①

69 다음은 백두산에 대한 설명이다. 위 글을 참고했을 때 백두산은 어떤 화산에 속하는가?

> 백두산의 화산분출은 쥐라기(약 2억 년 전) 시대부터 신생대 제4기까지 지속되었는데 특히 신생대 제3기부터 활발히 진행된 화산활동으로 현무암질 용암이 대량 유출되었고 이로 인해 약 5,350㎢의 넓은 백두용암대지가 만들어졌다. 약 200만 년 전부터는 화산활동이 약화되어 지금의 산세를 형성하였고 최근의 분출로는 1597년 · 1668년 · 1702년에 있었다고 문헌에 전하고 있다. 그리고 현재는 백두산 주변 50km 내외에 진도 2~3의 약한 지진이 발생하고 있어 화산학자들에 의해 가까운 장래에 분출활동이 있을 것으로 예측되고 있다.

① 활화산
② 휴화산
③ 사화산
④ 순상화산

✔해설 ② 위 글에서 휴화산이란 현재는 분화하고 있지 않지만 역사상으로 분화한 기록이 있는 화산이나 장래에 분화할 가능성이 있는 화산을 말한다고 했으므로 위 글을 참고했을 때 백두산은 휴화산에 속한다.

70 다음 글에 나타난 석회 동굴과 용암 동굴의 공통점으로 알맞은 것은?

> 처음 만들어진 거대한 동굴의 텅 빈 구멍을 전문적인 용어로 1차 생성물이라고 한다. 그 다음부터는 천장에서 스며든 지하수가 천장이나 벽면, 그리고 동굴 바닥에 종유석이나 석순 같은 퇴적물을 성장시키게 된다. 석회 동굴에서는 석회암의 성분이나 지하수의 성질에 따라 동굴 속 퇴적물들이 갖가지 모양으로 자라게 된다. 용암 동굴은 동굴의 천장이나 벽에서 흘러내리는 용암이 점차 식으면서 밑으로 늘어지는데 이를 용암 고드름이라 하고, 용암 덩어리가 동굴 바닥에 떨어지면서 위로 쌓여 올라간 것을 석순이라고 한다. 이와 같이 1차적으로 생긴 동굴 공간에 만들어지는 퇴적물들을 2차 생성물이라 한다. 우리가 보는 동굴의 화려한 모습은 2차 생성물들이 빚어내는 자연의 오묘한 조화라 할 수 있다.

① 동굴의 공간이 매우 협소하다.
② 화려한 2차 생성물을 형성한다.
③ 복잡하고 다양한 형태를 지녔다.
④ 지하수에 의해 화학 작용을 일으킨다.

✔해설 석회 동굴과 용암 동굴은 동굴의 천장이나 벽, 바닥 등에 종유석, 석순, 용암 고드름, 용암 석순 등의 2차 생성물이 생기면서 동굴 내부가 화려한 모습을 보인다고 하였다.

71 아래 글의 논지 전개로 보아 ㈎와 ㈏의 관계를 바르게 설명한 것은?

㈎ 하늘이 날짐승과 길짐승에게는 발톱과 뿔을 주고 단단한 발굽과 예리한 이빨을 주었으며 여러 가지 독을 주어서, 각기 하고 싶어 하는 것을 얻게 하고 외부로부터의 습격을 막아 낼 수 있게 하였는데, 사람에게는 벌거숭이로 유약하여 제 생명을 보호하지 못할 듯이 하였으니, 어찌하여 하늘은 천하게 하여야 할 금수에게는 후하게 하고, 귀하게 하여야 할 인간에게는 박하게 하였는가. 이는 인간에게는 지혜로운 생각과 교묘한 연구력이 있으므로 기예를 익혀서 제 힘으로 살아가도록 한 것이다. 그러나 지혜로운 생각으로 미루어 아는 것도 한계가 있고, 교묘한 연구력으로 깊이 탐구하는 것도 순서가 있다. 그러므로 천만 사람이 함께 논의한 것을 당할 수 없으며, 비록 성인이라 하더라도 하루아침에 모두 아름답게 하지는 못한다. 그렇기 때문에, 기예는 사람이 많이 모이면 더욱 정묘하게 마련이고, 세대가 흘러갈수록 더욱 발전하는 바, 이는 형세가 그렇게 되지 않을 수 없는 것이다.

㈏ 근세에도 유구 사람들은 중국의 태학에 들어가서 10년 동안 전문적으로 새로운 문물과 기예를 배웠으며, 일본은 강소성과 절강성을 왕래하면서 온갖 공장이들의 섬세하고 교묘한 기술을 배워 가기를 힘썼다. 이 때문에 유구와 일본은 바다의 한복판인 먼 지역에 위치해 있으면서도 그 기능이 중국과 대등하게 되었다. 그리하여 백성은 부유하고 군대는 강하여 이웃 나라가 감히 침범하지 못하게 되었으니, 나타나는 효과가 이처럼 뚜렷하다. 효도와 우애는 타고난 천성에 원래 있는 것이며, 성현들의 책에 자세히 밝혀져 있으니, 진실로 넓혀서 확충(擴充)하고 잘 실천하여 밝힌다면 예의의 아름다운 풍속을 이루게 될 터이니, 이는 참으로 외부의 것을 필요로 하지 않으며, 또한 후세 사람들에게 의뢰할 것도 없다. 그러나 백성들의 생활에 필요한 물건이나 온갖 공장이들의 기능으로 말하면 중국에 가서 나중에 새로 나온 제도를 배우지 않으면 어리석고 고루한 것을 깨뜨리지 못하여 이익을 펼 수 없을 것이다.

① ㈎는 ㈏를 귀납적으로 이끌어 내기 위한 자료 역할을 하고 있다.
② ㈎는 공시적으로, ㈏는 통시적으로 접근하여 상보적인 역할을 하고 있다.
③ ㈏는 ㈎의 원론적인 논의를 현실에 적용, 발전시키고 있다.
④ ㈏는 ㈎의 내용을 보충 설명하여 글쓴이의 주장을 강화하고 있다.

✔해설 ㈎에서는 기예란 여러 사람의 지혜가 모일수록 발전한다는 원론을 제시하고, ㈏에서는 유구와 일본의 성공 사례를 들어 생필품이나 기능은 중국에 가서 새로운 제도를 배워 와야만 발전할 수 있음을 주장하고 있다.

고고도 미사일 방어체계(THAAD, 일명 사드)는 미국이 추진하고 있는 미사일 방어체계의 핵심요소 중 하나로 중단거리 탄도미사일로부터 군 병력과 장비, 그리고 인구밀집지역, 핵심시설 등을 방어하는데 사용된다. 사드의 개발은 1987년 소련의 신형 전역탄도미사일(사거리 300km~3,500km 정도의 중단거리 탄도 미사일)에 대응하기 위해 미 육군이 수행한 대기권 내 탄도미사일 상층방어 개념연구가 그 시작이다. 이러한 사드는 1990년 베를린 장벽 붕괴와 함께 소련이 해체되면서 개발에 어려움을 겪다가 1991년 걸프전이 일어나면서 다시 탄력을 받게 되었다. 사드가 실전 배치되기 이전에는 미사일 요격체계로써 패트리어트가 사용되었다. 패트리어트는 걸프전 당시 이라크의 스커드와 후세인의 탄도미사일을 성공적으로 요격하면서 유명해졌지만 특정 지점 즉 공군기지와 같은 주요 군사시설만을 방어하는 방공무기체계로 개발되어 광범위한 지역의 탄도미사일 방어는 불가능했다. 또한 패트리어트의 요격고도가 비행체일 경우에는 100km 정도이지만 탄도미사일의 경우 20~40km에 불과해 탄도미사일 요격 기회가 제한적일 수밖에 없었다. 이렇게 해서 개발된 사드의 요격미사일은 대기권 내의 성층권과 전리층 사이에서 탄도미사일을 요격하는데 마하 8 이상의 속도로 비행하여 미사일에 내장된 킬 비이클(Kill Vehicle)이라는 요격체가 탄도미사일에 직접 충돌하여 파괴하는 'Hit-to-Kill' 방식을 사용한다. 'Hit-to-Kill' 방식은 엄청난 운동에너지로 탄도미사일의 탄두를 완전히 파괴해 파편으로 인한 피해나 핵이나 화학 오염물질에 의한 2차 피해를 대폭 줄일 수 있기 때문에 대량살상무기 즉 핵과 화학탄을 탑재한 탄도미사일에 매우 효과적이다. 그리고 사드 요격 미사일의 최대 사거리는 200km에 달하고 최대 고도는 150km로 알려진 까닭에 개발초기에는 '전구 고고도 지역 방어체계'라고 불리기도 했다. 사드는 현재 미 육군에 배치되어 패트리어트와 함께 탄도미사일의 종말단계(목표로 떨어지는 단계)에서 2중의 방어체계를 형성함으로써 다중방어체계를 구성하고 있다. 즉 사드가 100km 이상의 고도에서 탄도미사일을 먼저 요격하고 마지막으로 패트리어트가 20~40km 고도에서 탄도미사일을 다시 한 번 요격하는 것이다. 이러한 다중방어체계는 적국의 탄도미사일을 요격할 기회가 늘어나 대규모 탄도미사일 공격을 효과적으로 방어할 수 있다.

72 다음 중 옳지 않은 것은?

① 사드 요격 미사일이 사용하는 'Hit-to-Kill' 방식은 탄도미사일의 탄두를 완전히 파괴해 파편이나 화학 오염물질로 인한 2차 피해를 상당수 줄일 수 있다.

② 사드가 배치되기 이전에 미사일 요격체계로써 패트리어트가 널리 활용되었지만 노후화로 인해 퇴출된 현재는 사드만이 실전 배치되고 있다.

③ 미 육군은 1987년 소련의 신형 전역탄도미사일에 대응하기 위해 대기권 내 탄도미사일 상층방어 개념연구를 시작하였고 이것이 사드 개발의 시발점이 되었다.

④ 미국은 현재 다중방어체계를 구축하여 적국의 탄도미사일을 요격할 기회가 늘어나 대규모 탄도미사일 공격을 효과적으로 방어할 수 있다.

✔ 해설 ② 패트리어트는 사드가 실전 배치되기 이전인 걸프전에서 크게 활약하였지만 특정 지점만을 방어하는 방공무기체계로 개발되었고 요격고도 또한 낮아 탄도미사일에 대한 요격기회가 제한적이다. 하지만 아직까지 실전에 배치 중이며 현재 미국에서 사드와 함께 다중방어체계의 일환으로 활용되고 있다.

73 다음 중 위 글의 제목으로 옳은 것은?

① 고고도 미사일 방어체계 사드
② 미국의 다중방어체계
③ 걸프전에서 활약한 패트리어트
④ 탄도미사일 요격의 중요성

✔ 해설 ① 위 글은 고고도 미사일 방어체계인 사드에 대한 글이므로 위 글의 제목으로는 '고고도 미사일 방어체계 사드'가 적당하다.

74 다음 설명 중 잘못된 것은?

① 패트리어트는 사드가 실전 배치되기 이전에 이미 미국의 미사일 요격체계로써 활용되고 있었다.
② 패트리어트는 요격고도가 20~40km에 불과하지만 사드는 최대 150km에 달한다.
③ 패트리어트는 처음부터 공군기지와 같은 주요 군사시설만을 방어하는 방공무기체계로 개발되었다.
④ 미 육군의 다중방어체계는 패트리어트가 먼저 적의 탄도미사일을 요격한 후 사드가 다시 요격하는 시스템이다.

✔ 해설 ④ 미 육군의 다중방어체계는 사드가 먼저 적의 탄도미사일을 요격한 후 마지막으로 패트리어트가 다시 한 번 요격하는 시스템이다.

Answer   72.②   73.①   74.④

75 R사는 공작기계를 생산하는 업체이다. 이번 주 R사에서 월요일~토요일까지 생산한 공작기계가 다음과 같을 때, 월요일에 생산한 공작기계의 수량이 될 수 있는 수를 모두 합한 수치는 몇인가? (1대도 생산하지 않는 날은 없었다.)

> • 화요일에 생산된 공작기계는 금요일에 생산된 수량의 절반이다.
> • 이 공장의 최대 하루 생산 대수는 9대이고, 이번 주에는 요일별로 생산한 공작기계의 대수가 모두 달랐다.
> • 목요일부터 토요일까지 생산한 공작기계는 모두 15대이다.
> • 수요일에는 9대의 공작기계가 생산되었고, 목요일에는 이보다 1대가 적은 공작기계가 생산되었다.
> • 월요일과 토요일에 생산된 공작기계를 합하면 10대가 넘는다.

① 10

② 11

③ 12

④ 13

✔ **해설** 수요일에 9대가 생산되었으므로 목요일에 생산된 공작기계는 8대가 된다.

월요일	화요일	수요일	목요일	금요일	토요일
		9대	8대		

금요일에는 화요일 생산량의 두 배가 되므로 금요일의 생산 대수가 될 수 있는 수는 6, 4, 2 세 가지가 된다. 그런데 금요일의 생산 대수가 6대일 경우 목~토요일의 합계 수량이 15대가 되어야 하므로 토요일은 1대를 생산한 것이 된다. 토요일에 1대를 생산하였다면, 최대 생산 수량 조건과 생산 대수가 요일별로 모두 달랐다는 조건에 따라 월요일과의 합이 10을 넘을 수 없게 된다. 금요일에 4대를 생산하였을 경우에도 토요일이 3대가 되므로 월요일은 7대보다 많은 수량을 생산한 것이 되어야 하므로 이 역시 모순이 된다.

따라서 금요일에는 2대를 생산한 것이 되며, 이에 따라 화요일에는 1대를 생산한 것이 된다.

월요일	화요일	수요일	목요일	금요일	토요일
	1대	9대	8대	2대	5대

따라서 토요일에는 5대를 생산한 것이 되며, 월요일에 가능한 생산 대수는 6대 또는 7대가 됨을 알 수 있다. 따라서 월요일에 생산한 공작기계의 수량이 될 수 있는 수인 6과 7을 합한 수치는 13이 된다.

76 갑, 을, 병, 정, 무, 기 6명의 달리기 대회 결과가 다음과 같다면 이 결과로부터 확실하게 알 수 있는 것은 어느 것인가?

㈎ 갑은 3위이고 기는 갑보다 하위였다.

㈏ 을과 기의 사이에는 세 사람이 있다.

㈐ 정과 무의 사이에는 세 사람이 있고, 그 중 한 사람은 을이었다.

㈑ 같은 순위의 사람은 없다.

① 을은 1위이다. ② 병은 4위이다.

③ 정은 5위이다. ④ 병은 을보다 상위이다.

✔ 해설 확정 조건은 갑이 3위라는 것이다. 또한 사이에 세 사람이 있는 경우는 1위와 5위, 2위와 6위의 경우밖에 없다. 그런데 ㈐에서 을은 정과 무 사이에 있다고 했으므로 을은 1위가 될 수 없다. 따라서 '정, 무－( )－( )－( )－정, 무'가 1위～5위를 나타내고 '을－( )－( )－( )－기'가 2위～6위의 순위 관계를 나타내는 것임을 알 수 있다. 이것을 ㈎와 함께 다시 정리하면 '정, 무－을－갑－( )－정, 무－기'가 되므로 4위는 병이 된다.

77 A는 ##서점에서 구매할 책을 선택하려 한다. A가 구매할 책에 대해 갑～무가 다음과 같이 진술하였는데 이 중 한 사람의 진술은 거짓이고 나머지 사람들의 진술은 모두 참인 것으로 밝혀졌다. A가 반드시 구매할 책만을 모두 고르면?

갑 : 소설책을 구매할 경우, 자기개발서도 구매한다.

을 : 소설책을 구매하지 않을 경우, 시집도 구매하지 않는다.

병 : 소설책과 자기개발서 중 적어도 하나를 구매한다.

정 : 시집을 구매할 경우에만 자기개발서를 구매한다.

무 : 시집을 구매하지만 소설책은 구매하지 않는다.

① 시집 ② 소설책

③ 시집, 자기개발서 ④ 시집, 소설책

✔ 해설 갑～무의 진술을 보면 을과 무의 진술이 양립할 수 없음을 알 수 있다. 을의 진술이 참인 경우(무의 진술이 거짓인 경우) A는 소설책, 시집, 자기개발서를 구매하게 된다. 무의 진술이 참인 경우(을의 진술이 거짓인 경우) A는 시집, 자기개발서를 구매하게 된다. 따라서 반드시 하게 될 책은 두 경우에 모두 포함된 시집과 자기개발서이다.

Answer 75.④ 76.② 77.③

78 다음에 제시된 명제를 통해 내린 결론 (가)~(다)에 대한 설명으로 올바른 것은 어느 것인가?

> 허리가 좋지 않은 사람은 걷기 운동을 열심히 한다.

> (가) 걷기 운동을 열심히 하면 허리가 좋지 않은 사람이다.
> (나) 걷기 운동을 열심히 하지 않으면 허리가 좋은 사람이다.
> (다) 허리가 좋은 사람은 걷기 운동을 열심히 하지 않는다.

① 반드시 참인 명제는 (가)뿐이다.　　　② 반드시 참인 명제는 (나)뿐이다.

③ 반드시 참인 명제는 (다)뿐이다.　　　④ 반드시 참인 명제는 (나)와 (다)뿐이다.

✔**해설** '허리가 좋지 않은 사람'을 A로, '걷기 운동을 열심히 한다'를 B로 바꾸어 생각하면,
A→B가 참일 때, 대우 명제인 ~B→~A도 참이 된다.
또한 역 명제인 B→A와 이 명제인 ~A→~B는 참일 수도, 참이 아닐 수도 있게 된다.
따라서 주어진 명제의 대우 명제인 (나)의 명제는 반드시 참이 되며, 역 명제인 (가)와 이 명제인 (다)는
반드시 참이라고 말할 수 없다.

79 다음 대화 중 밑줄 친 부장의 진술로부터 추론할 수 있는 것으로 가장 적절한 것은?

> 사원 : 저는 우리 부서에서 업무실적이 가장 높았는데 왜 이번 팀장 승진대상자에서 제외된 거죠? 저
> 　　　는 납득할 수 없습니다.
> 부장 : 자네는 저번 달에 업무 중에 큰 실수를 한 적이 있었지 않았는가. 실수 자체가 큰 문제는 아
> 　　　니지만 그 문제에 대처하는 자네의 태도가 문제였어. <u>팀장이라면 어떤 상황에서도 불안해하거
> 　　　나 당황해서는 안 되네.</u>

① 팀장 승진대상자들은 모두 업무실적이 높다.

② 어떤 상황에서 불안해하거나 당황하는 사람은 팀장이 될 수 없다.

③ 팀장이 아니라면 특정 상황에서 불안해하거나 당황해도 된다.

④ 업무 중에 큰 실수를 했었던 사람은 팀장이 될 수 없다.

✔**해설** 밑줄 친 부분을 통해 모든 팀장은 어떤 상황에서도 불안해하거나 당황해서는 안된다고 했으므로 ②가
가장 적절하다.

80 다음은 이른바 '담배 소송'에서 인과관계에 대한 원고의 입증책임을 완화할 것인지에 관한 글이다. ⑺에는 이른바 '공해 소송'에서 인과관계에 대한 원고의 입증책임을 완화하는 이유라고 '법원'이 인정한 것들이 제시되어 있다. ⑺에 포함되기에 적절한 것을 〈보기〉에서 고른 것은?

> 손해배상 사건에서는 원칙적으로 원고가 가해행위와 손해발생 사이의 인과관계를 전부 입증해야 한다. 하지만 환경오염과 관련한 이른바 공해 소송에서는, 다음과 같은 몇 가지 이유로 원고의 입증책임을 완화하는 것이 일반적이다.
>
> | (가) |
> | --- |
>
> 최근 흡연과 폐암 발병 사이의 인과관계를 전제로 하여, 폐암에 걸린 사람들이 담배 제조·판매 회사를 상대로 손해배상을 청구하였다. 이 사건에서 원고들은 흡연으로 인한 폐암발병은 원인 물질이 오랜 기간 인체에 축적됨에 따라 질병이 점진적으로 발현된다는 점에서 공해와 유사하다고 주장하며, 공해 소송에서처럼 입증책임을 완화해 줄 것을 요청하였다. 그러나 법원은 다음과 같이 말하며, 이를 받아들이지 아니하였다. "원고들이 흡연자의 흡연과 폐암 발병 사이의 인과관계의 고리를 자연과학적으로 모두 증명하는 것이 곤란하거나 불가능 하기는 하지만, 담배 제조·판매 회사가 흡연자의 폐암 발병에 대한 원인 조사를 더 쉽게 할 수 있는 것도 아니고, 담배 제조·판매 회사에게 흡연과 폐암 발병 사이에 인과관계가 없음을 입증할 사회적 의무가 있음을 인정할 증거도 없으므로, 공해 소송에서의 인과관계 입증책임 완화를 이 사건에 직접 적용할 수는 없다"

〈보기〉
㉠ 오염 물질의 배출은 가해자인 기업의 배타적 지배 아래 있는 시설에서 발생한 것이다.
㉡ 기업은 자신이 배출하는 물질이 유해하지 않다는 것을 입증할 사회적 의무를 부담한다.
㉢ 오염 물질은 고도의 기술집약적 대량생산 과정에서 배출되므로 기업만이 그 생산 과정을 알 수 있다.
㉣ 오염 물질의 배출과 손해 발생 사이의 인과관계의 모든 고리를 자연과학적으로 증명하는 것이 곤란하거나 불가능한 경우가 대부분이다.

① ㉠, ㉡　　　　　　　　　　② ㉠, ㉢

③ ㉡, ㉢　　　　　　　　　　④ ㉡, ㉣

✔해설　담배 소송의 판결문에서 〈사회적 의무성〉과 〈원인조사의 용이성〉을 부정하면서 인과관계의 입증을 완화하지 않고 있으므로, 공해 소송에서는 〈사회적 의무성〉과 〈원인조사의 용이성〉을 긍정하고 있음을 알 수 있다. 따라서 〈사회적 의무성〉을 긍정한 ㉡은 옳다. 담배소송의 판결문에서 〈흡연자의 흡연과 폐암 발병 사이의 인과관계의 고리를 자연과학적으로 모두 증명하는 것이 곤란하거나 불가능 하기는 하지만〉이라고 함으로서의 앞의 공해 소송의 판결과 동일한 견해를 표시하였음을 알 수 있다. 따라서 ㉣은 옳다.

Answer　78.② 79.② 80.④

81 다음 중 착한 거북이와 시내로 가는 길을 올바르게 짝지은 것은?

> 어떤 거북이 마을에 착한 거북이 두 마리와 나쁜 거북이 세 마리가 산다. 착한 거북이는 참말만 하고, 나쁜 거북이는 거짓말만 한다. 거북이 마을을 지나가는 길은 나무길, 꽃길, 구름길이 있는데 이 중 시내로 나가는 길은 한 곳뿐이다. 거북이B가 착한 거북이인걸 아는 나그네 토끼가 거북이 마을을 지나 시내로 나가기 위해 다섯 마리의 거북이(A~E)에게 어느 길로 가면 되는지 물어보았더니 거북이들이 다음과 같이 대답했다.
> A : 시내로 나가는 길은 꽃길이야.
> B : 시내로 나가는 길을 아는 사람은 이 마을에 나 밖에 없어.
> C : A는 나쁜 거북이야.
> D : 나는 시내로 나가는 길이 어딘지 알아.
> E : 나무길로 가면 시내로 갈 수 있어.

① A - 나무길　　　　　　　　　② A - 꽃길
③ C - 나무길　　　　　　　　　④ C - 구름길

✔해설 거북이B가 착한 거북이인데 '시내로 나가는 길을 아는 사람은 이 마을에 나 밖에 없어.'라고 했으므로 시내로 나가는 길을 알려준 거북이A와 거북이D, 거북이E는 나쁜 거북이이고, 그 둘이 알려준 길이 아닌 구름길이 시내로 나가는 길이다. 거북이A를 나쁜 거북이라고 참말을 한 거북이C도 착한 거북이이다.

82 다음 상황에 대한 설명으로 옳지 않은 것은?

> 기원이가 사는 ㅛ마을에는 기원이를 포함해 총 6명이 살고 있다. 기원이는 수박밭을 가꾸는데 수박을 수확하던 도중에 너무 힘들어 두 개만 남겨두고 집에 들어가 잠이 들었다. 다음날 남겨둔 수박을 수확하러 밭에 간 기원이는 아무것도 남아있지 않은 밭을 보게 되었고 누가 수박을 훔쳐갔는지 알아내기 위해 마을 주민들에게 수박을 가져갔느냐고 물어봤다. 수박은 너무 무거워서 한 사람이 하나밖에 들고 갈 수 없고, 기원이를 제외한 마을 주민들의 집은 수박밭에서 너무 멀어 밤새 수박을 들고 두 번 왔다 갔다 할 거리가 못된다. 마을에는 세 명의 거짓말쟁이와 세 명의 참말쟁이가 살고 있고, 기원이는 참말쟁이다.
>
> 마을 사람들은 다음과 같이 진술했다.
>
> 갑동 : 난 범인이 아니야. 나는 어제 저녁에 집에서 한 발짝도 움직이지 않았어. 병순이가 너의 밭에서 수박을 가져가는 걸 무식이가 봤데. 병순이가 수박을 가져간 게 분명해.
>
> 을녀 : 누가 그런 짓을 했지? 나? 난 아냐! 난 어제 너무 피곤해서 굉장히 일찍 잠들었어.
>
> 병순 : 을녀는 거짓말을 하고 있어. 을녀는 거짓말쟁이잖아.
>
> 정미 : 그래! 내가 훔쳤어. 수박하나에 이렇게 사람들을 의심하다니 너 정말 너무하는구나.
>
> 무식 : 나는 아무것도 못 봤어. 갑동이가 나랑 병순이 사이를 이간질하고 있는 거야.

① 참말쟁이도 수박을 훔친 범인일 수 있다.

② 병순이가 거짓말쟁이라면, 병순이는 범인이다.

③ 을녀가 참말쟁이라면, 무식이는 범인이다.

④ 정미는 수박을 훔치지 않았다.

✔**해설** 마을 주민들의 집은 수박밭에서 너무 멀어 밤새 수박을 들고 두 번 왔다 갔다 할 거리가 못된다.'는 것으로 보아 수박을 훔쳐간 범인은 두 명이고, 다섯 사람 중 두 사람은 참말쟁이이고, 세 사람은 거짓말쟁이이다. 다섯 사람의 진술을 토대로 거짓말·참말과 범인여부를 표로 나타내면 다음과 같은 네 가지 경우가 생긴다.

	거짓/참	범인		거짓/참	범인		거짓/참	범인		거짓/참	범인
갑동	참말		갑동	참말		갑동	거짓말	○	갑동	거짓말	○
을녀	참말		을녀	거짓말	○	을녀	참말		을녀	거짓말	○
병순	거짓말	○	병순	참말	○	병순	거짓말		병순	참말	
정미	거짓말		정미	거짓말		정미	거짓말		정미	거짓말	
무식	거짓말	○	무식	거짓말		무식	참말	○	무식	참말	

② 세 번째 표의 경우 병순이는 거짓말쟁이이지만 범인은 아니다.

83 다음의 대화에서 숨은 전제가 아닌 것은?

> 민지 : 엄마! 저 아저씨들이 포비를 어디로 데려가는 거야??
> 엄마 : 분명히 강아지를 제대로 돌봐주지 않으면 다른 사람에게 줘버린다고 했지? 너는 포비를 매일 산책시키는 것도, 화장실을 청소하는 것도 하지 않았잖아. 약속을 지켜야 돼. 포비는 다른 사람에게 줄 거야.

① 민지는 포비를 제대로 돌봐주지 않았다.

② 포비는 강아지이다.

③ 민지는 엄마와 포비를 제대로 돌봐주지 않으면 다른 사람에게 주기로 약속했다.

④ 민지는 포비를 산책시킨 적이 하루도 없다.

> ✔ **해설** 민지는 포비를 매일 산책시켜주는 것을 하지 않았지만 한 번도 하지 않았는지는 알 수 없다.

84 다음의 대화에서 수지가 전제하고 있는 것으로 올바른 것은?

> 수지 : 엄마! 저 아저씨 좀 봐.
> 엄마 : 누구를 말하는 거니?
> 수지 : 저기 형광조끼입고 서있는 아저씨! 총을 가지고 있는 걸 보니 경찰아저씨인가 봐.

① 경찰은 모두 총을 가지고 있다.

② 형광조끼를 입고 있는 사람은 경찰이다.

③ 저 아저씨는 군인이 아니다.

④ 경찰만이 총을 가지고 있다.

> ✔ **해설** "총을 가지고 있는 걸 보니 경찰아저씨인가 봐."라는 수지의 말은 경찰이 아닌 사람은 총을 가지고 있지 않다는 것을 전제하고 있다.

85 다음의 대화에서 미경이가 숨겨둔 전제와 결론을 바르게 연결한 것은?

> 미경 : 마당이 참 예쁘네.
>
> 주희 : 그러게. 지수가 직접 가꿨나봐. 부지런하다.
>
> 미경 : 뭐? 그럴 리가 없어. 지수가 이 꽃밭을 직접 가꾸었다면, 내가 지수 딸이다.

> ㉠ 나는 지수의 딸이 아니다.
>
> ㉡ 지수는 부지런한 사람이 아니다.
>
> ㉢ 지수는 이 꽃밭을 직접 가꾸지 않았다.
>
> ㉣ 꽃밭을 직접 가꾸는 사람은 부지런한 사람이다.

① ㉠ – ㉢   ② ㉠ – ㉣

③ ㉡ – ㉣   ④ ㉢ – ㉡

✔ 해설 미경이의 논증을 정리하면 다음과 같다.

전제1. 지수가 이 꽃밭을 직접 가꾸었다면, 내가 지수 딸이다.

전제2. 나는 지수의 딸이 아니다.

결론. 지수는 이 꽃밭을 직접 가꾸지 않았다.

86 네 명의 볼링 선수 성덕, 도영, 재석, 선희가 토너먼트 경기를 하였다. 경기를 관람한 세 사람 A, B, C 에게 경기 결과를 물어 보았더니 다음과 같이 대답하였다.

> A. 선희가 1등, 재석이가 3등을 했습니다.
> B. 도영이가 2등, 선희가 3등을 했습니다.
> C. 성덕이가 1등, 도영이가 4등을 했습니다.

이들 모두 두 사람의 순위를 대답했지만, 그 두 사람의 순위 중 하나는 옳고 하나는 틀리다고 한다. 실제 선수들의 순위는?

① 1등 : 도영, 2등 : 성덕, 3등 : 선희, 4등 : 재석

② 1등 : 재석, 2등 : 선희, 3등 : 성덕, 4등 : 도영

③ 1등 : 선희, 2등 : 재석, 3등 : 도영, 4등 : 성덕

④ 1등 : 성덕, 2등 : 도영, 3등 : 재석, 4등 : 선희

✔ **해설** A에서 선희가 1등을 했다는 게 참이고, 재석이가 3등을 했다는 게 거짓이라면, B에서 도영이가 2등 했다는 것은 참이고, 선희가 3등 했다는 것은 거짓이 된다. 또한 C에서 성덕이가 1등이 된다는 것은 참이 되고, 도영이가 4등이 된다는 것은 거짓이 된다. 하지만 1등이 선희와 성덕이가 되므로 모순이 된다. 따라서 A에서 선희가 1등을 했다는 게 거짓이고, 재석이가 3등을 했다는 게 참이 된다. B에서 도영이가 2등 했다는 게 참이 되고, 선희가 3등이라는 게 거짓, C에서 도영이가 4등이라는 게 거짓, 성덕이가 1등이라는 게 참이 되므로 1등 성덕, 2등 도영, 3등 재석, 4등 선희 순이다.

87 다음 상황에서 옳은 것은?

> 다섯 개의 다른 색깔의 정육면체의 상자가 있다. 파란 상자를 노란 상자 안에 넣고, 녹색 상자는 분홍 상자 안에 넣었다. 주황 상자는 노란 상자에 들어간다. 파란 상자는 분홍 상자에 넣었더니 들어가지 않았고, 반대의 경우에도 역시 들어가지 않았다.

① 주황 상자는 파란 상자에 들어간다.

② 분홍 상자는 주황 상자에 들어간다.

③ 노란 상자는 분홍 상자에 들어가지 않는다.

④ 녹색 상자는 파란 상자에 들어가지 않는다.

 상자의 크기를 부등호로 나타내면, 파란 상자<노란 상자, 녹색 상자<분홍 상자, 주황 상자<노란 상자 이며 파란 상자=분홍 상자이다.

③ 노란 상자는 파란 상자보다 크고 파란 상자는 분홍 상자와 크기가 같으므로 노란 상자는 분홍 상자에 들어가지 않는다.

① 주황 상자와 파란 상자는 어느 쪽이 크고 작은지 알 수 없다.

② 분홍 상자와 주황 상자는 어느 쪽이 크고 작은지 알 수 없다.

④ 녹색 상자는 분홍 상자보다 작은데 분홍 상자와 파란 상자의 크기가 같으므로 녹색 상자는 파란 상자에 들어간다.

88 다음 글을 근거로 판단할 때, 9월 17일(토)부터 책을 대여하기 시작한 甲이 마지막 편을 도서관에 반납할 요일은? (단, 다른 조건은 고려하지 않는다)

> 甲은 10편으로 구성된 위인전을 완독하기 위해 다음과 같이 계획하였다.
>
> 책을 빌리는 첫째 날은 한 권만 빌려 다음날 반납하고, 반납한 날 두 권을 빌려 당일 포함 2박 3일이 되는 날 반납한다. 이런 식으로 도서관을 방문할 때마다 대여하는 책의 수는 한 권씩 증가하지만, 대여 일수는 빌리는 책 권수를 n으로 했을 때 두 권 이상일 경우 $(2n-1)$의 규칙으로 증가한다. 예를 들어 3월 1일(월)에 1편을 빌렸다면 3월 2일(화)에 1편을 반납하고 그날 2, 3편을 빌려 3월 4일(목)에 반납한다. 4일에 4, 5, 6편을 빌려 3월 8일(월)에 반납하고 그날 7, 8, 9, 10편을 대여한다. 도서관은 일요일만 휴관하고, 이날은 반납과 대여가 불가능하므로 다음날인 월요일에 반납과 대여를 한다. 이 경우에 한하여 일요일은 대여 일수에 포함되지 않는다.

① 월요일

② 화요일

③ 수요일

④ 목요일

 조건에 따라 甲의 도서 대여 및 반납 일정을 정리하면 다음과 같다.

월	화	수	목	금	토(9.17)	일
					1편 대출	휴관
• 1편 반납 • 2~3편 대출(3일)		• 2~3편 반납 • 4~6편 대출(5일)				휴관
• 4~6편 반납 • 7~10편 대출(7일)						휴관
• 7~10편 반납						휴관

 다음 〈조건〉과 〈정보〉를 근거로 판단할 때, 곶감의 위치와 착한 호랑이, 나쁜 호랑이의 조합으로 가능한 것은?

〈조건〉

• 착한 호랑이는 2마리이고, 나쁜 호랑이는 3마리로 총 5마리의 호랑이(甲~戊)가 있다.
• 착한 호랑이는 참말만 하고, 나쁜 호랑이는 거짓말만 한다.
• 곶감은 꿀단지, 아궁이, 소쿠리 중 한 곳에만 있다.

〈정보〉

甲 : 곶감은 아궁이에 있지.
乙 : 여기서 나만 곶감의 위치를 알아.
丙 : 甲은 나쁜 호랑이야.
丁 : 나는 곶감이 어디 있는지 알지.
戊 : 곶감은 꿀단지에 있어.

	곶감의 위치	착한 호랑이	나쁜 호랑이
①	꿀단지	戊	丙
②	소쿠리	丁	乙
③	소쿠리	乙	丙
④	아궁이	丙	戊

✔ 해설 • 곶감이 꿀단지에 있는 경우
　戊의 진술은 반드시 참이 되며, 甲과 乙의 진술은 거짓이 된다. 이에 따라 丙의 진술도 반드시 참이 되고, 착한 호랑이는 두 마리이기 때문에 丁도 거짓이 된다. (戊, 丙 착한 호랑이)
• 곶감이 아궁이에 있는 경우
　甲의 진술은 반드시 참이 되고, 乙, 丙, 戊의 진술은 거짓이 된다. 이에 따라 丁이 착한 호랑이가 된다. (甲, 丁 착한 호랑이)
• 곶감이 소쿠리에 있는 경우
　甲과 戊의 진술은 반드시 거짓이 되고, 丙의 진술은 반드시 참이 된다. 乙과 丁의 진술은 둘 중 하나만 참이므로 丙과 乙, 丙과 丁이 착한 호랑이가 될 수 있다.

90 다음 〈상황〉과 〈조건〉을 근거로 판단할 때 옳은 것은?

〈상황〉

A대학교 보건소에서는 4월 1일(월)부터 한 달 동안 재학생을 대상으로 금연교육 4회, 금주교육 3회, 성교육 2회를 실시하려는 계획을 가지고 있다.

〈조건〉

• 금연교육은 정해진 같은 요일에만 주 1회 실시하고, 화, 수, 목요일 중에 해야 한다.
• 금주교육은 월요일과 금요일을 제외한 다른 요일에 시행하며, 주 2회 이상은 실시하지 않는다.
• 성교육은 4월 10일 이전, 같은 주에 이틀 연속으로 실시한다.
• 4월 22일부터 26일까지 중간고사 기간이고, 이 기간에 보건소는 어떠한 교육도 실시할 수 없다.
• 보건소의 교육은 하루에 하나만 실시할 수 있고, 토요일과 일요일에는 교육을 실시할 수 없다.
• 보건소는 계획한 모든 교육을 반드시 4월에 완료하여야 한다.

① 금연교육이 가능한 요일은 화요일과 수요일이다.
② 4월 30일에도 교육이 있다.
③ 금주교육은 4월 마지막 주에도 실시된다.
④ 성교육이 가능한 일정 조합은 두 가지 이상이다.

✔ 해설 • 화, 수, 목 중에 실시해야 하는 금연교육을 4회 실시하기 위해서는 반드시 화요일에 해야 한다.
• 10일 이전, 같은 주에 이틀 연속으로 성교육을 실시할 수 있는 날짜는 3~4일, 4~5일이다.
• 금주 교육은 주 당 1회 실시 할 수 있으며 월, 금과 토, 일, 중간고사 기간을 제외하면 1~3주 안에 실시해야만 한다. 따라서 3일에는 반드시 실시해야하며 10일과 11일 중 1회, 17일 과 18일 중 1회 실시해야한다. 또한 보건소의 교육은 하루에 하나만 실시할 수 있으므로 성교육은 4~5에만 가능하게 된다.

상황과 조건에 따라 A대학교 보건소의 교육 일정을 정리해 보면 다음과 같다.

월	화	수	목	금	토	일
1	금연 2	금주 3	성 4	성 5	X 6	X 7
8	금연 9	10	11	12	X 13	X 14
15	금연 16	17	18	19	X 20	X 21
중 22	간 23	고 24	사 25	주 26	X 27	X 28
29	금연 30					

• 금주교육은 (3, 10, 17), (3, 10, 18), (3, 11, 17), (3, 11, 18) 중 실시할 수 있다.

출제예상문제

┃1~6┃ 다음에 나열된 숫자의 규칙을 찾아 빈칸에 들어가기 적절한 수를 고르시오.

1

$$\frac{1}{3} \quad \frac{4}{5} \quad \frac{13}{9} \quad \frac{40}{17} \quad \frac{121}{33} \quad (\quad) \quad \frac{1093}{129}$$

① $\dfrac{364}{65}$ ② $\dfrac{254}{53}$

③ $\dfrac{413}{48}$ ④ $\dfrac{197}{39}$

✔**해설** • 앞의 항의 분모에 2^1, 2^2, 2^3, …… 을 더한 것이 다음 항의 분모가 된다.

       • 앞의 항의 분자에 3^1, 3^2, 3^3, …… 을 더한 것이 다음 항의 분자가 된다.

       따라서 $\dfrac{121+3^5}{33+2^5} = \dfrac{121+243}{33+32} = \dfrac{364}{65}$

2

$$10 \quad 2 \quad \frac{17}{2} \quad \frac{9}{2} \quad 7 \quad 7 \quad \frac{11}{2} \quad (\quad)$$

① $\dfrac{13}{2}$ ② $\dfrac{15}{2}$

③ $\dfrac{17}{2}$ ④ $\dfrac{19}{2}$

✔**해설** 홀수항과 짝수항을 따로 분리해서 생각하도록 한다.

       홀수항은 분모 2의 분수형태로 변형시켜 보면 분자에서 −3씩 더해가고 있다.

       $10 = \dfrac{20}{2} \rightarrow \dfrac{17}{2} \rightarrow 7 = \dfrac{14}{2} \rightarrow \dfrac{11}{2}$

       짝수항 또한 분모 2의 분수형태로 변형시켜 보면 분자에서 +5씩 더해가고 있음을 알 수 있다.

       $2 = \dfrac{4}{2} \rightarrow \dfrac{9}{2} \rightarrow 7 = \dfrac{14}{2} \rightarrow \dfrac{19}{2}$

3

2　3　15　　3　4　28　　5　6　(　)　　7　8　120

① 50　　　　　　　　　　　　　② 55

③ 58　　　　　　　　　　　　　④ 66

> **✔ 해설** 첫 번째 수와 두 번째 수를 더한 후, 그 숫자에 두 번째 수를 곱하면 세 번째 수가 된다.
> $(2 + 3) \times 3 = 15, \ (3 + 4) \times 4 = 28, \ (5 + 6) \times 6 = \underline{66}, \ (7 + 8) \times 8 = 120$

4

22　4　2　　19　3　1　　37　5　2　　5　3　2　　54　6　(　)

① 0　　　　　　　　　　　　　② 1

③ 2　　　　　　　　　　　　　④ 3

> **✔ 해설** 첫 번째 숫자를 두 번째 숫자로 나누었을 때의 나머지가 세 번째 숫자가 된다.
> $22 \div 4 = 5 \cdots 2, \ 19 \div 3 = 6 \cdots 1, \ 37 \div 5 = 7 \cdots 2, \ 5 \div 3 = 1 \cdots 2, \ 54 \div 6 = 9 \cdots \underline{0}$

Answer　　1.①　2.④　3.④　4.①

5

66 17 28 30   92 42 33 23   53 34 86 (　)

① 21

② 29

③ 37

④ 43

> **✔해설** 4개의 수으로 구성된 군수열로 첫 번째 자리 수부터 세 번째 자리 수까지는 각 두 자리 수를 하나하나 분리하여 더하면 된다.
>
> 즉, 66은 6+6=12, 17은 1+7=8, 28은 2+8=10
>
> 위의 수를 모두 더한 것이 4번째 자리 수가 된다. 12+8+10=30
>
> 92 42 33 23 → 9+2=11 4+2=6 3+3=6 → 11+6+6=23
>
> 53 34 86 (　) → 5+3=8 3+4=7 8+6=14 → 8+7+14=29

6

1 2 4 2 5 9 3 8 14 4 11 (　)

① 5

② 11

③ 17

④ 19

> **✔해설** 세 항씩 묶어보면 (1 2 4), (2 5 9), (3 8 14), (4 11 __)가 되는데, 각 묶음의 첫 번째 수는 +1씩, 두 번째 수는 +3씩, 세 번째 수는 +5씩 변하고 있다. 4 + 5 = 9, 9 + 5 = 14, 14 + 5 = <u>19</u>

7 다음 숫자들의 배열 규칙을 참고할 때, 빈 칸에 들어갈 알맞은 숫자는 무엇인가?

2, 5, 11, 23	2, 7, 22, 67	1, 5, 21, 85	1, 6, 31, 156	1, 7, 43, ( )

① 245

② 252

③ 259

④ 264

> ✔ **해설** 첫 번째 조합부터 각 조합마다 왼쪽 수에서 오른쪽 수로 각각 ×2+1, ×3+1, ×4+1, ×5+1, ×6+1의 규칙이 적용되고 있다. 따라서 1×6+1=7, 7×6+1=43, 43×6+1=259가 됨을 알 수 있다.

8 다음에 제시되는 'x를 포함하는 수'들은 일정한 규칙을 가지고 나열되어 있다. 규칙에 의할 경우, 마지막 빈칸 A에 들어갈 수 있는 'x를 포함하는 수'는 다음 중 무엇인가?

$(x^2+3) \div 4$	$2x \div 2$	$(6+x) \div 3$	$(x+x+x) \div 3$	(A)

① $3x-10$

② $x+x-2$

③ $10-2x$

④ $4x^2-100$

> ✔ **해설** 왼쪽부터 x의 값에 1부터 차례대로 정수를 대입할 경우 'x를 포함하는 수'도 같은 정수가 된다. 즉, x 가 1이면 'x를 포함하는 수'도 1, x가 2이면 'x를 포함하는 수'도 2가 된다. 따라서 마지막에는 5를 넣 어서 5가 되는 수가 와야 하므로 3×5−10=5인 보기 ①이 정답이 된다.

9

$$3MB = (\quad)$$

① 3,072KB

② 2516584bit

③ 31457228B

④ 30072KB

✔해설 3MB = 3,072KB = 25165824bit = 3145728B = 3072KB

10

$$4.1\ell = (\quad)$$

① 410dℓ

② 4,100cc

③ $0.041m^3$

④ $41cm^3$

✔해설 $4.1\ell = 41d\ell = 4,100cc = 0.0041m^3 = 4,100cm^3$

11

$$30,400mmHg = (\quad)$$

① 40,530hPa

② 4atm

③ 405.3bar

④ 4,053mb

✔해설 $30,400mmHg = 40,530hPa = 40atm = 40.53bar = 40,530mb$

12

2.8m/s = (　　　)

① 1.008km/h

② 10080m/h

③ 62.63422mi/h

④ 0.0174mi/s

 2.8m/s = 10.08km/h = 10080m/h = 6.263422mi/h = 0.00174mi/s

13 철도 레일 생산업체인 '강한 금속'은 A, B 2개의 생산라인에서 레일을 생산한다. 2개의 생산라인을 하루 종일 풀가동할 경우 3일 동안 525개의 레일을 생산할 수 있으며, A라인만을 풀가동하여 생산할 경우 90개의 레일을 생산할 수 있다. A라인만을 풀가동하여 5일 간 제품을 생산하고 이후 2일은 B라인만을, 다시 추가로 2일 간은 A, B라인을 함께 풀가동하여 생산을 진행한다면, 강한 금속이 생산한 총 레일의 개수는 모두 몇 개인가?

① 940개

② 970개

③ 1,050개

④ 1,120개

해설 일률을 계산하는 문제이다. 2개의 생산라인을 풀가동하여 3일 간 525개의 레일을 생산하므로 하루에 2개 생산라인에서 생산되는 레일의 개수는 525÷3=175개가 된다. 이 때, A라인만을 풀가동하여 생산할 수 있는 레일의 개수가 90개이므로 B라인의 하루 생산 개수는 175-90=85개가 된다.

따라서 구해진 일률을 통해 A라인 5일, B라인 2일, A+B라인 2일의 생산 결과를 계산하면, 생산한 총 레일의 개수는 (90×5)+(85×2)+(175×2)=450+170+350=970개가 된다.

14 H상점에서는 A와 B제품을 각각 2,000원과 1,500원에 판매하고 있다. 당월의 A제품 판매량이 전월 대비 10% 증가하였고, B제품 판매량이 전월 대비 20% 감소하여 총 판매액이 5% 증가하였다. 전월의 합계 판매량이 3,800개였다면 당월에 A제품은 B제품보다 몇 개 더 많이 판매한 것인가? (당월의 A, B제품 가격은 전월과 동일하다)

① 2,200개 ② 2,220개

③ 2,240개 ④ 2,660개

전월의 A제품 판매량을 x, B제품의 판매량을 y라 하면 $x+y=3,800$이고, 총 판매액은 $2,000x+1,500y$원이 된다. 올해 A제품의 판매량은 $1.1x$, B제품의 판매량은 $0.8y$이므로 총 판매액은 $2,200x+1,200y$ $=1.05(2,000x+1,500y)$가 되어 이를 풀면 $100x=375y$가 되어 결국 $x=3.75y$가 된다.

$x+y=3,800$이라고 했으므로, $4.75y=3,800$이 되어 $y=800$, $x=3,000$이 된다.

따라서 당월 A제품 판매량은 3,300개, B제품 판매량은 640개가 되므로 A제품은 B제품보다 3,300−640=2,660개 더 많이 판매한 것이 된다.

15 아버지가 8만 원을 나눠서 세 딸에게 용돈을 주려고 한다. 첫째 딸과 둘째 딸은 3:1, 둘째 딸과 막내 딸은 7:4의 비율로 주려고 한다면 막내딸이 받는 용돈은 얼마인가?

① 10,000원

② 15,000원

③ 20,000원

④ 25,000원

딸들이 받는 돈의 비율은 21:7:4이다. 막내딸은 80,000원의 $\dfrac{4}{32}$를 받으므로 10,000원을 받는다.

16 어떤 일을 하는데 정빈이는 18일, 수인이는 14일이 걸린다. 처음에는 정빈이 혼자서 3일 동안 일하고, 그 다음은 정빈이와 수인이가 같이 일을 하다가 마지막 하루는 수인이만 일하여 일을 끝냈다. 정빈이와 수인이가 같이 일한 기간은 며칠인가?

① 3일

② 4일

③ 5일

④ 6일

✔ **해설** 정빈이가 하루 일하는 양 $\dfrac{1}{18}$, 수인이가 하루 일하는 양 $\dfrac{1}{14}$

전체 일의 양을 1로 놓고 같이 일을 한 일을 x라 하면

$$\frac{3}{18}+\left(\frac{1}{18}+\frac{1}{14}\right)x+\frac{1}{14}=1$$

$$\frac{(16x+30)}{126}=1$$

$$\therefore x=6일$$

17 1시간에 책을 60쪽씩 읽는 사람이 있다. 30분씩 읽고 난 후 5분씩 휴식하면서 3시간동안 읽으면 모두 몇 쪽을 읽게 되는가? (단, 읽는 속도는 일정하다)

① 155쪽

② 135쪽

③ 115쪽

④ 105쪽

✔ **해설** 1시간에 60쪽을 읽으므로, 1분에 1쪽을 읽는 것과 같다.

30분씩 읽고 5분 휴식하는 것을 묶어 35분으로 잡는다.

$180=35\times5+5$이므로 30분씩 5번 읽고, 5분을 더 읽는 것과 같다.

$30\times5+5=155$

18 두 자리의 자연수에 대하여 각 자리의 숫자의 합은 11이고, 이 자연수의 십의 자리 숫자와 일의 자리 숫자를 바꾼 수의 3배 보다 5 큰 수는 처음 자연수와 같다고 한다. 처음 자연수의 십의 자리 숫자는?

① 9 ② 7

③ 5 ④ 3

> **✔해설** 십의 자리 숫자를 x, 일의 자리 숫자를 y라고 할 때,
> $x+y=11 \cdots \bigcirc$
> $3(10y+x)+5=10x+y \cdots \bigcirc\!\!\bigcirc$
> ⓛ을 전개하여 정리하면 $-7x+29y=-5$이므로
> ⊙ × 7 + ⓛ을 계산하면 $36y=72$
> 따라서 $y=2$, $x=9$이다.

19 차고 및 A, B, C 간의 거리는 다음 표와 같다. 차고에서 출발하여 A, B, C 3개의 수요지를 각각 1대의 차량이 방문하는 경우에 비해, 1대의 차량으로 3개의 수요지를 모두 방문하고 차고지로 되돌아오는 경우, 수송 거리가 최대 몇 km 감소되는가?

구분	A	B	C
차고	10	13	12
A	–	5	10
B	–	–	7

① 30 ② 32

③ 34 ④ 36

> **✔해설** A, B, C의 장소를 각각 1대의 차량으로 방문할 시의 수송거리는 (10+13+12)×2= 70km, 하나의 차량으로 3곳 수요지를 방문하고 차고지로 되돌아오는 경우의 수송거리 10+5+7+12=34km, 그러므로 70-34=36km가 된다.

20 6개의 흰 공과 4개의 검은 공이 들어 있는 주머니에서 임의로 공을 꺼내는 시행을 반복할 때, 처음 두 번 꺼낸 공이 모두 흰 공일 확률은? (단, 꺼낸 공은 다시 넣지 않는다)

① $\dfrac{1}{2}$　　　　　　　　　　　　　　② $\dfrac{1}{3}$

③ $\dfrac{5}{6}$　　　　　　　　　　　　　　④ $\dfrac{3}{10}$

✔ 해설　처음에 흰 공을 꺼낼 확률 : $\dfrac{6}{10}$

두 번째에 흰 공을 꺼낼 확률 : $\dfrac{5}{9}$

동시에 일어나야 하므로 $\dfrac{6}{10} \times \dfrac{5}{9} = \dfrac{1}{3}$

21 ○○업체에서는 고객서비스 강화를 위해 1억 원을 투자하여 연간 15%의 수익률을 올리는 것을 목표로 새로운 택배서비스를 시작하였다. 이때, 택배서비스의 목표수입가격은 얼마가 적당한가? (단, 예상 취급량 30,000개/연, 택배서비스 취급원가 1,500원/개)

① 1,000원　　　　　　　　　　　　　② 1,500원

③ 2,000원　　　　　　　　　　　　　④ 2,500원

✔ 해설　1억 원을 투자하여 15%의 수익률을 올리므로 수익은 15,000,000원이다. 예상 취급량이 30,000개이므로 15,000,000÷30,000=500(원)이고, 취급원가가 1,500원이므로 목표수입가격은 1,500+500=2,000(원) 이 된다.

22 아시안 게임에 참가한 어느 종목의 선수들을 A, B, C 등급으로 분류하여 전체 4천5백만 원의 포상금을 지급하려고 한다. A등급의 선수 각각은 B등급보다 2배, B등급은 C등급보다 1.5배 지급하려고 한다. A등급은 5명, B등급은 10명, C등급은 15명이라면, A등급을 받은 선수 한 명에게 지급될 금액은?

① 300만 원　　　　　　　　　　　　② 400만 원

③ 450만 원　　　　　　　　　　　　④ 500만 원

✔ 해설　A등급 한 명에게 지급되는 금액을 $6x$, B등급 한 명에게 지급되는 금액을 $3x$, C등급 한 명에게 지급되는 금액을 $2x$라 하면,
$6x \times 5 + 3x \times 10 + 2x \times 15 = 4,500$(만 원), $x = 50 \rightarrow 6x = 300$(만 원)

23 ○○회사의 공채에 응시한 남녀의 비는 5 : 4이고, 합격자 남녀의 비는 4 : 3, 불합격자 남녀의 비가 6 : 5이다. 총 합격자의 수가 140명일 때 ○○회사의 공채에 응시한 인원수는 몇 명인가?

① 320명

② 340명

③ 360명

④ 380명

> ✔ **해설** 합격자가 140명이고 남녀비가 4 : 3이므로 합격한 남자의 수는 80명, 여자의 수는 60명이다.
> 남자 응시인원을 $5a$, 여자 응시인원을 $4a$라 하고, 남자 불합격인원을 $6b$, 여자 불합격인원을 $5b$라 할 때 만들어지는 식은 다음과 같다.
> $$\begin{cases} 5a - 6b = 80 \\ 4a - 5b = 60 \end{cases}$$ 두 식을 연립하여 풀면 $a = 40$, $b = 20$이므로 총 응시인원은 $9a = 360(명)$이다.

24 A 회사의 인적성검사는 오답인 경우 감점이 있다. 한 문제당 점수는 5점, 오답 감점점수는 2점이다. 총 20문제를 풀어서 70점 이상 받아야 합격일 때, 최소한 몇 문제를 맞아야 합격할 수 있는가? (단, 빈칸으로 놔둔 문제도 오답으로 간주한다.)

① 15개

② 16개

③ 17개

④ 18개

> ✔ **해설** 정답의 개수를 a, 오답의 개수를 $20 - a$라 할 때,
> 20문제 중 70점 이상 받아야 합격이므로 이를 식으로 나타내면 다음과 같다.
> $$5a - 2(20 - a) \geq 70$$
> $$7a \geq 110$$
> $$a \geq 15.\mathrm{xx}$$
> ∴ 16문제 이상 맞아야 합격할 수 있다.

25 부피가 210㎤, 높이가 7cm, 밑면의 가로의 길이가 세로의 길이보다 13cm 긴 직육면체가 있다. 이 직육면체의 밑면의 세로의 길이는?

① 2cm

② 4cm

③ 6cm

④ 8cm

> ✔ **해설** 세로의 길이를 x라 하면
> $$(x + 13) \times x \times 7 = 210$$
> $$x^2 + 13x = 30$$
> $$(x + 15)(x - 2) = 0$$
> ∴ $x = 2(cm)$

26 다음 표와 설명을 참고할 때, '부채'가 가장 많은 기업부터 순서대로 올바르게 나열된 것은 어느 것인가?

〈A~D기업의 재무 현황〉

(단위: 억 원, %)

	A기업	B기업	C기업	D기업
유동자산	13	15	22	20
유동부채	10	12	20	16
순운전자본비율	10	8.6	5.6	9.5
타인자본	10	20	12	14
부채비율	90	140	84	88

* 순운전자본비율=(유동자산−유동부채)÷총 자본×100

* 부채비율=부채÷자기자본×100

* 총 자본=자기자본+타인자본

① D기업 – B기업 – C기업 – A기업

② B기업 – D기업 – C기업 – A기업

③ D기업 – B기업 – A기업 – C기업

④ A기업 – B기업 – C기업 - D기업

해설 부채를 알기 위해서는 자기자본을 알아야 하며, 타인자본이 제시되어 있으므로 자기자본을 알기 위해서는 총 자본을 알아야 한다. 또한 순운전자본비율이 제시되어 있으므로 유동자산, 유동부채를 이용하여 총 자본을 계산해 볼 수 있다. 따라서 이를 계산하여 정리하면 다음과 같은 표로 정리될 수 있다.(단, 소수점 첫째 자리에서 반올림한다)

(단위: 억 원, %)

	A기업	B기업	C기업	D기업
자기자본	20	15	24	28
총 자본	30	35	36	42
부채비율	90	140	84	88
부채	18	21	20	25

따라서 부채가 많은 기업은 D기업 – B기업 – C기업 – A기업의 순이 된다.

27 다음은 국립공원 중 일부의 면적 현황에 관한 자료이다. 이에 대한 설명으로 옳지 않은 것은?

(단위 : km²)

구분	2019년	2020년	2021년	2022년	2023~2026년
지리산	471,758	471,758	471,625	483,022	483,022
계룡산	64,683	64,683	64,602	65,335	65,335
한려해상	545,627	545,627	544,958	535,676	535,676
속리산	274,541	274,541	274,449	274,766	274,766
내장산	81,715	81,715	81,452	80,708	80,708
가야산	77,074	77,074	77,063	76,256	76,256
덕유산	231,650	231,650	231,649	229,430	229,430
북한산	79,916	79,916	79,789	76,922	76,922
월악산	287,977	287,977	287,777	287,571	287,571
소백산	322,383	322,383	322,051	322,011	322,011

① 2022년 이후로는 모든 국립공원이 동일한 면적을 유지하고 있다.

② 면적의 감소 여부와 상관없이 가장 면적이 넓은 국립공원은 한려해상 국립공원이다.

③ 2021년부터 2022년 사이 면적이 늘어난 국립공원은 총 4개이다.

④ 2019년 덕유산 국립공원의 면적은 같은 해 계룡산 국립공원 면적의 3배 이상이다.

✔ 해설 ③ 2021년부터 2022년 사이 면적이 늘어난 국립공원은 지리산, 계룡산, 속리산 총 3개이다.

28 A, B, C 직업을 가진 부모 세대 각각 200명, 300명, 400명을 대상으로 자녀도 동일 직업을 갖는지 여부를 물은 설문조사 결과가 다음과 같았다. 다음 조사 결과의 해석이 바르지 않은 것은?

〈세대 간의 직업 이전 비율〉

(단위: %)

자녀 직업 부모 직업	A	B	C	기타
A	35	20	40	5
B	25	25	35	15
C	25	40	25	10

* 모든 자녀의 수는 부모 당 1명으로 가정한다.

① 부모와 동일한 직업을 갖는 자녀의 수는 C직업이 A직업보다 많다.

② 부모의 직업과 다른 직업을 갖는 자녀의 비중은 B와 C직업이 동일하다.

③ 응답자의 자녀 중 A직업을 가진 사람은 B직업을 가진 사람보다 더 많다.

④ 기타 직업을 가진 자녀의 수는 B직업을 가진 부모가 가장 많다.

✔ 해설 ③ A직업을 가진 자녀는 70+75+100=245명이며, B직업을 가진 자녀는 40+75+160= 275명이다.

① A직업의 경우는 200명 중 35%이므로 200×0.35=70명이, C직업의 경우는 400명 중 25%이므로 400×0.25=100명이 부모와 동일한 직업을 갖는 자녀의 수가 된다.

② B와 C직업 모두 75%로 동일함을 알 수 있다.

④ 기타 직업을 가진 자녀의 수는 각각 200×0.05=10명, 300×0.15=45명, 400×0.1= 40명으로 B직업을 가진 부모가 가장 많다.

29 월별 금융비용을 나타낸 다음 자료를 참고할 때, 전월 대비 금융비용 증가율이 가장 큰 시기와 작은 시기는 각각 언제인가?

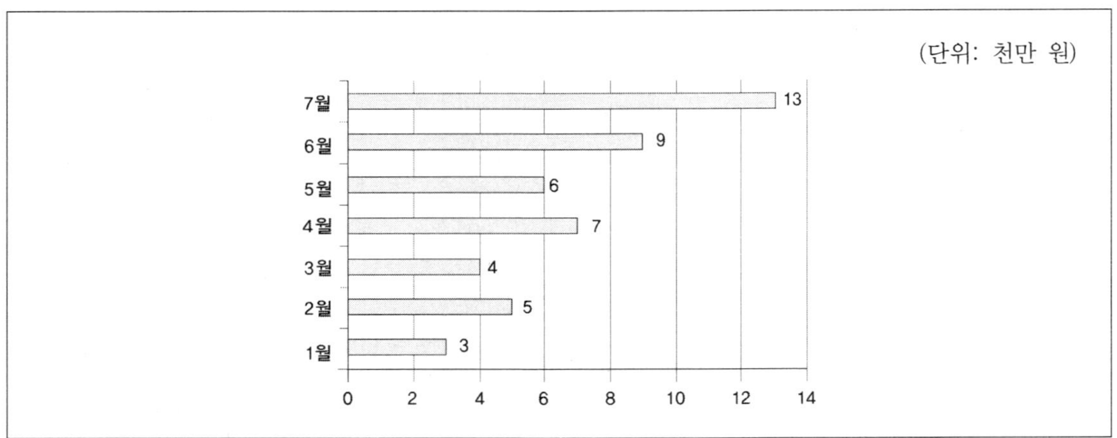

① 4월, 6월

② 4월, 7월

③ 2월, 6월

④ 2월, 4월

✔ 해설 증감률이 아닌 증가율을 묻고 있으므로 전월 대비 금융비용이 감소한 3월과 5월을 제외한 나머지 시기의 증가율을 구해 보면 다음과 같다. A에서 B로 변동된 수치의 증가율은 (B−A)÷A×100의 산식으로 계산할 수 있다.

	2월	4월	6월	7월
증가율	66.7%	75%	50%	44.4%

따라서 증가율이 가장 큰 시기와 작은 시기는 각각 4월과 7월이 된다.

30 다음은 영업팀의 갑, 을, 병, 정 네 명의 직원에 대한 업무평가 현황과 그에 따른 성과급 지급 기준이다. 갑, 을, 병, 정의 총 성과급 금액의 합은 얼마인가?

〈업무평가 항목별 득점 현황〉

구분	갑	을	병	정
성실도	7	8	9	8
근무태도	6	8	9	9
업무실적	8	8	10	9

* 가중치 부여: 성실도 30%, 근무태도 30%, 업무실적 40%를 반영함.

〈성과급 지급 기준〉

업무평가 득점	등급	등급별 성과급 지급액
9.5 이상	A	50만 원
9.0 이상~9.5 미만	B	45만 원
8.0 이상~9.0 미만	C	40만 원
7.0 이상~8.0 미만	D	30만 원
7.0 미만	E	20만 원

① 155만 원

② 160만 원

③ 165만 원

④ 170만 원

✔ **해설** 네 명의 업무평가 득점과 성과급을 표로 정리하면 다음과 같다.

	갑	을	병	정
득점	$7\times0.3+6\times0.3+8\times0.4=7.1$	$8\times0.3+8\times0.3+8\times0.4=8.0$	$9\times0.3+9\times0.3+10\times0.4=9.4$	$8\times0.3+9\times0.3+9\times0.4=8.7$
등급	D	C	B	C
성과급	30만 원	40만 원	45만 원	40만 원

따라서 총 성과급 금액의 합은 30+40+45+40=155만 원이 된다.

31 다음은 지역별 남녀의 기대수명 차이를 나타내는 자료이다. 이에 대한 설명으로 올바르지 않은 것은 어느 것인가?

(단위 : 년)

시도	2022년				2025년			
	전체	남자	여자	남녀차이	전체	남자	여자	남녀차이
전국	81.8	78.6	85.0	6.4	82.7	79.7	85.7	6.0
서울	83.0	80.1	85.8	5.7	84.1	81.2	87.0	5.8
부산	81.0	77.9	84.1	6.2	81.9	78.9	84.9	6.0
대구	81.4	78.4	84.3	5.9	82.2	79.2	85.1	5.9
인천	81.4	78.3	84.5	6.2	82.4	79.3	85.6	6.3
광주	81.4	78.3	84.4	6.1	82.0	79.3	84.8	5.5
대전	82.0	79.2	84.8	5.6	82.9	80.5	85.4	4.9
울산	80.7	78.2	83.2	5.0	82.0	79.1	84.9	5.8
세종	81.3	77.7	84.8	7.1	83.0	80.0	86.1	6.1
경기	82.2	79.2	85.2	6.0	83.1	80.4	85.7	5.3
강원	80.9	77.2	84.6	7.4	82.0	78.4	85.7	7.3
충북	81.2	77.6	84.8	7.2	81.9	78.8	84.9	6.1
충남	81.3	77.8	84.9	7.1	82.2	78.9	85.6	6.7
전북	81.4	77.8	85.0	7.2	82.3	79.0	85.5	6.5
전남	81.2	77.1	85.3	8.2	82.0	78.4	85.6	7.2
경북	81.1	77.6	84.7	7.1	82.0	78.6	85.5	6.9
경남	80.9	77.3	84.5	7.2	81.9	78.6	85.2	6.6
제주	82.1	78.3	85.9	7.6	82.7	78.7	86.7	8.0

① 남자는 세종 지역, 여자는 울산 지역이 이전 시기 대비 기대수명 증가가 가장 크다.

② 기대수명은 모든 지역에서 남녀 모두 이전 시기보다 더 증가하였다.

③ 2025년 남자의 기대수명 상위 3개 지역은 서울, 대전, 경기이다.

④ 2022년 여자의 기대수명 하위 3개 지역은 2025년에도 동일하다.

> **✔해설** 2022년의 하위 3개 지역은 부산 84.1년, 대구 84.3년, 울산 83.2년이었으나, 2025년에는 광주 84.8년 과 부산, 울산, 충북이 모두 84.9년으로 가장 기대수명이 짧은 4개 지역이 된다.
> ① 남자는 2.3년이 늘어난 세종 지역이, 여자는 1.7년이 늘어난 울산 지역이 이전 시기보다 가장 크게 기대수명이 늘어난 지역이다.
> ② 남녀와 전체의 기대수명은 모든 지역에서 이전 시기보다 더 증가하였다.
> ③ 서울 81.2년, 대전 80.5년, 경기 80.4년으로 상위 3개 지역이 된다.

 다음은 해외여행 상품의 비용에 관한 자료이다. 다음 질문에 답하시오.

여행지	일정	1인당 요금	할인 조건
스위스	7일	280만 원	1. 주중 출발 20% 할인(단, 주중 월~목 출발)
괌	10일	420만 원	2. 사전 예약 할인 　(1) 3개월 전 예약 20% 할인
푸켓	5일	160만 원	(2) 2개월 전 예약 10% 할인 　(3) 1개월 전 예약 5% 할인
세부	6일	210만 원	3. 미성년자 : 성인 요금의 80% 할인 4. 만 65세 이상 : 여행 요금의 10% 할인(단, 주중 출발에는 적용되지 않음)

32 어느 노부부가 결혼 50주년 여행을 가려고 모아 둔 300만 원을 가지고 한 달 뒤인 6월 12일(월)에 여행을 간다고 했을 때, 가능한 여행지를 고르면? (단, 2명 모두 70세 이상이다)

① 스위스　　　　　　　　　　② 괌
③ 푸켓　　　　　　　　　　　④ 세부

✔ **해설** 주중 출발 할인 20%와 1개월 전 예약 할인 5%를 받을 수 있다.

여행지	2인 요금	할인된 요금
스위스	560만 원	$560 \times 0.75 = 420$(만 원)
괌	840만 원	$840 \times 0.75 = 630$(만 원)
푸켓	320만 원	$320 \times 0.75 = 240$(만 원)
세부	420만 원	$420 \times 0.75 = 315$(만 원)

33 다음 주 토요일에 가족 여행을 떠나려고 계획하고 있다. 어머니(55세), 아버지(50세), 나(27세), 동생 (초등학생) 4명이서 해외여행을 가려고 할 때, 하루당 비용이 두 번째로 비싼 여행지는? (단, 예약은 지금 바로 하는 것을 기준으로 한다)

① 스위스

② 괌

③ 푸켓

④ 세부

 해설

여행지	성인 하루당 비용	미성년자 하루당 비용	가족 전체 하루당 비용
스위스	40만 원	8만 원	$40 \times 3 + 8 = 128$
괌	42만 원	8.4만 원	$42 \times 3 + 8.4 = 134.4$
푸켓	32만 원	6.4만 원	$32 \times 3 + 6.4 = 102.4$
세부	35만 원	7만 원	$35 \times 3 + 7 = 112$

34 다음은 가구 월평균 가계지출액과 오락문화비를 나타낸 자료이다. 이에 대한 설명으로 옳지 않은 것은?

〈가구 월평균 가계지출액과 오락문화비〉

(단위 : 원)

	2021	2022	2023	2024	2025
가계지출액	2,901,814	2,886,649	2,857,967	3,316,143	3,326,764
오락문화비	126,351	128,260	129,494	174,693	191,772

※ 문화여가지출률 = (가구 월평균 오락문화비 ÷ 가구 월평균 가계지출액) × 100

① 2022년 가계지출액 대비 오락문화비는 4.5%에 미치지 않는다.

② 문화여가지출률은 2025년에 가장 높다.

③ 2024년 오락문화비는 전년보다 45,000원 증가했다.

④ 2022년과 2023년에는 전년대비 가계지출액이 감소했다.

해설 ③ 2024년 오락문화비는 174,693원, 2023년 오락문화비는 129,494원이므로 2024년 오락문화비는 전년 보다 $174,693 - 129,494 = 45,199$(원) 증가했다.

① 2022년 가계지출액 대비 오락문화비는 4.44%로 4.5%에 미치지 않는다.

② 2021년부터 2025년의 문화여가지출률은 다음과 같다.

	2021	2022	2023	2024	2025
문화여가지출률	4.35	4.44	4.53	5.27	5.76

④ 2022년(2,886,649) → 2023년(2,857,967)로 전년대비 가계지출액이 감소하였음을 알 수 있다.

35 다음 자료를 올바르게 설명하지 못한 것은 어느 것인가?

(단위 : 억 불)

		2021	2022	2023	2024	2025
수출	전체	5,525	5,647	5,192	4,861	5,644
	제조업	4,751	4,839	4,473	4,186	4,819
	서비스업	774	808	719	675	825
	도소매	661	677	586	550	692
	중소기업	1,021	1,042	904	915	1,002
	제조업	633	642	547	556	618
	서비스업	388	400	357	359	384
	도소매	357	364	322	325	344
수입	전체	4,612	4,728	3,998	3,762	4,413
	제조업	3,535	3,562	2,798	2,572	3,082
	서비스업	1,077	1,166	1,200	1,190	1,331
	도소매	933	996	998	1,005	1,126
	중소기업	1,084	1,151	1,007	1,039	1,177
	제조업	455	460	364	367	416
	서비스업	629	691	643	672	761
	도소매	571	623	568	597	669

* 무역수지는 수출액에서 수입액을 뺀 수치가 +이면 흑자, −이면 적자를 의미함.

① 중소기업의 제조업 무역수지는 매년 100억 불 이상의 흑자를 나타내고 있다.

② 전체 제조업 수출에서 중소기업의 수출이 차지하는 비중이 가장 낮은 시기는 2023년이 가장 낮다.

③ 전체 수출액 중 도소매업의 구성비는 2023년과 2024년이 모두 11.3%이다.

④ 중소기업의 전년대비 서비스업 수입액 증감률은 2023년이 −20.9%로 가장 크다.

✔ **해설** 2023년 서비스업의 수입액 증감률은 −6.9%로 2025년의 13.2%, 2022년의 9.9%에 이어 세 번째로 크다.
　① 연도별로 매년 178억 불, 182억 불, 183억 불, 189억 불, 202억 불로 매년 100억 불 이상의 흑자를 보이고 있다.
　② 2023년이 17.4%로 가장 낮은 비중을 보이고 있다.
　③ 두 해 모두 11.3%의 가장 낮은 구성 비율을 보이고 있다.

Answer　　33.① 34.③ 35.④

36 다음은 아침식사 결식률 추이를 나타낸 자료이다. 다음 자료에 대한 설명으로 옳지 않은 것은?

〈아침식사 결식률 추이〉

(단위 : 명, %)

	응답자수	아침식사 결식률
1–9세	812	8.7
10–19세	634	31.1
20–29세	653	52.0
30–39세	845	37.1
40–49세	1,028	26.7
50–59세	1,116	14.7
60–69세	1,036	9.3
70세이상	1,043	4.1

① 아침식사 결식률은 30대가 10대보다 높다.

② 응답자수가 가장 많은 연령대는 50대이다.

③ 아침식사를 하지 않는다고 답한 응답자수가 100명을 넘지 않는 연령대는 총 3개다.

④ 아침식사를 하지 않는다고 답한 응답자수는 40대보다 10대가 더 많다.

✔해설 ④ 아침식사를 하지 않는다고 답한 응답자수는 10대가 634×31.1% = 197.174(명)으로 약 197명이고 40
　　대가 1,028×26.7% = 274.476(명)으로 약 274명이다. 그러므로 아침식사를 하지 않는다고 답한 응답
　　자수는 10대보다 40대가 더 많다.
　① 아침식사 결식률은 30대가 37.1%, 10대가 31.1%로 30대가 더 높다.
　② 응답자수가 가장 많은 연령대는 1,116명인 50대이다.
　③ 아침식사를 하지 않는다고 답한 응답자수가 100명을 넘지 않는 연령대는 1–9세가 812×8.7% =
　　70.644(명)으로 약 71명, 60대가 1,036×9.3% = 96.348(명)으로 약 96명, 70세 이상이 1,043×4.1%
　　= 42.763(명)으로 약 43명으로 총 3집단이 100명을 넘지 않는다.

37 다음은 대중교통 이용자 중 주요도시별 1주간 평균 대중교통 이용횟수를 조사한 자료이다. 이를 바르게 해석한 것은?

<표>

	1회~5회	6회~10회	11회~15회	16회~20회	21회 이상
서울	27.2	38.1	18.8	7.5	8.5
부산	33.5	37.7	17.7	6.3	4.9
인천	38.8	36.4	13.5	5.1	6.3
대구	37.5	37.7	14.7	5.2	4.9
광주	39.0	40.7	14.0	3.9	2.4
대전	43.7	33.4	14.5	3.5	4.9

〈주요도시별 1주간 평균 대중교통 이용횟수〉

(단위 : %)

① 모든 지역에서 1주간 평균 6~10회 이용한 사람이 가장 많다.

② 대구, 광주, 대전에서 1주간 평균 11~15회 이용하는 사람이 1,000명 이상 차이나지 않는다.

③ 1주 동안 21회 이상 대중교통을 이용하는 사람의 비중이 가장 큰 곳은 서울이다.

④ 서울에서 1주간 대중교통을 16회 이상 사용하는 사람이 11회~15회 사용하는 사람보다 많다.

> **✔ 해설** ③ 1주 동안 21회 이상 대중교통을 이용하는 사람의 비중이 가장 큰 곳은 8.5%로 서울이다.
> ① 인천과 대전에서는 1주간 평균 1~5회 이용한 사람이 가장 많다.
> ② 각 지역의 조사 인원을 알 수 없으므로 해당 보기의 내용은 알 수 없다.
> ④ 서울에서 1주간 대중교통을 16회 이상 이용하는 사람은 16.0%이고 11회~15회 이용하는 사람은 18.8%이다.

┃38~39┃ 다음은 게임 산업 수출액에 대한 자료이다. 물음에 답하시오.

〈연도별 게임 산업 수출액〉

(단위 : 천$)

	2023	2024	2025
수출액	3,214,627	3,277,346	5,922,998

〈게임 산업 지역별 수출액 비중〉

(단위 : %)

	2023	2024	2025
중화권	–	–	57.6
일본	21.5	18.3	13.9
동남아시아	11.2	11.7	12.7
북미	17.2	10.9	6.9
유럽	10.8	10.3	4.6
기 타	6.4	6.7	b
중국	a	42.1	–

38 다음 중 위 자료에 대한 해석으로 옳지 않은 것은?

① 2024년 북미의 수출액은 3억$를 넘는다.

② 일본의 수출액은 매년 감소하고 있다.

③ 게임 산업 수출액은 매년 상승추이를 보이며 특히 2025년 급격히 상승했다.

④ 북미는 게임 산업 수출액 비중이 매년 4위 이상에 올라있다.

> **✔해설** ② 일본의 수출액은 2023년 (약)691,144 → (약)599,754 → (약)823,296천$로 2025년에 가장 많다.
> ① 2024년 북미의 수출액은 3,277,346의 10.9%이므로 357.230천달러로 3억 달러를 넘는다.
> ③ 게임 산업 수출액은 3,214,627 → 3,277,346 → 5,922,998(천$)로 증가하고 있으며 특히 2025년에 급증했다.
> ④ 게임 산업 지역별 수출액 비중에서 북미는 2023년에는 3위, 2024년에는 4위, 2025년에는 4위로 매년 4위 이상을 차지하고 있다.

39 위 표에서 $\dfrac{a}{b}$ 는?(단, 소수점 둘째 자리에서 반올림한다.)

① 7.5　　　　　　　　　　　② 7.7

③ 8.1　　　　　　　　　　　④ 8.4

> ✔ 해설　매년 총 비중은 100%가 되므로 $a = 100 - (21.5 + 11.2 + 17.2 + 10.8 + 6.4) = 32.9$이고
>
> $b = 100 - (57.6 + 13.9 + 12.7 + 6.9 + 4.6) = 4.3$이다. 그러므로 $\dfrac{a}{b} = \dfrac{32.9}{4.3} = 7.7$이다.

40 다음은 자동차등록대수에 관한 자료이다. 이에 대한 설명으로 옳은 것은?

〈아침식사 결식률 추이〉

(단위 : 대)

지표	2022	2023	2024	2025
자동차등록대수	20,989,885	21,803,351	22,528,295	㉠

※자동차등록대수 = 승용차 + 승합차 + 화물차 + 특수차

〈2025년 자동차등록대수 현황〉

(단위 : 대)

	계	관용	자가용	영업용
승용	18,676,924	32,819	17,663,188	980,917
승합	843,794	22,540	696,898	124,356
화물	3,590,939	31,957	3,152,275	406,707
특수	90,898	2,784	27,212	60,902

① 등록된 자동차중 매년 승합차의 비중이 가장 높다.

② 연도별 자동차등록대수는 2023년부터 감소 추이를 보인다.

③ 2025년에 등록된 화물차 중에서 영업용 화물차의 비율은 10% 이상이다.

④ 2025년의 자동차등록대수는 23,402,555대다.

✔해설 ③ 2025년에 등록된 화물차 중에서 영업용의 비율은 $406,707 \div 3,590,939 \times 100 = 11.3\%$로 10% 이상이다.

① 등록된 자동차중 매년 승합차의 비중은 위 자료를 통해 알 수 없다.

② 2023년에서 2024년에는 $21,803,351 \rightarrow 22,528,295$로 자동차등록대수가 증가하였다.

④ 2025년의 자동차등록대수는 $18,676,924 + 843,794 + 3,590,939 + 90,898 = 23,202,555$(대)이다.

41 다음은 연도별 학생 수와 학생 1인당 공교육비에 대한 자료이다. 이에 대한 해석으로 옳지 않은 것은?

〈학생 1인당 공교육비〉

(단위 : 달러)

		2019	2020	2021	2022	2023	2024	2025
학생 1인당 공교육비(달러)	초등교육	6,658	6,601	6,976	7,395	7,957	9,656	11,047
	중등교육	9,399	8,060	8,199	8,355	8,592	10,316	12,202
	고등교육	9,513	9,972	9,927	9,866	9,323	9,570	10,109

〈연도별 학생 수 현황〉

(단위 : 명)

	2019	2020	2021	2022	2023	2024	2025
초등학생	175,577	164,230	155,146	144,918	135,237	131,307	129,743
중등학생	98,685	97,491	93,999	91,614	89,128	85,118	77,581
고등학생	98,328	97,767	96,602	95,917	95,018	92,328	90,238

※학생 1인당 공교육비 = 총공교육지출액 ÷ 학생 수.

① 2025년에 초등교육의 학생 1인당 공교육비가 최고치를 달성했다.

② 고등교육의 총공교육지출액이 매년 상승하고 있다.

③ 2019년 중학교와 고등학교의 학생 수가 가장 많다.

④ 학생 1인당 공교육비는 2023년까지 고등교육이 가장 많다.

✔ 해설 ② 총공교육지출액 = 학생 1인당 공교육비 × 학생 수이다. 2021년부터 고등교육의 총공교육지출액은 감소하고 있다.

42 다음은 국가지정 문화재 현황을 분석한 자료이다. 주어진 자료에 대한 해석으로 옳은 것은?

〈연도별 국가지정 문화재 현황〉

(단위 : 건)

	2021	2022	2023	2024	2025
계	3,583	3,622	3,877	3,940	3,999
국보	315	317	328	331	336
보물	1,813	1,842	2,060	2,107	2,146
사적	488	491	495	500	505
명승	109	109	109	110	112
천연기념물	454	455	456	457	459
국가무형문화재	120	122	135	138	142
국가민속문화재	284	286	294	297	299

〈2025년 행정구역별 국가지정 문화재 현황〉

	서울	경기·인천	강원	전라	충청	경상	제주	기타
계	1,021	365	191	609	463	1,172	86	92
국보	163	12	11	31	42	77	0	0
보물	706	190	81	291	239	630	9	0
사적	67	87	18	86	70	170	7	0
명승	3	5	25	28	13	29	9	0
천연기념물	12	33	42	95	43	123	49	62
국가무형문화재	29	16	3	24	8	28	4	30
국가민속문화재	41	22	11	54	48	115	8	0

① 2025년 수도권에서 가장 많은 문화재를 보유하고 있다.

② 2025년 전라지역의 보물 보유량은 전국 20%를 웃돈다.

③ 국가지정 문화재 중 사적이 차지하는 비중은 매년 상승하고 있다.

④ 2021년부터 2023년까지 명승에 대한 문화재 지정이 활발하게 이루어졌다.

 ① 수도권 서울, 경기·인천 지역은 1,386건으로 가장 많은 지정 문화재를 보유하고 있다.

② 2025년 보물 국가지정 문화재는 총 2,146건이며 전라 지역의 보물은 291건이므로 291÷2,146×100 = 13.6%이다.

③ 국가지정 문화재 중 사적이 차지하는 비중은 다음과 같다.

2021	2022	2023	2024	2025
13.6%	13.6%	12.8%	12.7%	12.6%

국가지정 문화재 중 사적이 차지하는 비중은 2021년 13.6%에서 2025년 12.6%로 오히려 줄었다는 것을 알 수 있다.

④ 2021년부터 2023년까지 국가지정 문화재 중 명승의 수는 증가하지 않았으므로 추가적인 지정은 이루어지지 않았음을 알 수 있다.

Answer 42.①

〈가구소득별 스마트기기를 활용한 여가활동〉

가구소득 \ 여가활동	인터넷	모바일 메신저	SNS	게임	TV시청	쇼핑	음악감상	인터넷방송	드라마/ 영화보기
100만 원(미만)	22.3	24.9	17.1	10.4	5.4	1.5	4.9	4.7	1.9
100~200만 원	26.3	28.9	10.7	10.9	7.4	1.5	5.5	1.7	2.2
200~300만 원	31.8	19.2	14.8	13.1	4.6	4.3	4.2	1.7	2.9
300~400만 원	33	18.6	14.7	16.7	3.4	2.7	3.6	1.9	1.9
400~500만 원	31.9	16.8	14.8	14.8	4.6	4.1	2.6	2.9	2.6
500~600만 원	34.5	16.4	14.6	13.4	3.8	3.8	4.5	2.5	2.3
600만 원 이상	26.2	14.6	15	12.3	4.9	6.3	4	4.7	4.7

〈지역규모별 스마트기기를 활용한 여가 활동〉

지역규모 \ 여가활동	인터넷	모바일 메신저	SNS	게임	TV 시청	쇼핑	음악 감상	인터넷 방송	드라마/영 화보기
대도시	29.4	20.6	15.8	13.3	4.8	3.5	3.2	1.9	3.6
중소도시	31	15.1	13.3	15	4.9	4.9	4.3	3.8	2.4
읍면지역	37	17.4	14.6	14.3	2	2.6	4	2.3	0.9

43 다음 중 제시된 자료를 잘못 해석한 것은?

① 지역규모에 상관없이 인터넷 사용률이 가장 높다.

② 가구소득이 400~500만 원 미만인 집단에서 14% 이상을 차지하는 여가활동은 4가지다.

③ 각 지역규모별 조사 인원이 동일하다면 스마트기기로 게임을 하는 사람의 수는 중소도시에 가장 많다.

④ 가구소득이 100만 원 미만인 경우와 300~400만 원 미만인 경우의 두 집단에서 스마트기기로 드라마/영화를 보는 사람의 수는 서로 같다.

✔ 해설 ④ 가구소득별 인구를 알 수 없으므로 비율이 같다는 것으로 사람 수가 같다고 할 수 없다.
① 지역규모에 상관없이 스마트 기기를 활용하여 인터넷을 하는 사람의 비중이 가장 높다.
② 가구소득이 400~500만 원 미만인 집단에서 14%이상을 차지하는 여가활동은 인터넷(31.9), 모바일 메신저(16.8), SNS(14.8), 게임(14.8) 4가지다.
③ 각 지역규모별 조사 인원이 동일할 때 스마트기기로 게임을 하는 사람은 대도시(13.3), 중소도시(15), 읍면지역(14.3)으로 중소도시가 가장 많다.

44 가구소득이 600만 원 이상인 집단의 조사 인원이 25,000명이면, 이 집단의 모바일 메신저 활동을 즐기는 사람의 수는?

① 2,860명

② 3,400명

③ 3,650명

④ 3,830명

✔ 해설 가구소득이 600만 원 이상인 집단의 조사 인원이 25,000명이고 모바일 메신저 활동을 즐기는 사람은 14.6%이므로 $25000 \times 14.6\% = 3,650(명)$ 이다.

45 다음은 성별 및 연령집단별 평일과 휴일 여가시간을 나타낸 자료이다. 이에 대한 설명으로 옳지 않은 것은?

〈평일과 휴일 여가시간〉

(단위 : 시간)

		요일평균				평일				휴일			
		2019	2021	2023	2025	2019	2021	2023	2025	2019	2021	2023	2025
전체		3.8	4.2	3.6	3.9	3.3	3.6	3.1	3.3	5.1	5.8	5	5.3
성	남자	3.7	4	3.5	3.7	3.1	3.3	2.9	3.1	5.2	5.8	5.1	5.3
	여자	3.9	4.3	3.8	3.9	3.5	3.8	3.3	3.4	5	5.7	4.9	5.2
연령 집단	10대	3.2	3.8	3.4	3.5	2.6	3.1	2.7	2.8	4.8	5.6	5.1	5.1
	20대	3.8	4.1	3.6	3.9	3.1	3.3	2.9	3.2	5.6	6.1	5.3	5.7
	30대	3.4	3.8	3.4	3.4	2.8	3.1	2.8	2.8	4.8	5.5	4.8	5
	40대	3.5	3.9	3.3	3.5	3	3.2	2.8	2.9	4.9	5.6	4.7	5
	50대	3.5	4.1	3.4	3.6	3	3.5	2.9	3	4.8	5.6	4.8	5.1
	60대	4.4	4.8	4	4.1	4.1	4.3	3.6	3.6	5.2	5.9	5.1	5.4
	70대 이상	6.1	5.6	5	5.1	5.9	5.3	4.7	4.8	6.5	6.5	5.7	5.8

※ 요일평균 여가시간 = {(평일 여가시간 × 5일) + (휴일 여가시간 × 2일)} ÷ 7일

① 10대의 휴일 여가시간은 2019년에 가장 적었다.

② 2025년도 여자의 요일평균 여가시간은 2019년도 남자의 요일평균 여가시간보다 많다.

③ 20대의 평일 여가시간은 항상 3시간 이상이었다.

④ 2023년에 70대 이상의 평일 여가시간이 가장 많았다.

 **해설** ③ 20대의 평일 여가시간은 2023년 2.9시간이었다.

① 10대의 휴일 여가시간은 4.8시간으로 2019년에 가장 적었다.

② 2025년도 여자의 요일평균 여가시간은 요일평균 여가시간 = {(3.4 × 5일) + (5.2 × 2일)} ÷ 7일 = 3.9, 2019년도 남자의 요일평균 여가시간은{(3.1 × 5일) + (5.2 × 2일)} ÷ 7일=3.7로 여성의 요일평균 여가시간이 더 많다.

④ 2023년에 70대 이상의 평일 여가시간이 4.7시간으로 가장 많았다.

46 다음은 계절별 평균 기온 변화 현황을 나타낸 자료이다. 이에 대한 해석으로 옳은 것을 모두 고른 것은?

〈계절별 평균 기온 변화 현황〉

(단위 : ℃)

	2017	2018	2019	2020	2021	2022	2023	2024	2025
년 평균	12.4		12.4	13.3	13.1	13.3	13.7	12.7	13.4
봄	10.8	11	12.2	11.6	13.1	12.7	13.2	13	13.1
여름	24.9	24	24.7	25.4	23.6	23.7	24.8	24.5	25.4
가을	14.5	15.3	13.7	14.6	14.9	15.2	15.1	14.2	13.8
겨울	-0.7	-0.4	-1	1.5	0.7	1.4	1.6	-0.8	1.3

㈎ 2021년~2023년 겨울의 평균 기온이 상승추이를 보인다.

㈏ 2018년의 년 평균기온은 12.475℃이다.

㈐ 2019년 이후 년 평균기온이 계속 상승하고 있다.

㈑ 여름 평균 기온 중 2020년과 2025년의 평균 기온이 가장 높다.

① ㈎, ㈏

② ㈏, ㈐

③ ㈎, ㈏, ㈐

④ ㈎, ㈏, ㈑

✅ **해설** ㈎ 2021년~2023년 겨울의 평균 기온은 0.7→1.4→1.6으로 상승추이를 보인다.(O)

㈏ 2018년의 년 평균기온은 $\dfrac{11+24+15.3+(-0.4)}{4}=12.475$로 12.475℃이다.(O)

㈑ 여름 평균 기온 중 2020년과 2025년의 평균 기온이 25.4℃로 가장 높다.(O)

㈐ 2019년 이후 년 평균기온은 12.4→13.3→13.1→13.3→13.7→12.7→13.4로 계속 상승한다고 볼 수 없다.(X)

47 다음은 품목성질별 소비자물가지수에 관한 자료이다. 이에 대한 설명으로 옳지 않은 것은?

품목성질별	4월	5월	6월	7월	8월	9월
총지수	104.87	105.05	104.88	104.56	104.81	105.20
상품	102.40	102.75	102.40	101.41	101.66	103.26
농축수산물	112.93	111.54	109.36	107.82	109.54	114.74
공업제품	101.80	102.57	102.57	102.23	102.20	102.41
전기·수도·가스	88.62	88.62	88.62	83.41	83.54	89.97
서비스	106.90	106.94	106.91	107.16	107.40	106.77
집세	104.10	104.07	104.00	103.98	103.95	103.95
공공서비스	102.47	102.54	102.50	102.54	102.59	101.25
개인서비스	109.79	109.85	109.84	110.26	110.66	110.18

① 상품의 소비자물가지수는 꾸준히 증가했다.

② 총지수가 가장 높았던 때는 9월이다.

③ 8월에 개인서비스의 소비자물가지수가 가장 높았다.

④ 소비자물가지수가 가장 낮은 시기는 상품의 경우 7월이고 서비스의 경우 9월이다.

> **✔해설** ① 상품의 소비자물가지수는 6월, 7월에는 이전 달 대비 감소했다.
> ② 9월은 총지수가 105.20으로 가장 높다.
> ③ 8월에 개인서비스의 소비자물가지수가 110.66으로 가장 높다.
> ④ 소비자물가지수가 가장 낮은 시기는 상품의 경우 7월(101.41)이고 서비스의 경우 9월(106.77)이다.

┃48~49┃ 다음은 종목별 자격시험 현황에 관한 자료이다. 물음에 답하시오.

〈종목별 자격시험 현황〉

(단위 : 명, %)

	필기접수	필기응시	필기합격	필기 합격률	실기접수	실기응시	실기합격
계	2,487,769	1,993,273	875,145	43.9	1,694,058	1,493,474	665,900
기술사	23,450	19,327	2,056	10.6	3,184	3,173	1,919
기능장	24,533	21,651	9,903	45.7	17,661	16,390	4,862
기사	476,572	345,833	135,170	39.1	247,097	210,000	89,380
산업기사	274,220	210,814	78,209	37.1	119,178	101,949	49,993
기능사	1,091,646	916,224	423,269	46.2	828,704	752,202	380,198

48 주어진 자료에 대한 설명으로 옳지 않은 것은?

① 기능사 필기응시 인원이 전체 필기응시 인원의 50%에 못 미친다.

② 필기 접수자 중 기사 자격시험의 접수자가 가장 많다.

③ 필기시험 접수자 중에서 필기 미응시 인원은 기능사가 가장 많다.

④ 필기응시 인원이 가장 적은 시험이 실기 미응시 인원도 가장 적다.

> **✔ 해설** ② 필기 접수자 중 기능사 자격시험의 접수자가 1,091,646명으로 가장 많다.
> ① 전체 필기 응시인원 대비 기능사 필기응시 인원은 916,224÷1,993,273×100=약 46%로 50%에 못
> 미친다.
> ③ 필기시험 접수자 중에서 필기 미응시 인원은 175,422명으로 기능사 자격시험이 가장 많다.
> ④ 필기응시 인원이 가장 적은 시험은 기술사 시험이며, 기술사 실기 시험의 미응시 인원은 11명으로
> 가장 적다.

Answer 47.① 48.②

49 다음 중 실기 합격률이 가장 높은 시험과 두 번째로 높은 시험을 순서대로 나열한 것은?(단 계산은 소수점 둘째자리에서 반올림한다)

① 기술사, 기능사　　　　　　　　　② 기능사, 산업기사

③ 기술사, 기사　　　　　　　　　　④ 기능사, 기능장

> ✔ **해설**　실기합격률을 계산하면 다음과 같다.
> 기술사 : $1,919 \div 3,173 \times 100 = 60.5\%$
> 기능장 : $4,862 \div 16,390 \times 100 = 29.7\%$
> 기사 : $89,380 \div 210,000 \times 100 = 42.6\%$
> 산업기사 : $49,993 \div 101,949 \times 100 = 49.0\%$
> 기능사 : $380,198 \div 752,202 \times 100 = 50.5\%$
> 따라서, 기술사와 기능사의 실기합격률이 1, 2위이다.

┃50~51┃ 다음 자료는 2월 공항별 운항 및 수송현황에 관한 자료이다. 물음에 답하시오.

공항 \ 구분	운항편수(편)	여객수(천명)	화물량(톤)
인천	20,818	3,076	249,076
김포	11,924	1,836	21,512
김해	6,406	(㉠)	10,279
제주	11,204	1,820	21,137
청주	(㉡)	108	1,582
광주	944	129	1,290
대구	771	121	1,413
전체	52,822	7,924	306,289

50 위의 자료에 대한 설명으로 옳지 않은 것은?

① 김포공항의 여객수와 제주항공의 여객수의 합은 인천공항의 여객수보다 많다.

② 김포공항의 화물량은 김해공항의 화물량의 2배 이상이다.

③ 인천공항의 화물량은 전체 화물량의 80% 이상을 차지한다.

④ ㉡에 들어갈 수는 655이다.

> ✔ **해설**　$52,822 - 20,818 - 11,924 - 6,406 - 11,204 - 944 - 771 = 755$

51 위의 자료에서 ㉠에 알맞은 수는?

① 830
② 834
③ 838
④ 842

✔해설 $7,924-3,076-1,836-1,820-108-129-121=83450$

52 다음은 지하가 없는 동일한 바닥면적을 가진 건물들에 관한 사항이다. 이 중 층수가 가장 높은 건물은?

건물	대지면적	연면적	건폐율
A	$400m^2$	$1,200m^2$	50%
B	$300m^2$	$840m^2$	70%
C	$300m^2$	$1,260m^2$	60%
D	$400m^2$	$1,440m^2$	60%

※ 건축면적 $=\dfrac{건폐율 \times 대지면적}{100(\%)}$, 층수 $=\dfrac{연면적}{건축면적}$

① A
② B
③ C
④ D

✔해설 $층수 = \dfrac{연면적}{건축면적} = \dfrac{연면적 \times 100(\%)}{건폐율 \times 대지면적}$

㉠ A의 층수 : $\dfrac{1,200m^2 \times 100\%}{50\% \times 400m^2} = 6층$

㉡ B의 층수 : $\dfrac{840m^2 \times 100\%}{70\% \times 300m^2} = 4층$

㉢ C의 층수 : $\dfrac{1,260m^2 \times 100\%}{60\% \times 300m^2} = 7층$

㉣ D의 층수 : $\dfrac{1,440m^2 \times 100\%}{60\% \times 400m^2} = 6층$

53 다음 표는 A고교의 교내 동아리별 학생 수를 나타낸 것이다. 도서반의 전년대비 증가율이 2024년과 2025년이 같을 때, 2025년의 도서반 학생 수를 고르면? (단, 각 동아리는 고1, 고2만으로 구성되어 있으며, 증가율은 소수 둘째 자리, 학생 수는 소수 첫째 자리에서 반올림한다)

동아리 명	2022년	2023년	2024년	2025년
방송반	17	17	16	18
화학반	21	22	20	19
RCY	32	35	36	38
도서반	29	20	30	

① 45명　　　　　　　　　　　② 46명
③ 47명　　　　　　　　　　　④ 48명

✔ **해설** ㉠ 전년대비 2024년 도서반 학생 수의 증가율은, $\dfrac{30-20}{20}\times100=50\%$

㉡ 2025년 도서반 학생 수를 x라 하면, $\dfrac{x-30}{30}\times100=50\%$

$\therefore x=45$명

54 다음은 어떤 학교 학생의 학교에서 집까지의 거리를 조사한 결과이다. ㉠과 ㉡에 들어갈 수로 옳은 것은? (조사결과는 학교에서 집까지의 거리가 1km 미만인 사람과 1km 이상인 사람으로 나눠서 표시함)

성별	1km 미만	1km 이상	합계
남성	〔　〕(　%)	168 (㉠%)	240(100%)
여성	〔 ㉡ 〕(36%)	〔　〕(64%)	200(100%)

	㉠	㉡
①	60	70
②	60	72
③	70	70
④	70	72

✔ **해설** ㉠ $\dfrac{168}{240}\times100=70(\%)$

㉡ $200\times0.36=72$(명)

|55~56| 다음 자료는 2021~2025년 커피 수입 현황에 대한 자료이다. 물음에 답하시오.

(단위 : 톤, 천달러)

구분	연도	2021	2022	2023	2024	2025
생두	중량	97.8	96.9	107.2	116.4	100.2
	금액	252.1	234.0	316.1	528.1	365.4
원두	중량	3.1	3.5	4.5	5.4	5.4
	금액	37.1	42.2	55.5	90.5	109.8
커피 조제품	중량	6.3	5.0	5.5	8.5	8.9
	금액	42.1	34.6	44.4	98.8	122.4

55 위 표에 대한 설명으로 옳지 않은 것은?

① 원두의 수입금액은 매년 증가하고 있다.

② 생두의 수입금액은 매년 증가하다가 2025년에 감소하였다.

③ 2025년 생두의 수입금액은 원두의 수입금액의 3배 이상이다.

④ 2024년의 커피조제품 수입금액은 전년도의 두 배 이상이다.

✔ 해설 ② 생두의 수입금액은 2022년에 감소하였다.

56 위 표의 2021~2025년 중에서 원두의 수입단가가 가장 높은 해는? $\left(수입단가 = \dfrac{금액}{중량}\right)$

① 2021년   ② 2022년

③ 2023년   ④ 2024년

✔ 해설 ① 2021년 : $\dfrac{37.1}{3.1} = 11.96$ ② 2022년 : $\dfrac{42.2}{3.5} = 12.05$

③ 2023년 : $\dfrac{55.5}{4.5} = 12.33$ ④ 2024년 : $\dfrac{90.5}{5.4} = 16.75$

Answer   53.①   54.④   55.②   56.④

57 다음 자료는 동일한 산업에 속한 각 기업의 경영현황에 관한 것이다. A~D 기업 중에서 자기자본 대비 자산비율이 가장 큰 기업은?

(단위 : 억 원)

기업	자기자본	자산	매출액	순이익
A	500	1,200	1,200	48
B	400	600	800	80
C	1,200	2,400	1,800	72
D	600	1,200	1,000	36
E	200	800	1,400	28
산업평균	650	1,500	1,100	60

① A

② B

③ C

④ D

✔ 해설

① $A = \dfrac{1,200}{500} = 2.4$　　② $B = \dfrac{600}{400} = 1.5$

③ $C = \dfrac{2,400}{1,200} = 2$　　④ $D = \dfrac{1,200}{600} = 2$

┃58~59┃ 다음은 ㈜서원각의 신입사원 300명을 대상으로 어떤 스포츠 종목에 관심이 있는지 조사한 표이다. 물음에 답하시오.

스포츠 종목	비율	스포츠 종목	비율
야구	30%	축구와 농구	7%
농구	20%	야구와 축구	9%
축구	25%	농구와 야구	6%
–	–	야구, 농구, 축구	3%

58 두 종목 이상에 관심이 있는 사원수는?

① 25명　　　　　　　　　　　　② 50명

③ 75명　　　　　　　　　　　　④ 100명

✔ 해설　(7%＋9%＋6%＋3%)×300 = 75(명)

59 세 종목 이상에 관심이 있는 사원수는?

① 9명　　　　　　　　　　　　② 19명

③ 21명　　　　　　　　　　　　④ 30명

✔ 해설　0.03×300 = 9(명)

60 다음은 어느 해 8, 9월 '가'세대 관리비의 상세 부과내역이다. '가'와 같은 세대가 아파트에 56세대가 살고 있다면 그 아파트의 9월 총 전체 관리비는 얼마인가?

(단위 : 원)

항목	8월	9월
전기료	93,618	52,409
수도료	17,595	27,866
일반관리비	33,831	36,187
경비비	30,760	33,467
장기수선충당금	20,502	20,502
급탕비	15,816	50,337
청소비	11,485	12,220
기타	18,413	17,472
합계	242,020	250,460

① 12,523,000원　　　　　　　　② 14,025,760원

③ 14,276,220원　　　　　　　　④ 15,027,600원

✔ 해설　250,460×56=14,025,760

 다음은 A, B, C 세 제품의 가격, 월 전기료 및 관리비용을 나타낸 표이다. 물음에 답하시오.

분류	가격	월 전기료	월 관리비
A 제품	300만 원	3만 원	1만 원
B 제품	270만 원	4만 원	1만 원
C 제품	240만 원	3만 원	2만 원

61 제품 구입 후 1년을 사용했다고 가정했을 경우 총 지불액이 가장 높은 제품은? (단, 총 지불금액은 제품의 가격을 포함한다)

① A ② B
③ C ④ 모두 같음

✔ **해설** $A = 3,000,000 + (30,000 + 10,000) \times 12 = 3,480,000(원)$
$B = 2,700,000 + (40,000 + 10,000) \times 12 = 3,300,000(원)$
$C = 2,400,000 + (30,000 + 20,000) \times 12 = 3,000,000(원)$

62 A제품을 구입할 경우, 3년 동안 B나 C 제품에 비해 얼마를 절약할 수 있는가? (단, 제품가격은 고려하지 않는다.)

① 36만 원 ② 25만 원
③ 34만 원 ④ 33만 원

✔ **해설** 3년 간 들어가는 전기료와 관리비를 계산하면
$A = (30,000 + 10,000) \times 36 = 1,440,000(원)$
$B = (40,000 + 10,000) \times 36 = 1,800,000(원)$
$C = (30,000 + 20,000) \times 36 = 1,800,000(원)$
따라서 B에 비해 360,000, C에 비해 360,000원을 절약할 수 있다.

|63~64| 다음은 영희네 반 영어시험의 점수분포도이다. 물음에 답하시오.

점수(점)	0~20	20~40	40~60	60~80	80~90	90~100	합계
인원수(명)	3	㉠	15	24	㉡	3	60
상대도수	0.050	0.15	0.250	0.400	–	0.050	1

63 다음 중 ㉠에 알맞은 수는?

① 6명　　　　　　　　　　② 9명

③ 15명　　　　　　　　　　④ 20명

✔ 해설　$0.15 \times 60 = 9$(명)

64 다음 중 ㉡에 알맞은 수는?

① 3명　　　　　　　　　　② 4명

③ 5명　　　　　　　　　　④ 6명

✔ 해설　$60 - (3 + 9 + 15 + 24 + 3) = 6$(명)

65 서울시 유료 도로에 대한 자료이다. 산업용 도로 3km의 건설비는 얼마가 되는가?

분류	도로수	총길이	건설비
관광용 도로	5	30km	30억 원
산업용 도로	7	55km	300억 원
산업관광용 도로	9	198km	400억 원
합계	21	283km	730억 원

① 약 5.5억 원　　　　　　　② 약 11억 원

③ 약 16.5억 원　　　　　　④ 약 22억 원

✔ 해설　$300 \div 55 = 5.45 ≒ 5.5$(억 원)이고 3km이므로 $5.5 \times 3 =$ 약 16.5(억 원)

▌66~67 ▌ 다음 표는 국제결혼 건수에 관한 표이다. 물음에 답하시오.

(단위 : 명)

구분 연도	총 결혼건수	국제 결혼건수	외국인 아내건수	외국인 남편건수
2009	399,312	4,710	619	4,091
2013	393,121	6,616	3,072	3,544
2017	375,616	12,188	8,054	4,134
2021	306,573	15,193	11,017	4,896
2025	332,752	39,690	30,208	9,482

66 다음 중 표에 관한 설명으로 가장 적절한 것은?

① 외국인과의 결혼 비율이 점점 감소하고 있다.

② 2021년 이전에는 총 결혼건수가 증가 추세에 있었다.

③ 총 결혼건수 중 국제 결혼건수가 차지하는 비율이 증가 추세에 있다.

④ 한국 남자와 외국인 여자의 결혼건수 증가율과 한국 여자와 외국인 남자의 결혼건수 증가율이 비슷하다.

 ① 외국인과의 결혼 비율은 점점 증가하고 있다.

② 2009년부터 2017년까지는 총 결혼건수가 감소하고 있었다.

④ 한국 남자와 외국인 여자의 결혼건수 증가율이 한국 여자와 외국인 남자의 결혼건수 증가율보다 훨씬 높다.

67 다음 중 총 결혼건수 중 국제 결혼건수의 비율이 가장 높았던 해는 언제인가?

① 2009년　　　　　　　　② 2013년

③ 2017년　　　　　　　　④ 2021년

 ① 2009년 : $\dfrac{4,710}{399,312} \times 100 ≒ 1.18(\%)$

② 2013년 : $\dfrac{6,616}{399,121} \times 100 ≒ 1.68(\%)$

③ 2017년 : $\dfrac{12,188}{375,616} \times 100 ≒ 3.24(\%)$

④ 2021년 : $\dfrac{15,193}{306,573} \times 100 ≒ 4.96(\%)$

┃68~69┃ 다음 표는 북한산 둘레길 코스에 관한 자료이다. 다음 질문에 답하시오.

구분	편도 거리(올라갈 때)	걸린 시간	평균 속도
A코스	5km	1시간 15분	4km/h
B코스	4km	( )	$\frac{8}{3}$km/h
C코스	5km	1시간 45분	$\frac{20}{7}$km/h
D코스	6km	1시간 30분	4km/h

* 내려올 때는 올라간 속도의 1.5배 속력으로 내려온다.

68 다음 중 괄호 안에 들어갈 수로 알맞은 것을 고르면?

① 1시간   ② 1시간 15분

③ 1시간 30분   ④ 1시간 45분

 해설 $\dfrac{4}{x} = \dfrac{8}{3}$

$8x = 12$

$\therefore x = 1.5$

69 모든 코스는 정상과 연결되어 있다고 할 때, 다음 왕복 코스 중 가장 빨리 도착하는 코스를 고르면?

① A − B코스   ② B − A코스

③ C − D코스   ④ D − C코스

 해설

구분	편도 거리 (올라갈 때)	걸린 시간 (올라갈 때)	평균 속도 (올라갈 때)	평균 속도 (내려갈 때)	걸린 시간 (내려갈 때)
A코스	5km	75분	4km/h	6km/h	50분
B코스	4km	90분	$\frac{8}{3}$km/h	4km/h	60분
C코스	5km	105분	$\frac{20}{7}$km/h	4.3km/h	70분
D코스	6km	90분	4km/h	6km/h	60분

① A − B코스 : $75 + 60 = 135$(분)

② B − A코스 : $90 + 50 = 140$(분)

③ C − D코스 : $105 + 60 = 165$(분)

④ D − C코스 : $90 + 70 = 160$(분)

Answer   66.③   67.④   68.③   69.①

70 아래의 도표에 대한 올바른 분석을 다음 〈보기〉에서 모두 고른 것은 어느 것인가?

〈연도별 교통사고 발생건수 현황〉

(단위 : 건)

연도	구분	교통사고 발생건수		
		합계	서울	경기
2021	계	3,937	1,663	2,274
	시내버스	3,390	1,451	1,939
	시외버스	547	212	335
2022	계	4,139	1,630	2,509
	시내버스	3,578	1,413	2,165
	시외버스	561	217	344
2023	계	4,173	1,727	2,446
	시내버스	3,670	1,507	2,163
	시외버스	503	220	283
2024	계	4,234	1,681	2,553
	시내버스	3,723	1,451	2,272
	시외버스	511	230	281
2025	계	4,401	1,615	2,786
	시내버스	3,859	1,412	2,447
	시외버스	542	203	339

〈보기〉

㉠ 2021~2025년 동안 전체 교통사고 발생 건수는 지속적으로 증가하였다.
㉡ 경기 지역의 2021~2025년의 연간 평균 시외버스 교통사고 발생건수는 300건이 넘는다.
㉢ 2025년의 시외버스 사고건수 1건당 시내버스 사고건수는 서울지역이 더 많다.
㉣ 전체 사고건수 중 시외버스가 차지하는 비율은 2021~2025년 동안 모두 2%p 이내의 차이를 보인다.

① ㉡, ㉢, ㉣
② ㉠, ㉡, ㉢
③ ㉠, ㉢, ㉣
④ ㉠, ㉡, ㉣

 ㉠ 3,937 → 4,139 → 4,173 → 4,234 → 4,401건으로 지속적으로 증가하였다.

㉡ (335+344+283+281+339)÷5=316.4건이다.

㉢ 서울은 1,412÷203=약 6.96건이며, 경기는 2,447÷339=약 7.22건으로 경기가 더 많다.

㉣ 연도별 비율은 각각 2021년 547÷3,937×100=약 13.9%, 2022년 561÷4,139×100=약 13.6%, 2023년 503÷ 4,73×100=약 12.1%, 2024년 511÷4,234×100=약 12.1%, 2025년 542÷4,401×100=약 12.3%로 모두 12.1~13.9% 이내이므로 비율의 차이는 2%p 이내이다.

┃71~72┃ 아래 두 표는 A, B 두 목격자의 도주자 성별에 대한 판정의 정확성을 정리한 것이다. 다음 물음에 답하시오.

A 목격자

실제성별 \ A의 결정	여자	남자	합
여자	35	15	50
남자	25	25	50
합	60	40	100

B 목격자

실제성별 \ B의 결정	여자	남자	합
여자	20	30	50
남자	5	45	50
합	25	75	100

71 B 목격자의 여성 도주자에 대한 판정 성공률은?

① 20% ② 30%

③ 40% ④ 80%

 B의 여성 도주자에 대한 결정 중에서 20%만이 정확했으므로

$$\therefore \frac{20}{50} \times 100 = 40\,(\%)$$

72 다음 기술 중 옳은 것을 모두 고르면?

> ㉠ 전체 판정성공률은 B가 A보다 높다.
> ㉡ 실제 도주자가 여성일 때 판정성공률은 B가 A보다 높다.
> ㉢ 실제 도주자가 남성일 때 판정성공률은 B가 A보다 높다.
> ㉣ A, B 모두 여성 도주자에 대한 판정성공률이 남성 도주자에 대한 판정성공률보다 높다.

① ㉠

② ㉠㉢

③ ㉠㉡㉢

④ ㉡㉢㉣

✔ **해설** ㉠ 전체 판정성공률

- A : $\dfrac{35+25}{100} = 60\,(\%)$

- B : $\dfrac{20+45}{100} = 65\,(\%)$

$\therefore$ A < B

㉡ 실제 도주자가 여성일 때 판정성공률

- A : $\dfrac{35}{50} \times 100 = 70\,(\%)$

- B : $\dfrac{20}{50} \times 100 = 40\,(\%)$

$\therefore$ A > B

㉢ 실제 도주자가 남성일 때 판정성공률

- A : $\dfrac{25}{50} \times 100 = 50\,(\%)$

- B : $\dfrac{45}{50} \times 100 = 90\,(\%)$

$\therefore$ A < B

㉣ ㉡㉢에서 보면 A는 여성 도주자에 대한 판정성공률이 높고, B는 남성 도주자에 대한 판정성공률이 높다는 것을 알 수 있다.

❚73~74❚ 다음은 60대 인구의 여가활동 목적추이를 나타낸 표(단위 : %)이고, 그래프는 60대 인구의 여가 활동 특성(단위 : %)에 관한 것이다. 자료를 보고 물음에 답하시오.

여가활동 목적	2023	2024	2025
개인의 즐거움	21	22	19
건강	26	31	31
스트레스 해소	11	7	8
마음의 안정과 휴식	15	15	13
시간 때우기	6	6	7
자기발전 자기계발	6	4	4
대인관계 교제	14	12	12
자아실현 자아만족	2	2	4
가족친목	0	0	1
정보습득	0	0	0

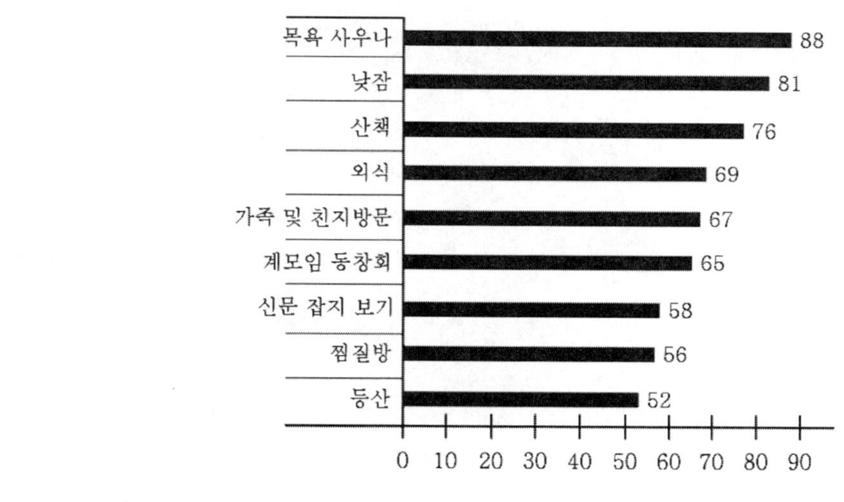

73 옆의 자료에 대한 설명으로 올바른 것은?

① 60대 인구 대부분은 스트레스 해소를 위해 목욕·사우나를 한다.

② 60대 인구가 가족 친목을 위해 여가시간을 보내는 비중은 정보습득을 위해 여가시간을 보내는 비중만큼이나 작다.

③ 60대 인구가 여가활동을 건강을 위해 보내는 추이가 점차 감소하고 있다.

④ 여가활동을 낮잠으로 보내는 비율이 60대 인구의 여가활동 가운데 가장 높다.

 ① 제시된 자료로는 60대 인구가 스트레스 해소로 목욕·사우나를 하는지 알 수 없다.

③ 60대 인구가 여가활동을 건강을 위해 보내는 비중이 2024년에 증가하였고 2025년은 전년과 동일한 비중을 차지하였다.

④ 여가활동을 목욕·사우나로 보내는 비율이 60대 인구의 여가활동 가운데 가장 높다.

74 60대 인구가 25만 명이라면 여가활동으로 등산을 하는 인구는 몇 명인가?

① 13만 명
② 15만 명
③ 16만 명
④ 17만 명

✔ 해설 $$\frac{x}{25\text{만}} \times 100 = 52\%$$

$x = 13$만 명

 〈표 1〉은 대재이상 학력자의 3개월간 일반도서 구입량에 대한 표이고 〈표 2〉는 20대 이하 인구의 3개월간 일반도서 구입량에 대한 표이다. 물음에 답하시오.

〈표 1〉 대재이상 학력자의 3개월간 일반도서 구입량

	2022년	2023년	2024년	2025년
사례 수	255	255	244	244
없음	41%	48%	44%	45%
1권	16%	10%	17%	18%
2권	12%	14%	13%	16%
3권	10%	6%	10%	8%
4~6권	13%	13%	13%	8%
7권 이상	8%	8%	3%	5%

〈표 2〉 20대 이하 인구의 3개월간 일반도서 구입량

	2022년	2023년	2024년	2025년
사례 수	491	545	494	481
없음	31%	43%	39%	46%
1권	15%	10%	19%	16%
2권	13%	16%	15%	17%
3권	14%	10%	10%	7%
4~6권	17%	12%	13%	9%
7권 이상	10%	8%	4%	5%

75 2023년 20대 이하 인구의 3개월간 일반도서 구입량이 1권 이하인 사례는 몇 건인가? (소수 첫째자리에서 반올림할 것)

① 268건

② 278건

③ 289건

④ 정답 없음

✔ **해설** $545 \times (0.43 + 0.1) = 288.85 \rightarrow 289$건

76 2024년 대재이상 학력자의 3개월간 일반도서 구입량이 7권 이상인 경우의 사례는 몇 건인가? (소수 둘째자리에서 반올림할 것)

① 7.3건

② 7.4건

③ 7.5건

④ 7.6건

✔ **해설** 244 × 0.03 = 7.32건

77 위 표에 대한 설명으로 옳지 않은 것은?

① 20대 이하 인구가 3개월간 1권 이상 구입한 일반도서량은 해마다 증가하고 있다.

② 20대 이하 인구가 3개월간 일반도서 7권 이상 읽은 비중이 가장 낮다.

③ 20대 이하 인구가 3권 이상 6권 이하로 일반도서 구입하는 량은 해마다 감소하고 있다.

④ 대재이상 학력자가 3개월간 일반도서 1권 구입하는 것보다 한 번도 구입한 적이 없는 경우가 더 많다.

✔ **해설** ① 20대 이하 인구가 3개월간 1권 이상 구입한 일반도서량은 2023년과 2025년은 전년에 비해 감소했다.
　　※ **자료 해석에 있어 구별해야 할 용어**
　　　㉠ 대체로/일반적으로 증가(감소)한다
　　　㉡ 해마다/지속적으로/꾸준히 증가(감소)한다
　　　㉢ 증감이 반복된다/경향성을 예측할 수 없다
　　　㉣ 자료를 통하여 판단하기 어렵다/알 수 없다

┃78~79┃ 다음 두 자료는 일제강점기 중 1930~1936년 소작쟁의 현황에 관한 자료이다. 두 표를 보고 물음에 답하시오.

〈표1〉 소작쟁의 참여인원

(단위 : 명)

구분＼연도	1930	1931	1932	1933	1934	1935	1936
지주	860	1,045	359	1,693	6,090	22,842	29,673
마름	0	0	0	586	1,767	3,958	3,262
소작인	12,151	9,237	4,327	8,058	14,597	32,219	39,518
전체	13,011	10,282	4,686	10,337	22,454	59,019	72,453

〈표2〉 지역별 소작쟁의 발생건수

(단위 : 건)

지역＼연도	1930	1931	1932	1933	1934	1935	1936
강원도	4	1	6	4	92	734	2,677
경기도	95	54	24	119	321	1,873	1,299
경상도	230	92	59	300	1,182	5,633	7,040
전라도	240	224	110	1,263	5,022	11,065	7,712
충청도	139	315	92	232	678	3,714	8,136
평안도	5	1	0	16	68	1,311	1,733
함경도	0	0	0	2	3	263	404
황해도	13	10	14	41	178	1,241	947
전국	726	697	305	1,977	7,544	25,834	29,948

78 위의 두 표에 관한 설명으로 옳지 않은 것은?

① 1932년부터 지주의 소작쟁의 참여인원은 매년 증가하고 있다.

② 전국 소작쟁의 발생건수에서 강원도 소작쟁의 발생건수가 차지하는 비중은 1933년보다 1934년에 증가했다.

③ 충청도의 1936년 소작쟁의 발생건수는 전년도의 두 배 이상이다.

④ 1930년에 비해 1931년에 소작쟁의 발생건수가 증가한 지역은 없다.

 ④ 1930년에 비해 1931년에 소작쟁의 발생건수가 증가한 지역은 충청도 한 곳 뿐이다.

79 위의 두 표에서 전국 소작쟁의 발생 건당 참여인원이 가장 많은 해는?

① 1930년   ② 1933년

③ 1934년   ④ 1936년

① 1930년 $= \dfrac{13,011}{726} = 17.92$

② 1933년 $= \dfrac{10,337}{1,977} = 5.22$

③ 1934년 $= \dfrac{22,454}{7,544} = 2.98$

④ 1936년 $= \dfrac{72,453}{29,948} = 2.42$

80 다음은 어느 음식점의 메뉴별 판매비율을 나타낸 자료이다. 다음 중 옳지 않은 것은?

메뉴	2022년(%)	2023년(%)	2024년(%)	2025년(%)
A	17.0	26.5	31.5	36.0
B	24.0	28.0	27.0	29.5
C	38.5	30.5	23.5	15.5
D	14.0	7.0	12.0	11.5
E	6.5	8.0	6.0	7.5

① A 메뉴의 판매비율은 꾸준히 증가하고 있다.

② C 메뉴의 판매비율은 4년 동안 50% 이상 감소하였다.

③ 2022년과 비교할 때 E 메뉴의 2025년 판매비율은 3%p 증가하였다.

④ 2022년 C 메뉴의 판매비율이 2025년 A 메뉴 판매비율보다 높다.

✔해설 ③ 2022년 E 메뉴 판매비율 6.5%, 2025년 E 메뉴 판매비율 7.5%이므로 1%p 증가하였다.

출제예상문제

┃1~5┃ 아래에 제시된 블록들을 화살표 표시한 방향에서 바라봤을 때의 모양으로 알맞은 것은?

1

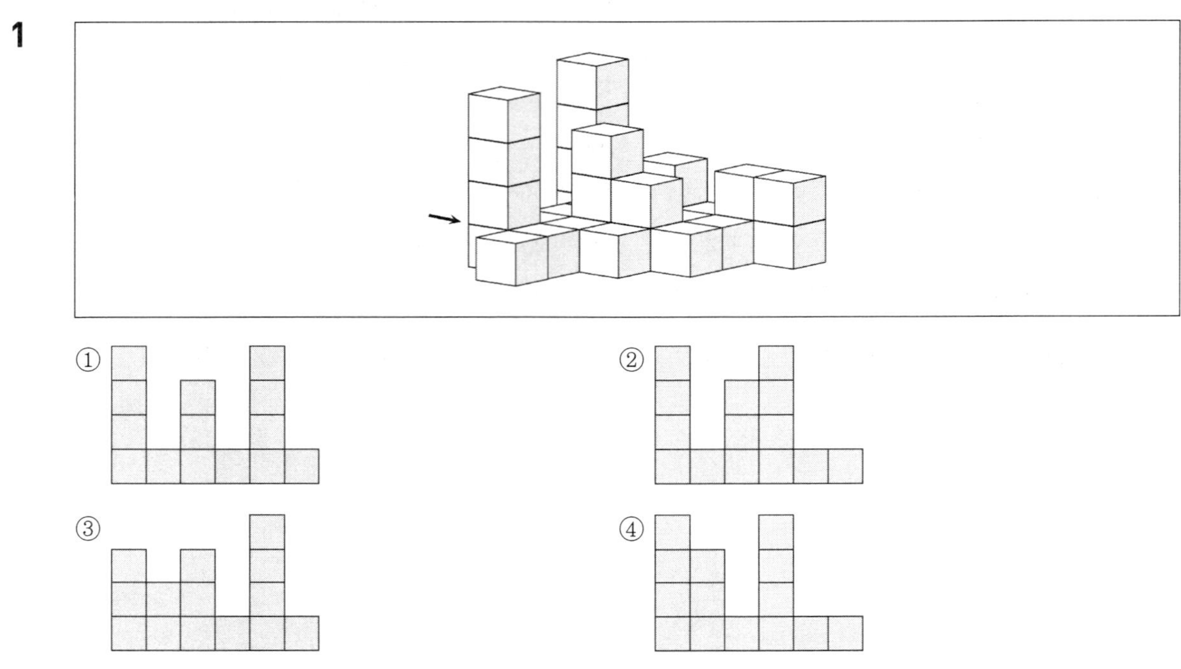

① ② ③ ④

✔해설 화살표 방향을 정면으로 왼쪽에서부터 1열이라고 할 때, 4 − 1 − 3 − 1 − 4 − 1층으로 보인다.

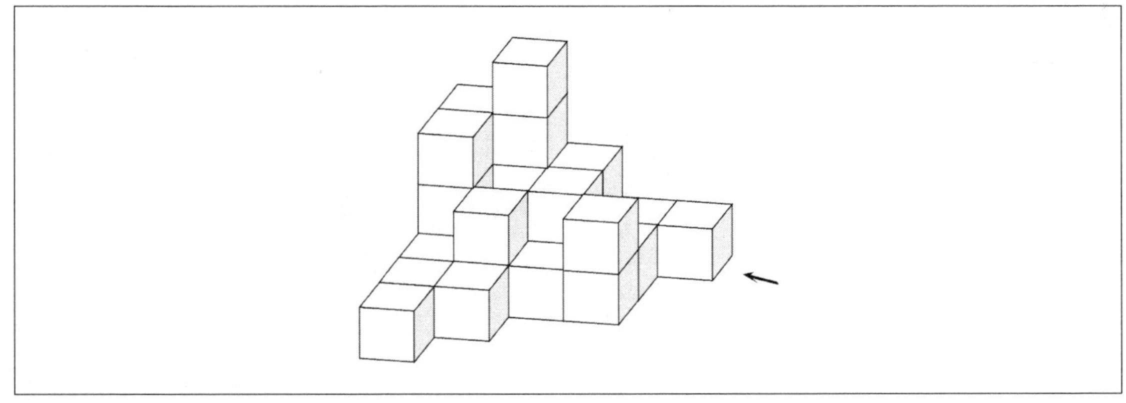

① 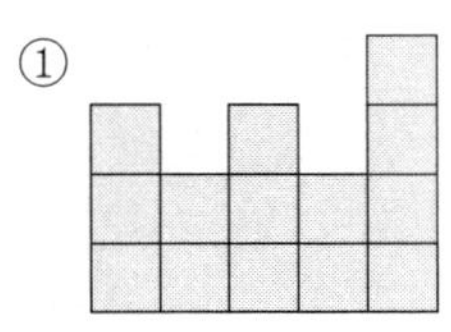

② 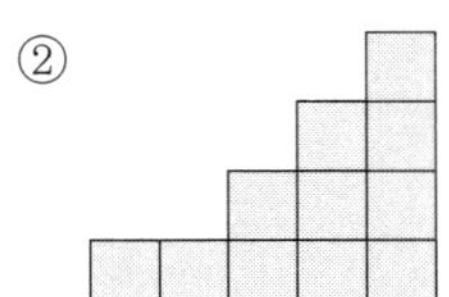

③ 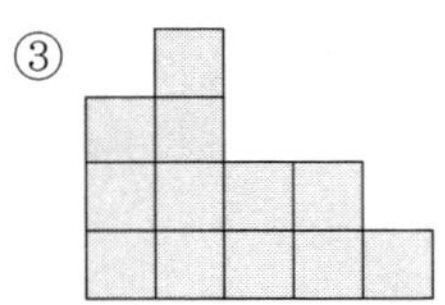

④ 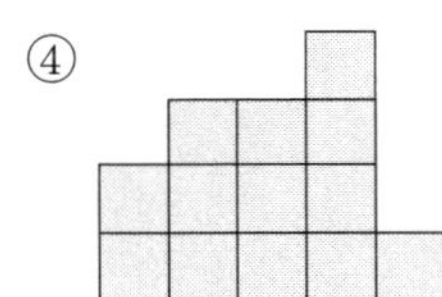

✔ 해설 화살표 방향을 정면으로 왼쪽에서부터 1열이라고 할 때, 1 − 1 − 2 − 3 − 4층으로 보인다.

3

① ② ③ ④

4

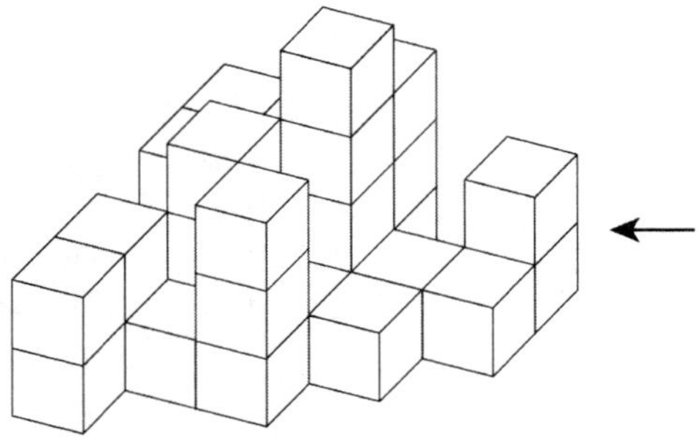

① 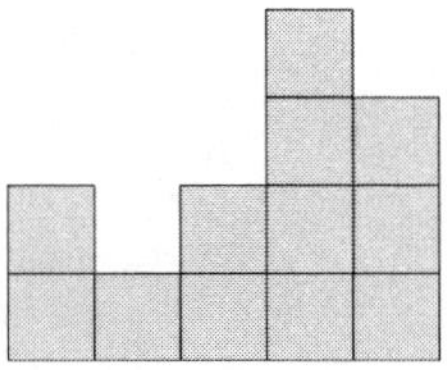 ② 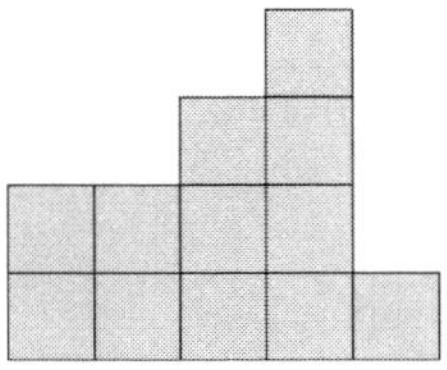 ③ 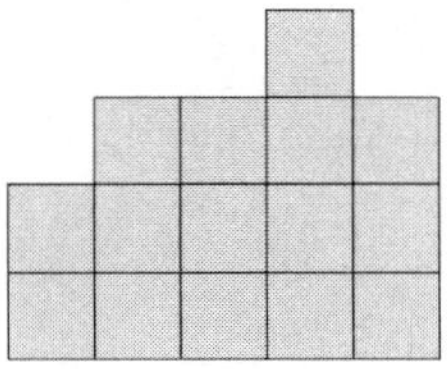 ④

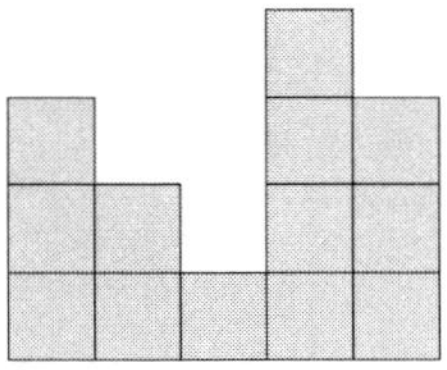

✔**해설** 제시된 블록을 화살표 표시한 방향에서 바라보면 ③이 나타난다.

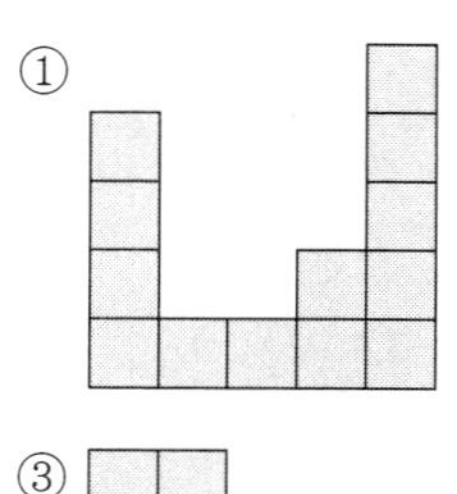

①

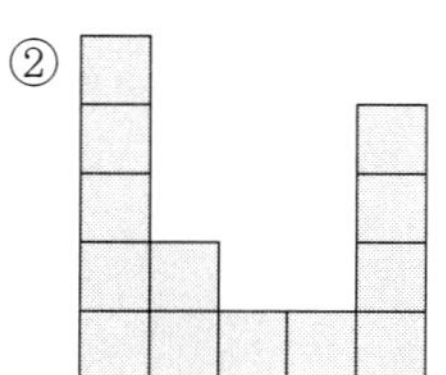

②

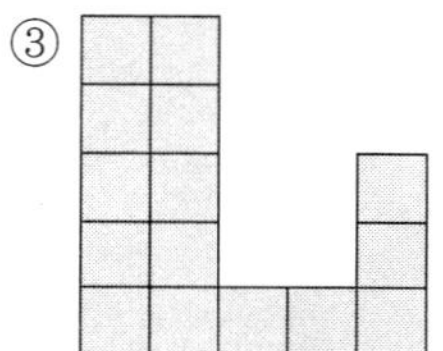

③

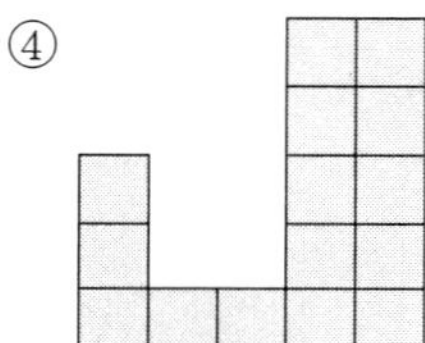

④

해설 화살표 방향을 정면으로 왼쪽에서부터 1열이라고 할 때, 5−5−1−1−3층으로 보인다.

┃6~10┃ 다음 전개도를 접었을 때, 나타나는 입체도형의 모양으로 알맞은 것을 고르시오.

6

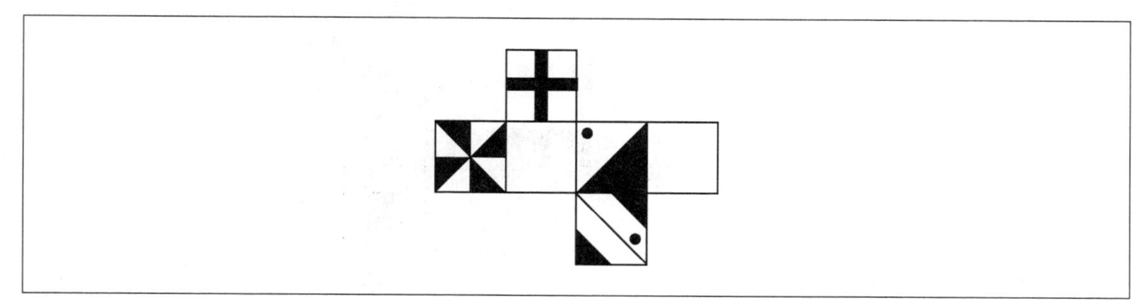

① 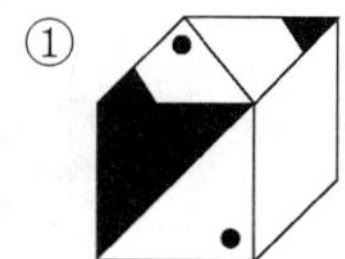　　② 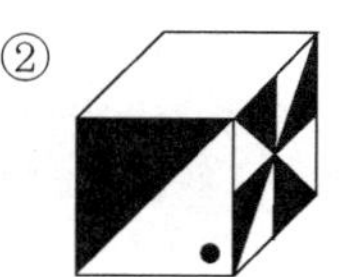

③ 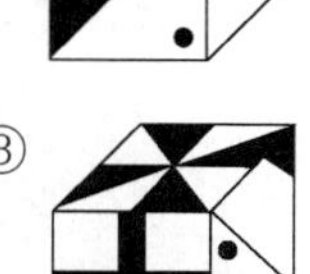　　④ 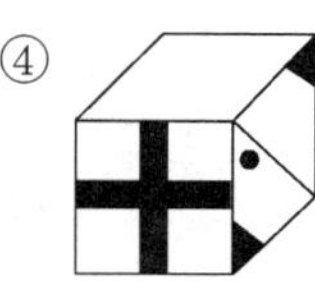

✔해설 제시된 전개도를 접으면 ①이 나타난다.

7

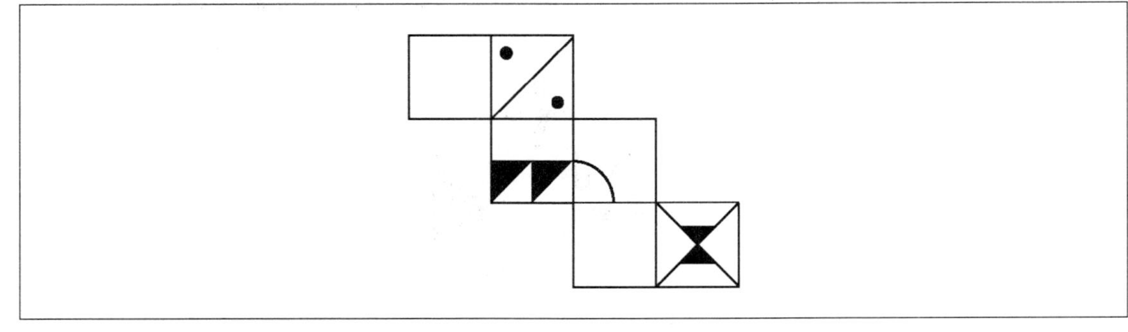

① 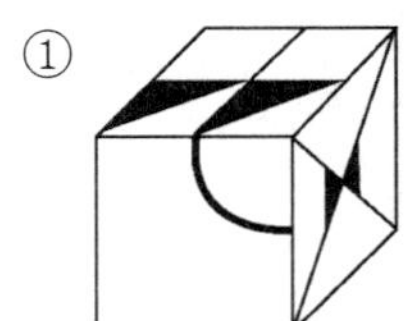

② 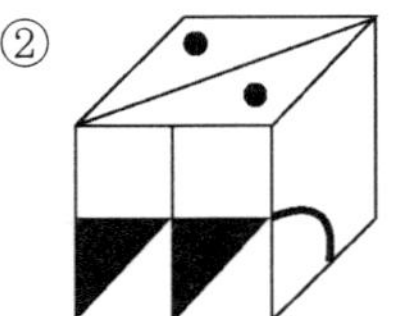

③ 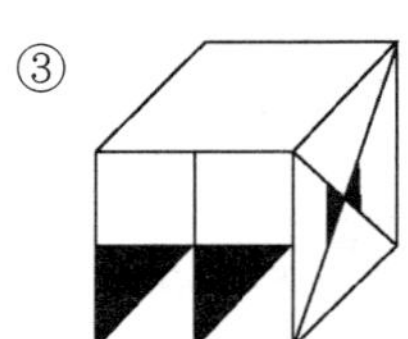

④ 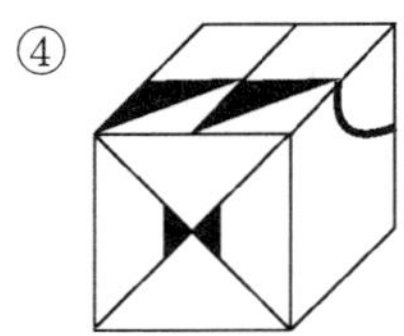

✔ 해설 　제시된 전개도를 접으면 ②가 나타난다.

8

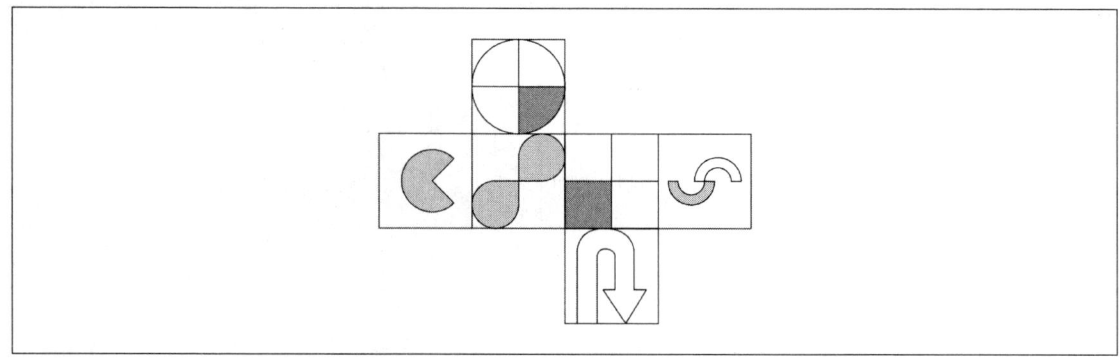

① 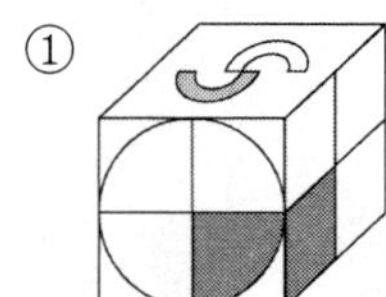

② 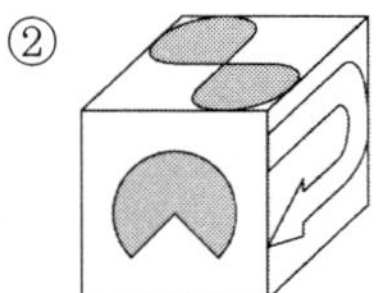

③ 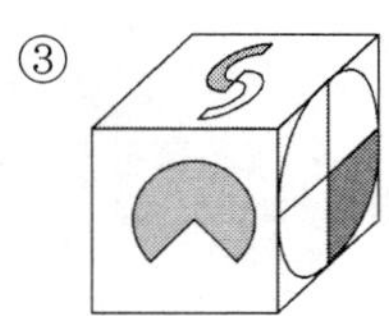

④ 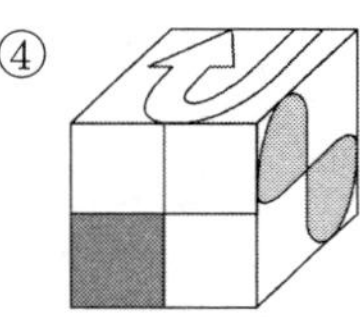

✔해설 제시된 전개도를 접으면 ③이 나타난다.

9

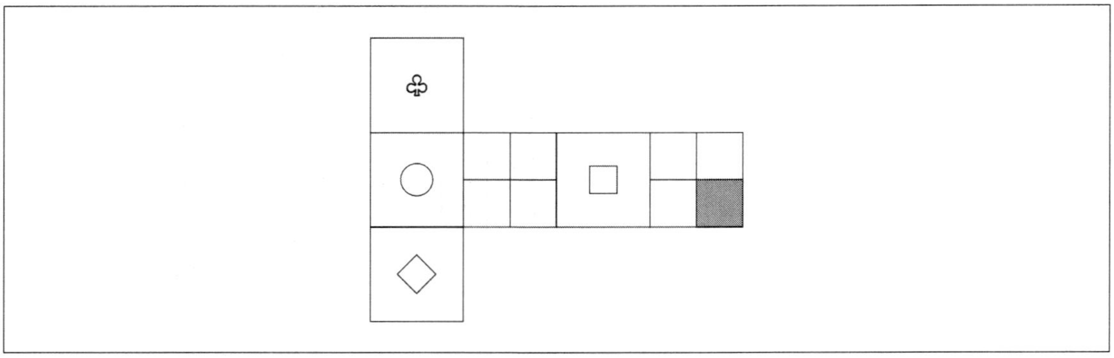

① ② ③ ④

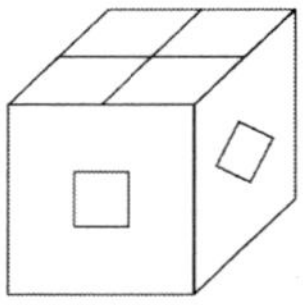

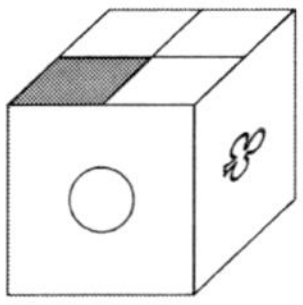

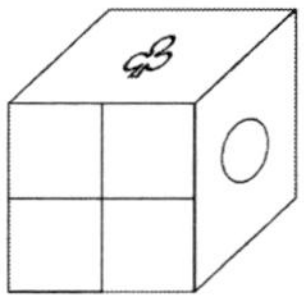

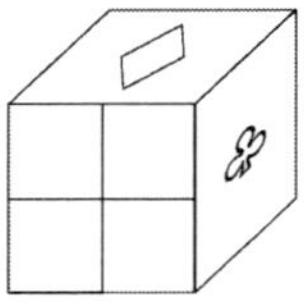

10

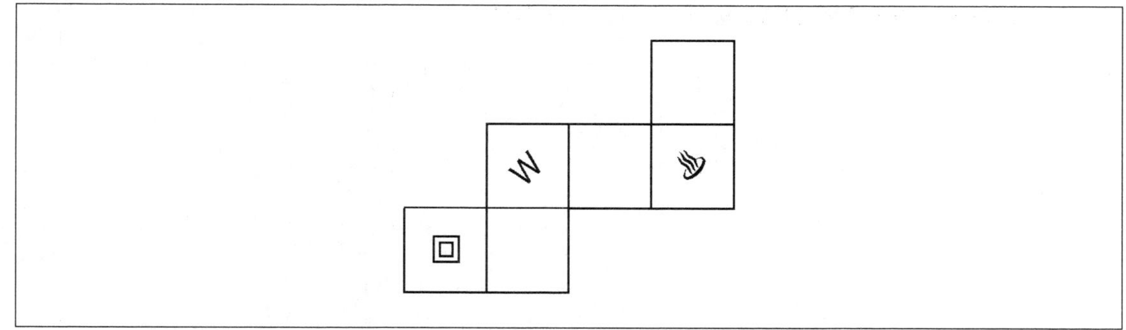

① 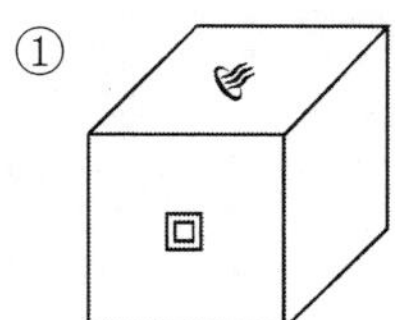   ② 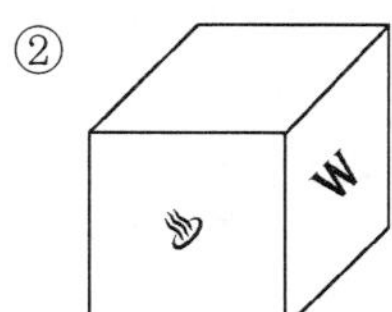

③ 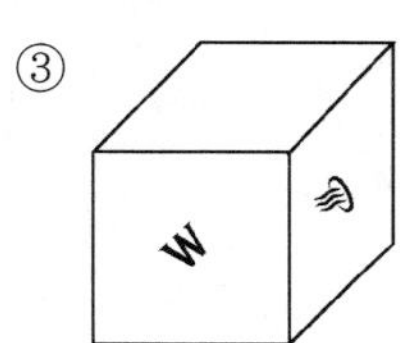   ④ 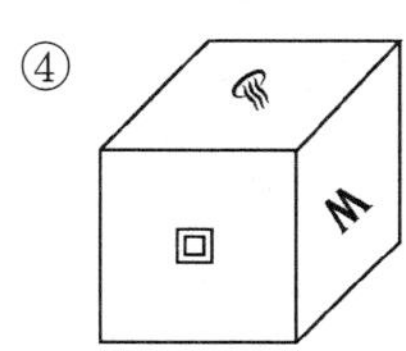

✔**해설** 제시된 전개도를 접으면 ①이 나타난다.

 다음 입체도형의 전개도로 옳은 것을 고르시오.

11

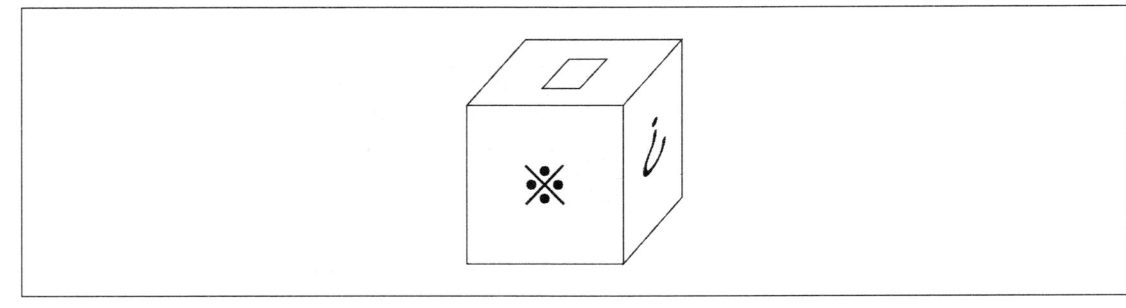

① 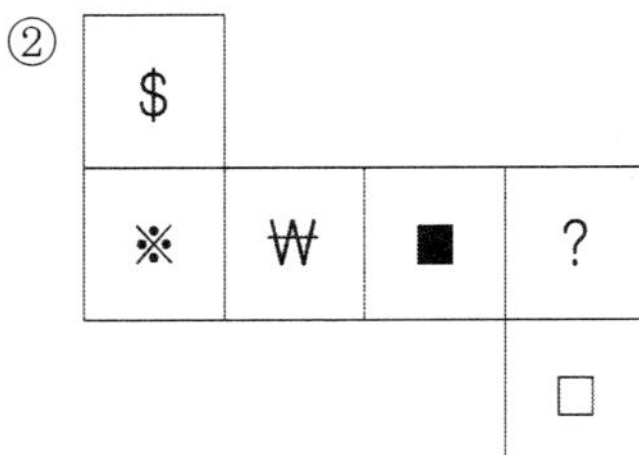

② ③ ④

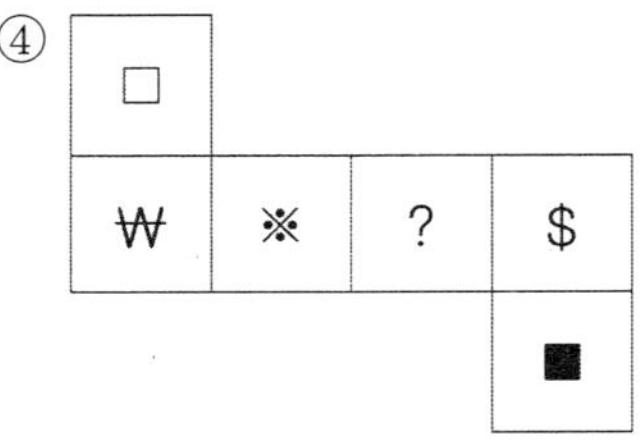

✔ **해설** 제시된 도형을 펼치면 ②가 나타난다.

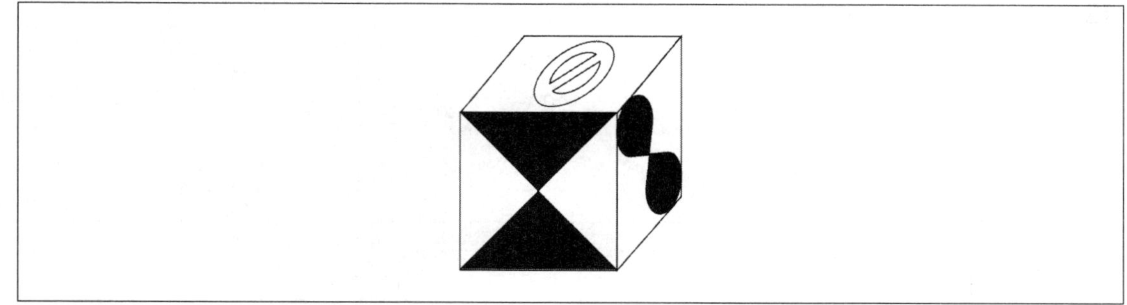

① 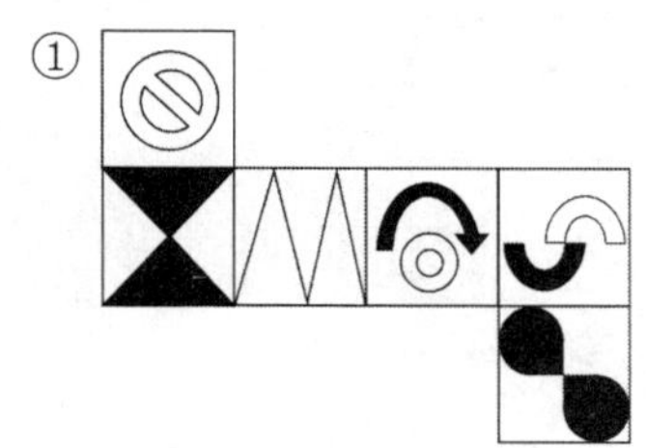

② 

③ 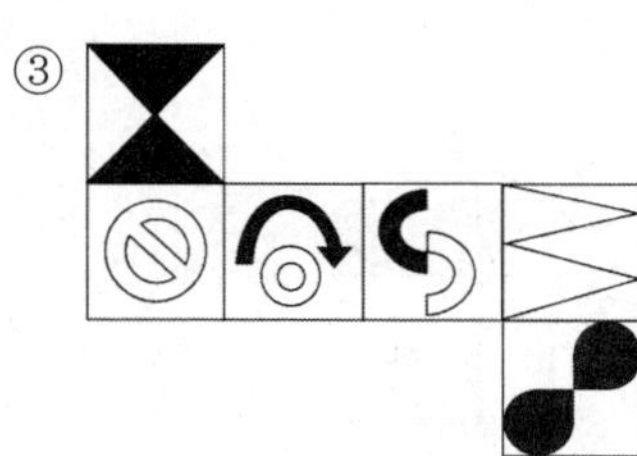

④ 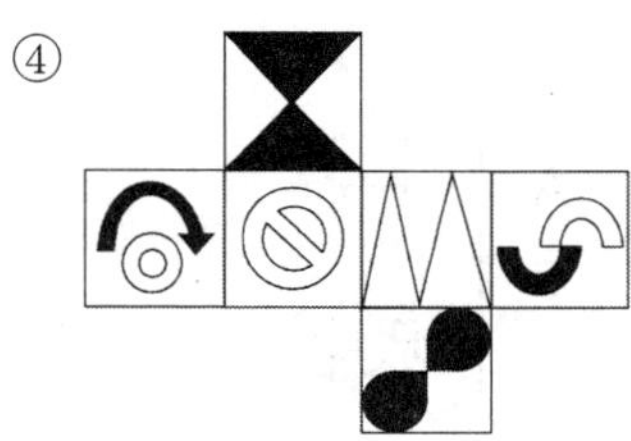

해설 제시된 도형을 전개하면 ②가 나타난다.

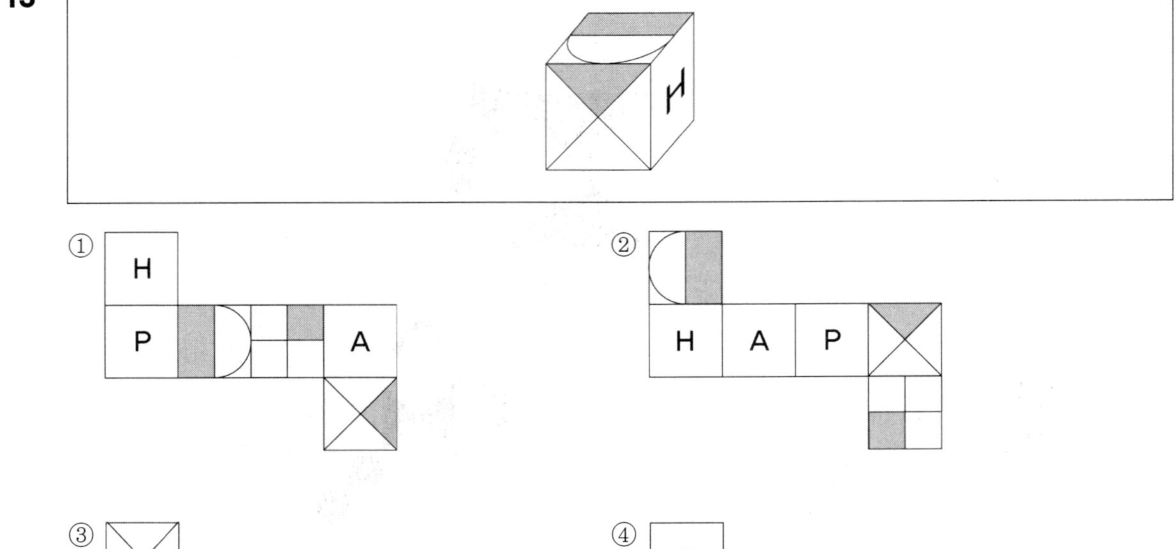

① 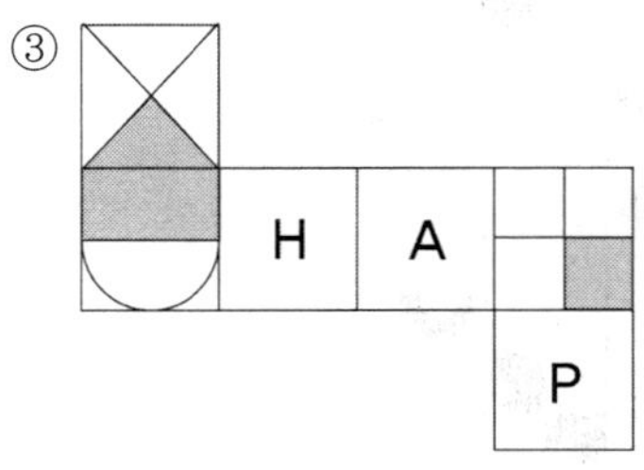

②

③ 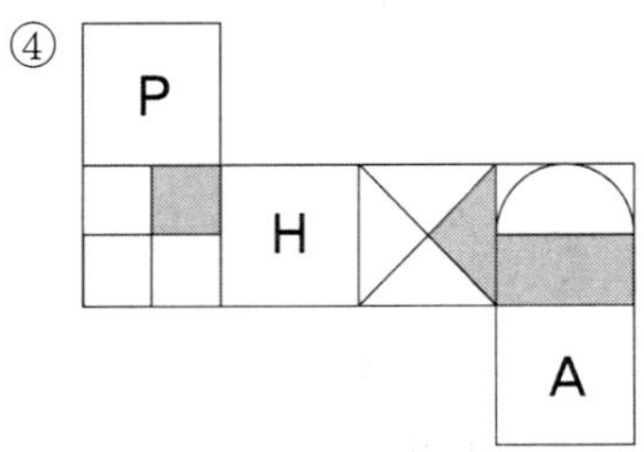

④

✔ 해설 제시된 도형을 펼치면 ②가 나타난다.

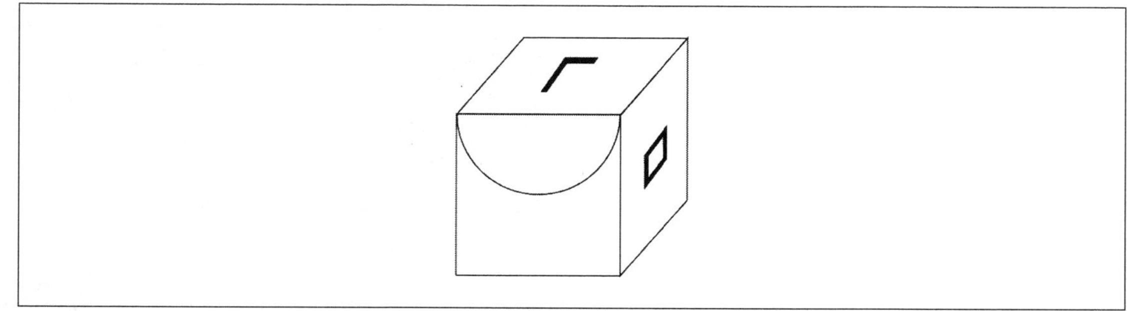

① 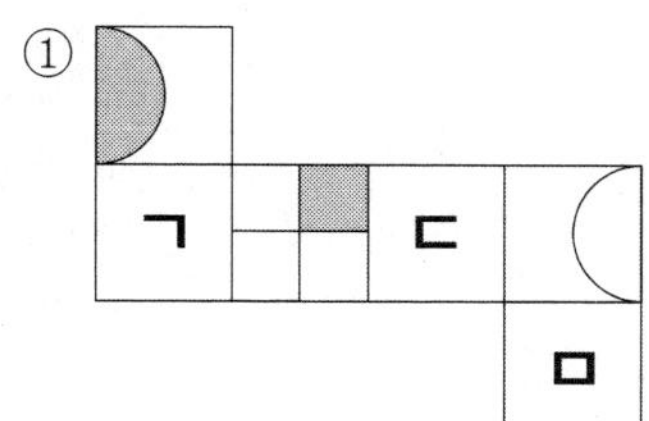

② 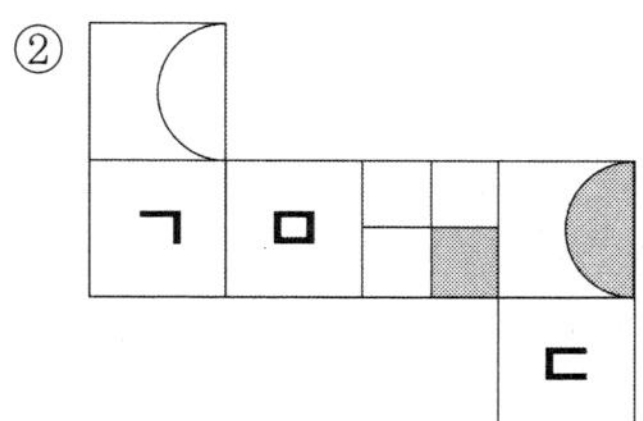

③ 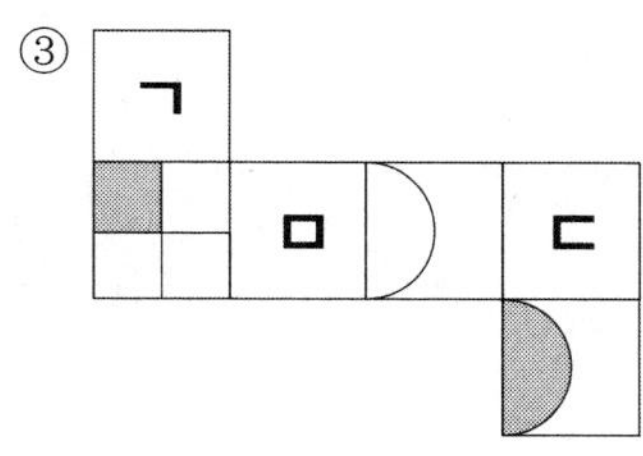

④ 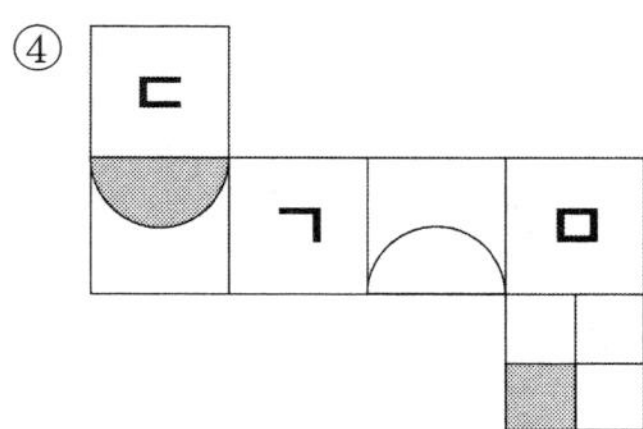

 제시된 도형을 전개하면 ①이 나타난다.

15

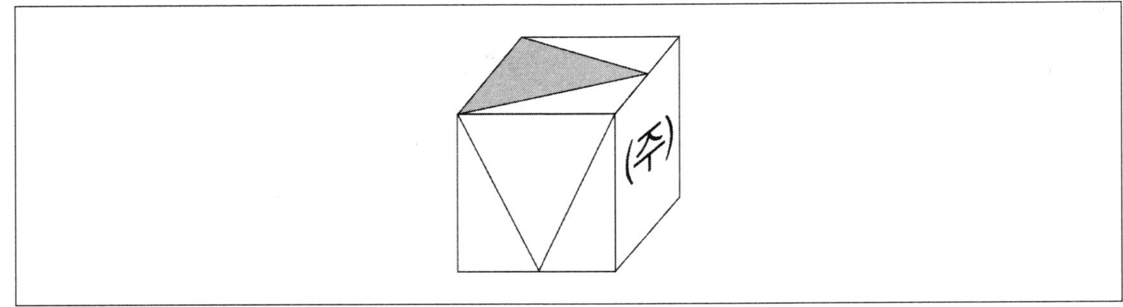

① 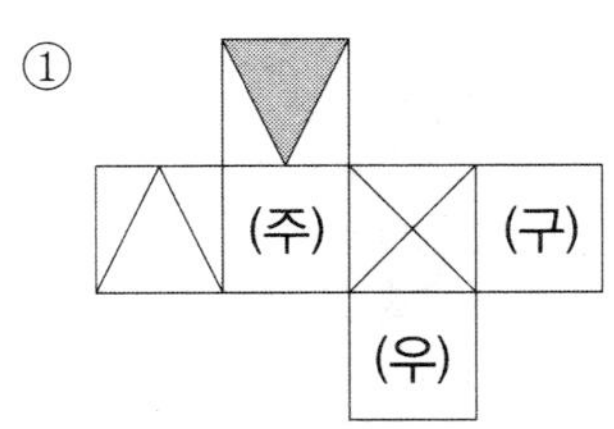

② 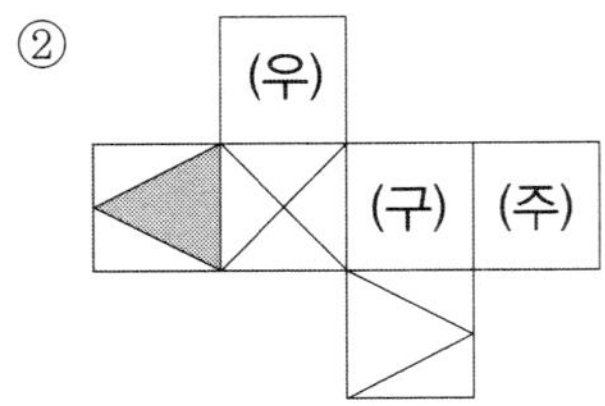

③ 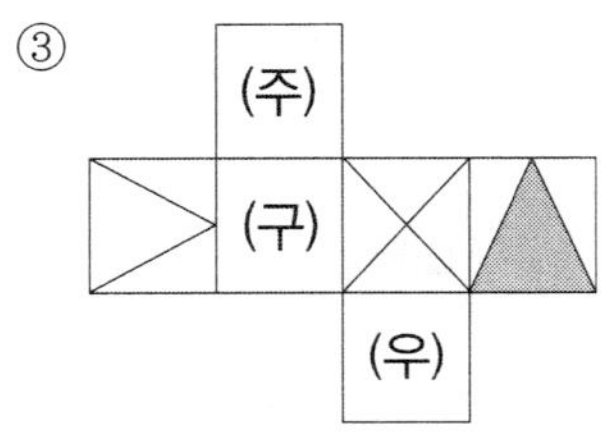

④ 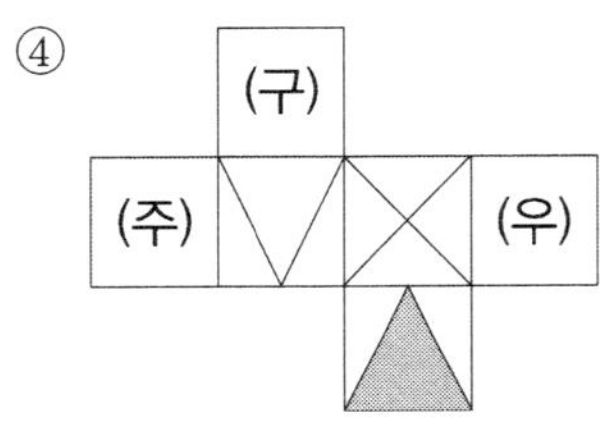

✔ **해설** 제시된 도형을 전개하면 ③이 나타난다.

|16~22| 다음 제시된 그림을 화살표 방향으로 접은 후 구멍을 뚫은 다음 다시 펼쳤을 때 그림을 고르시오.

16

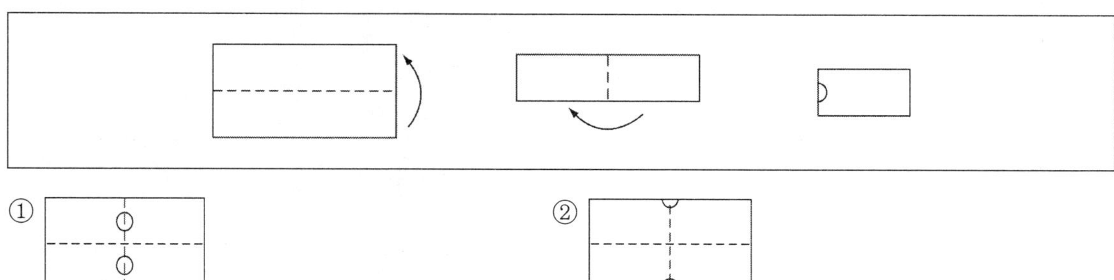

①　②

③　④

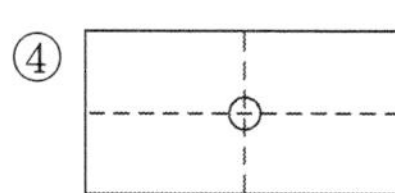

17

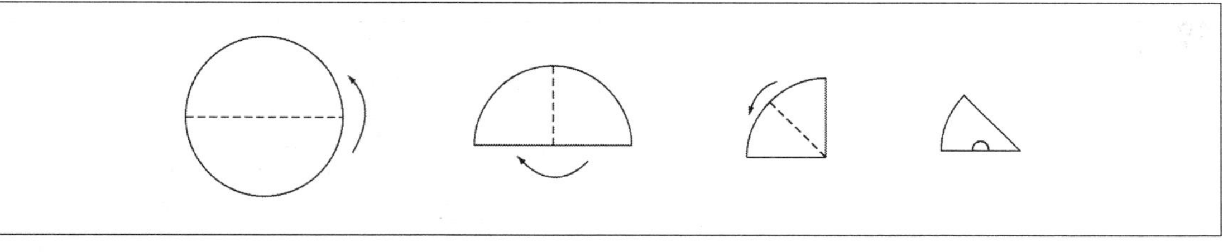

①　②

③　④

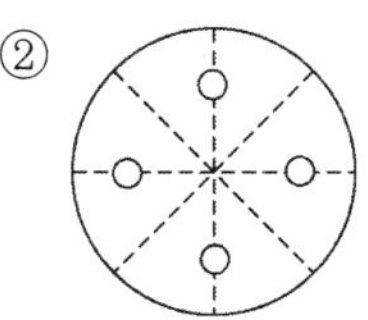

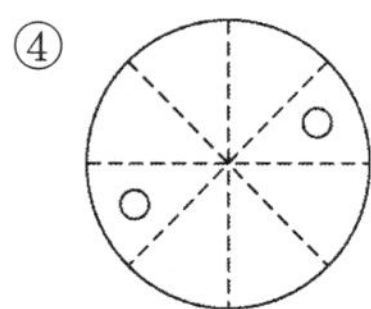

18

① ② ③ ④

19

① ② ③ ④

20

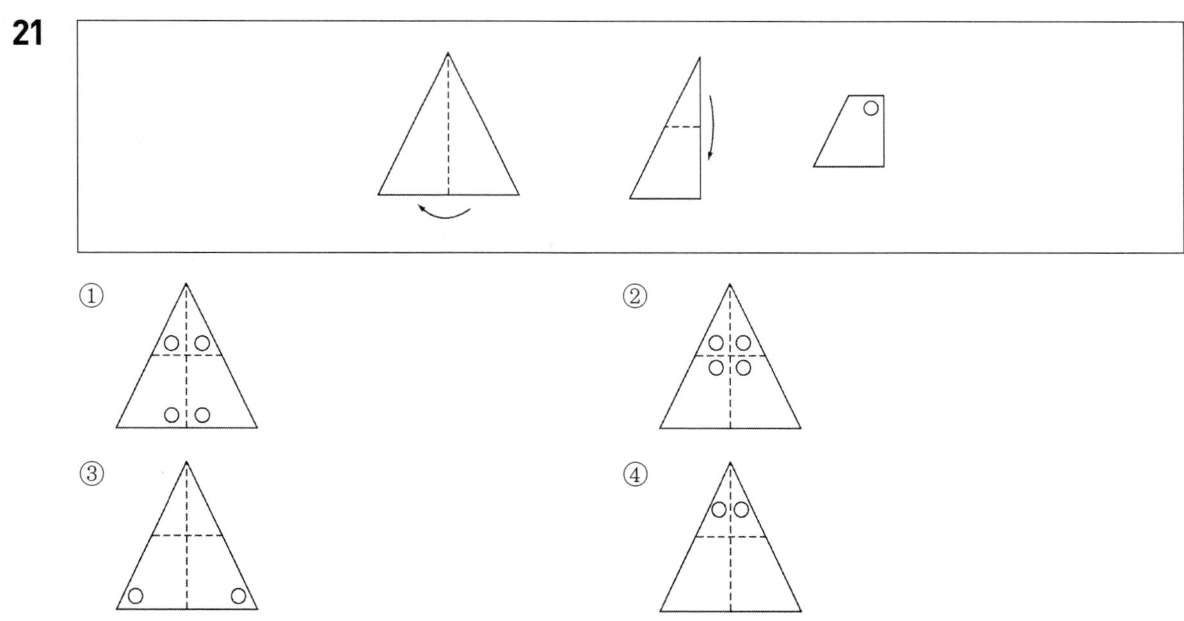

21

22

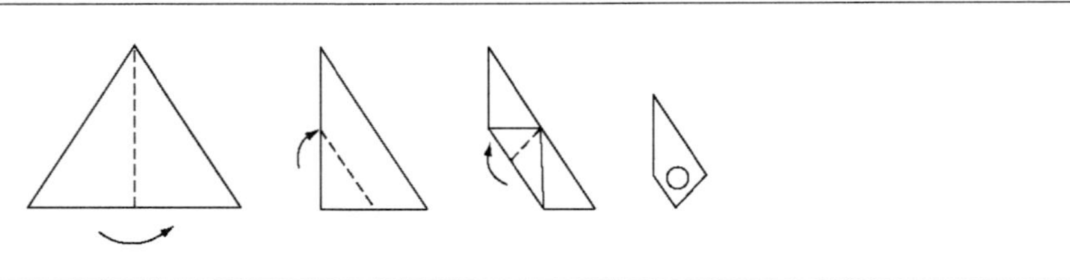

① 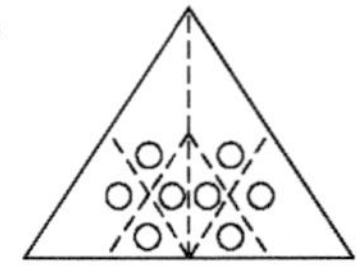 ② 

③ 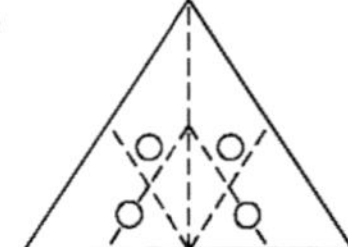 ④ 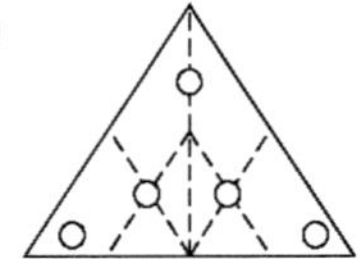

┃23~27 ┃ 다음 제시된 도형을 선을 따라 절단했을 때 나올 수 없는 모양을 고르시오.

23

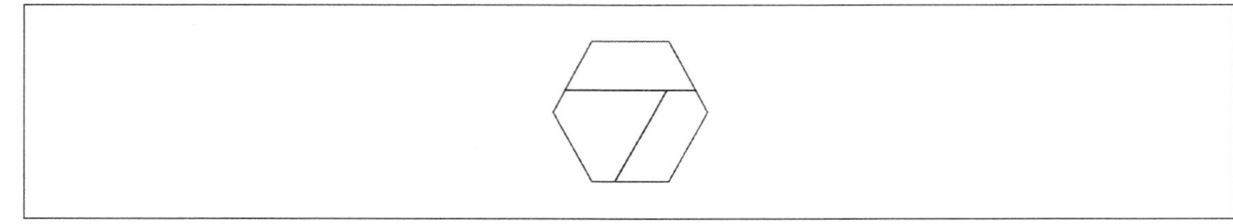

①  ②

③ ④ 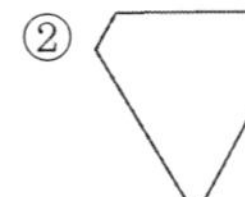

24

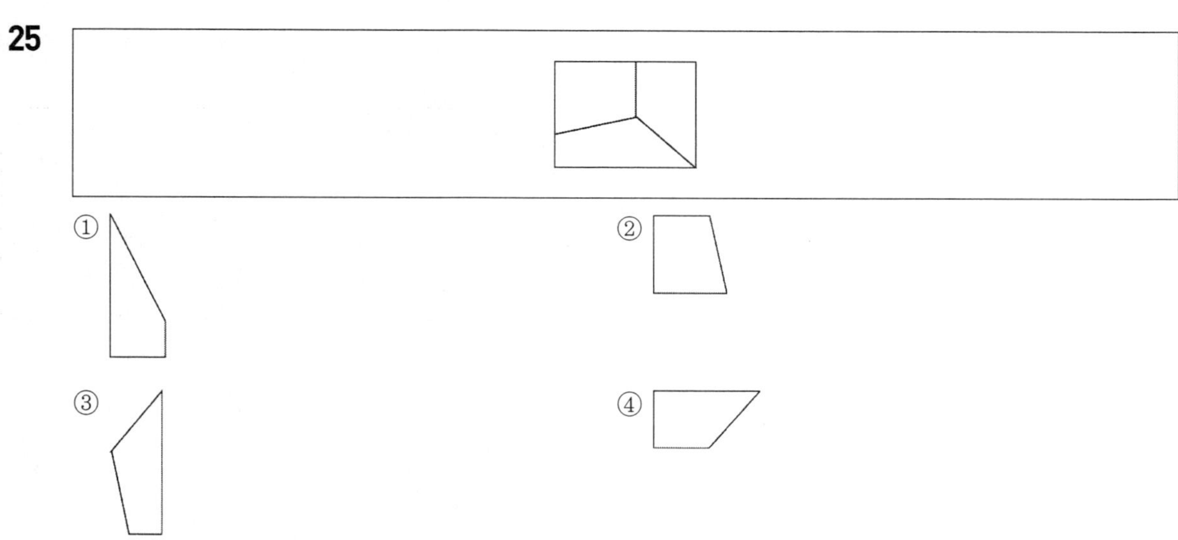

① ② ③ ④

25

① ② ③ ④

26

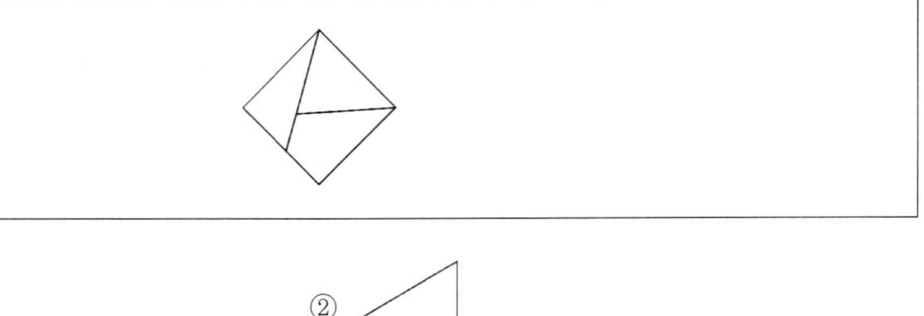

① ② ③ ④

27

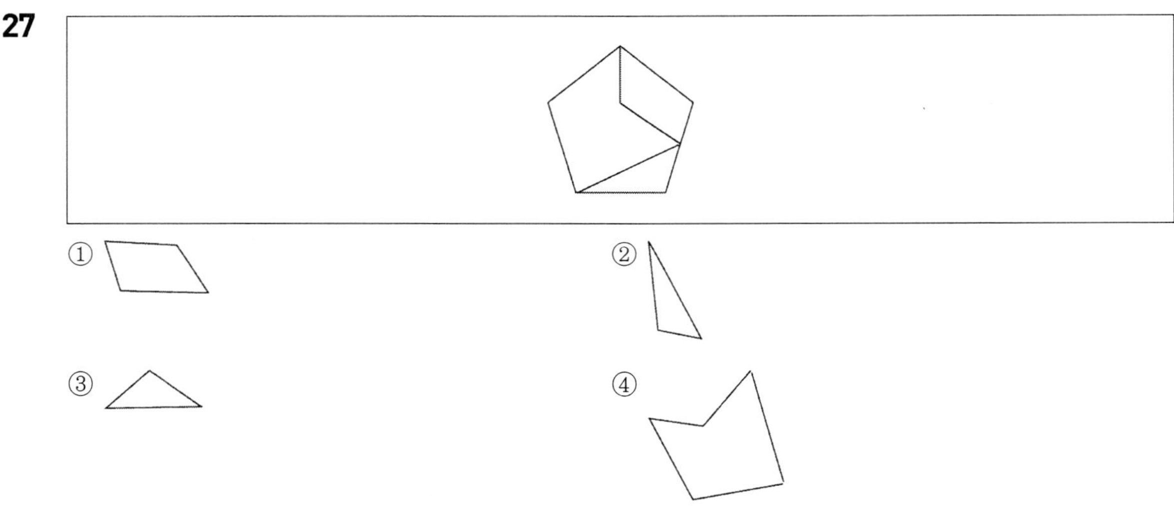

① ② ③ ④

┃28~30┃ 다음 제시된 〈보기〉의 블록이 도형 A, B, C를 조합하여 만들어질 때, 도형 C에 해당하는 것을 고르시오.

28

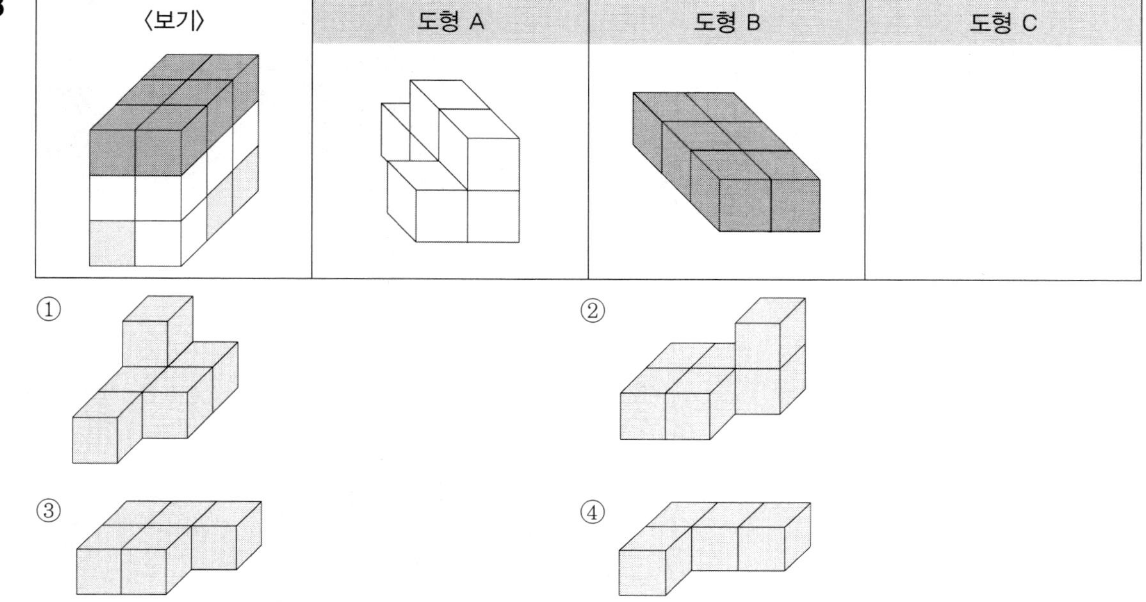

✔해설 〈보기〉에 제시된 블록의 총 개수는 18개이다. 도형 A의 블록 수가 6개이고, 도형 B의 블록 수가 6개이므로 도형 C는 6개의 블록으로 이루어진 모양이어야 한다. 따라서 ③, ④는 제외하고 블록의 모양을 판별하도록 한다. 특징적인 도형을 기준으로 삼아 회전 시의 모양을 유추하도록 한다.

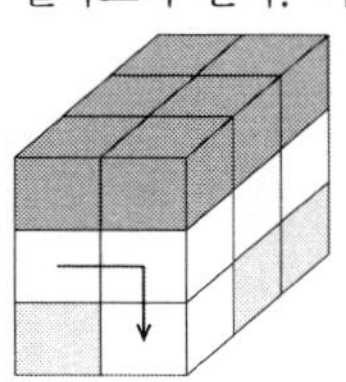 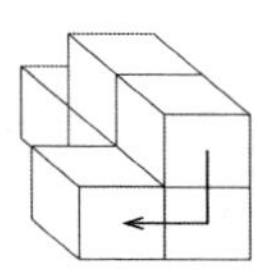

29

〈보기〉	도형 A	도형 B	도형 C
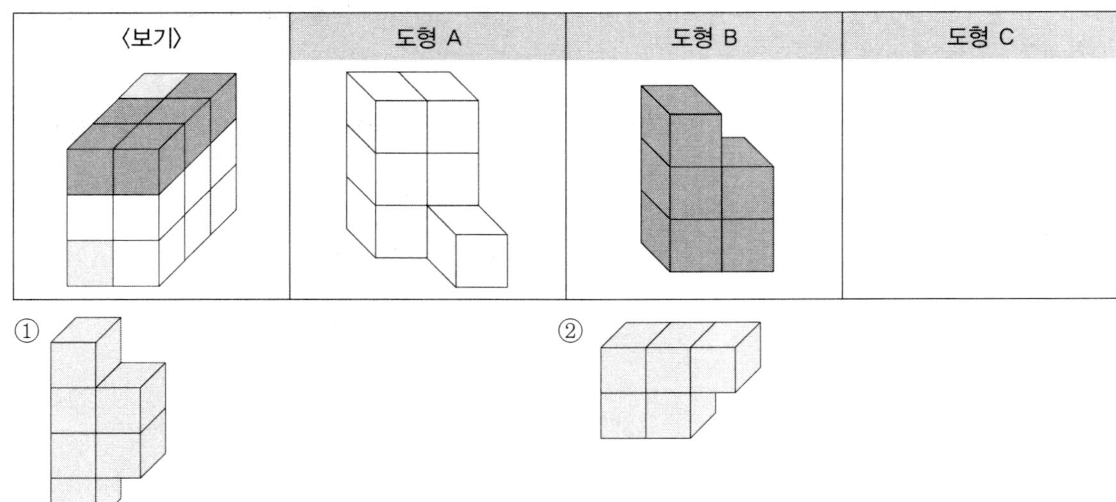			

① 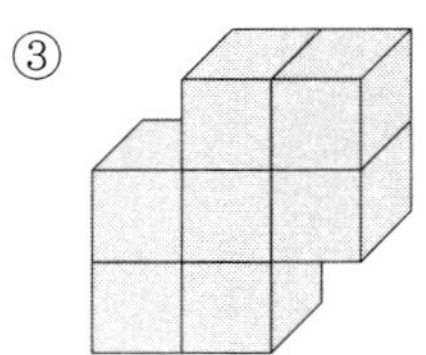

② 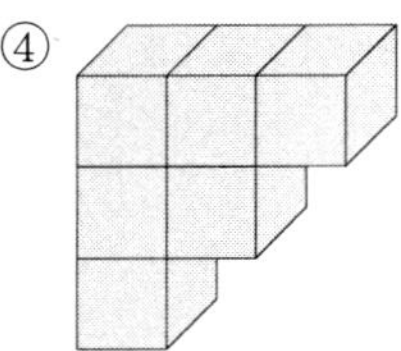

③

④

✔ 해설 〈보기〉에 제시된 블록의 총 개수는 18개이다. 도형 A의 블록 수가 7개이고, 도형 B의 블록 수가 5개이므로 도형 C는 6개의 블록으로 이루어진 모양이어야 한다.
① 블록의 높이는 최대 3개까지 쌓을 수 있다.
②③ 블록의 개수가 많거나 적다.

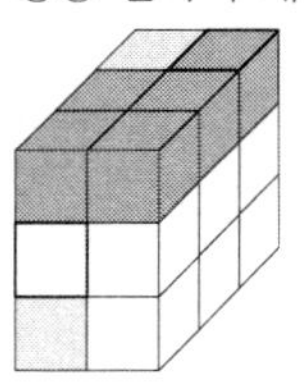 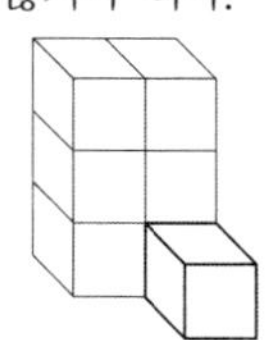 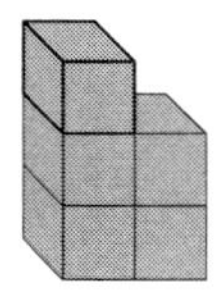

30

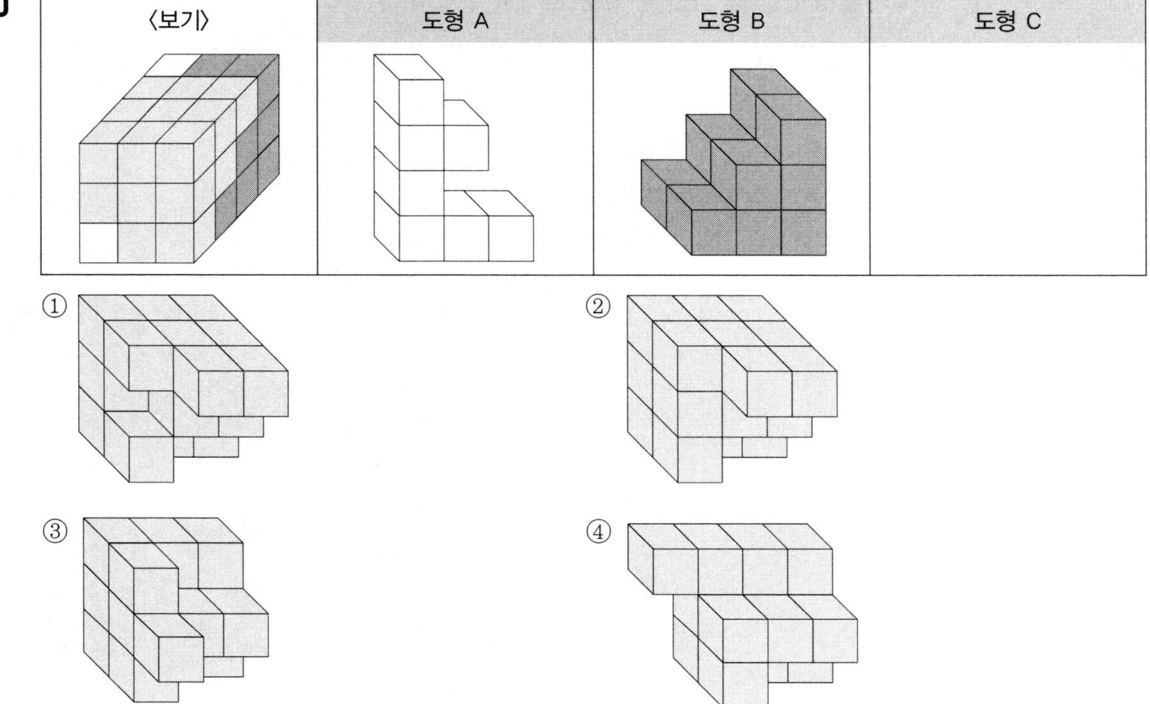

✔ 해설 〈보기〉에 제시된 블록의 총 개수는 36개이다. 도형 A의 블록 수가 7개이고, 도형 B의 블록 수가 12개이므로 도형 C는 17개의 블록으로 이루어진 모양이어야 한다.

② 18개 ③ 15개 ④ 14개

31

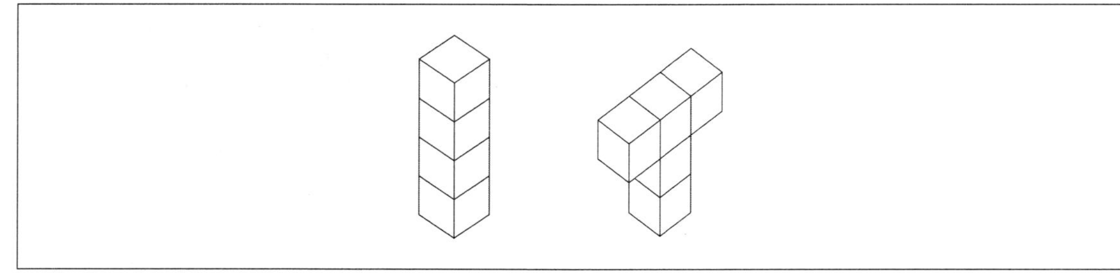

① 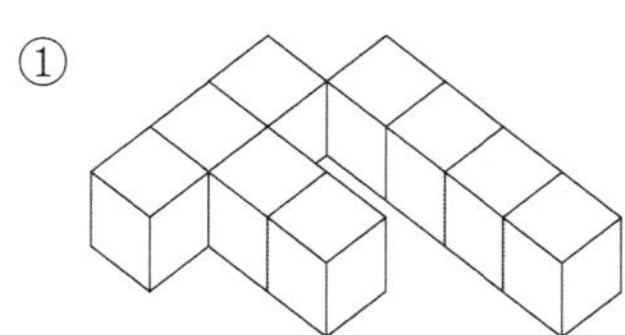

② 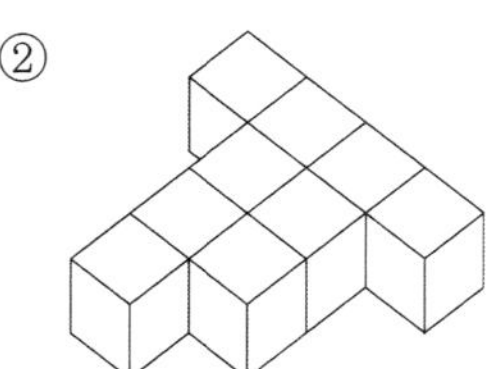

③ 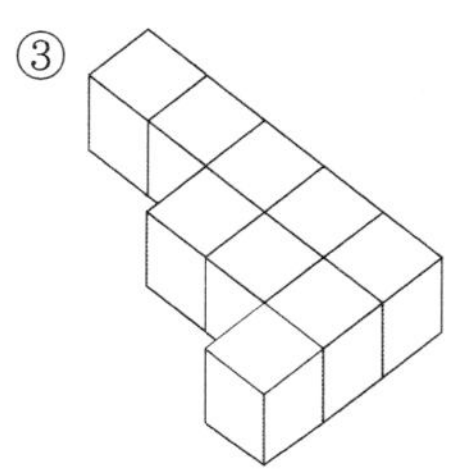

④ 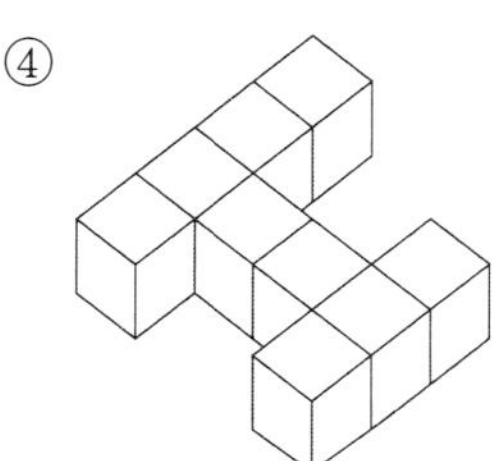

✔ 해설 ②

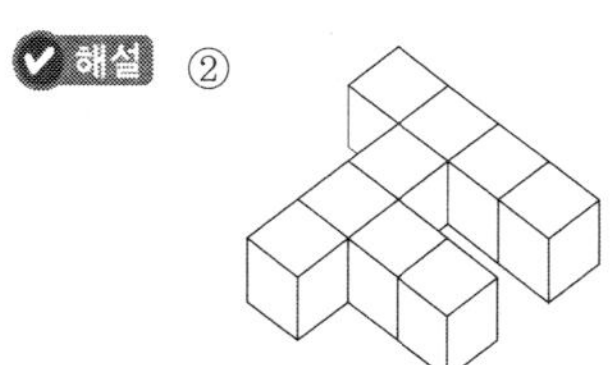

32

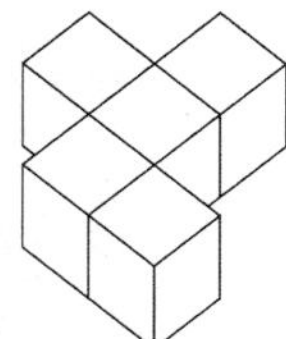 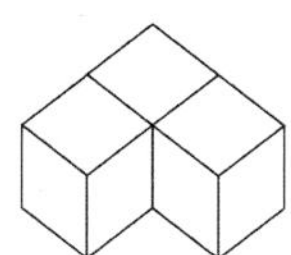

① ②

③ ④

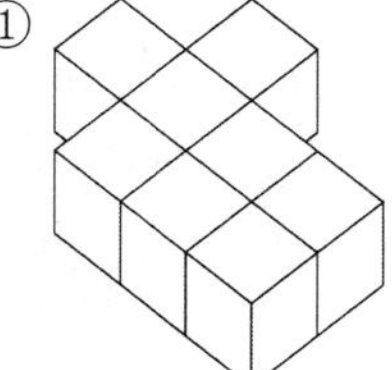 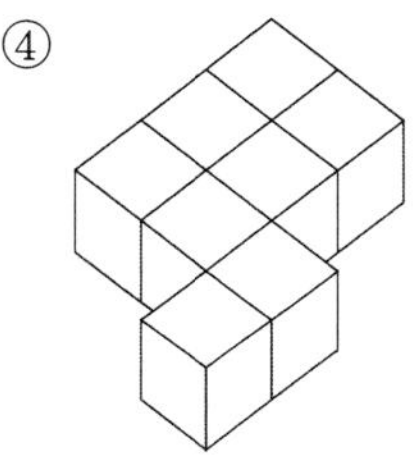

✔ 해설 ③

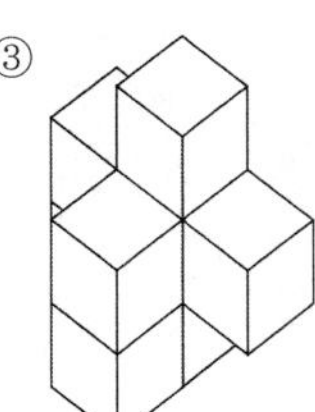

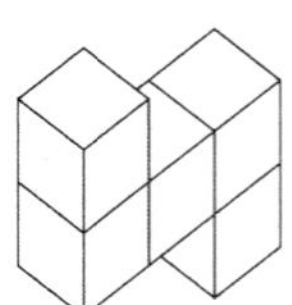 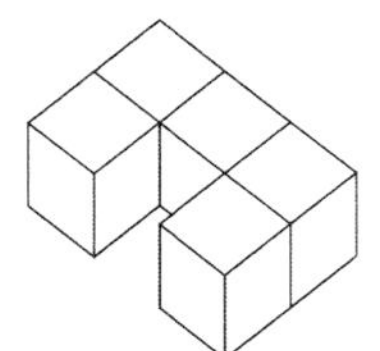

① 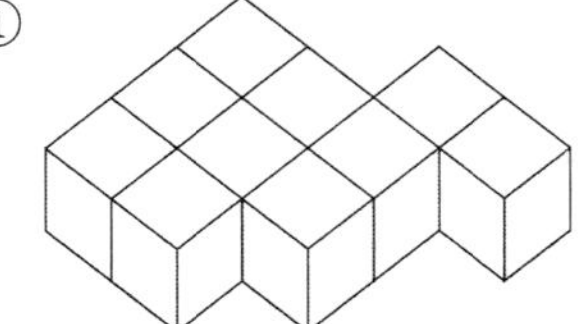

② 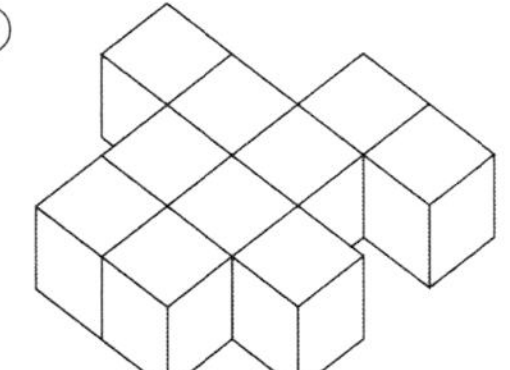

③ 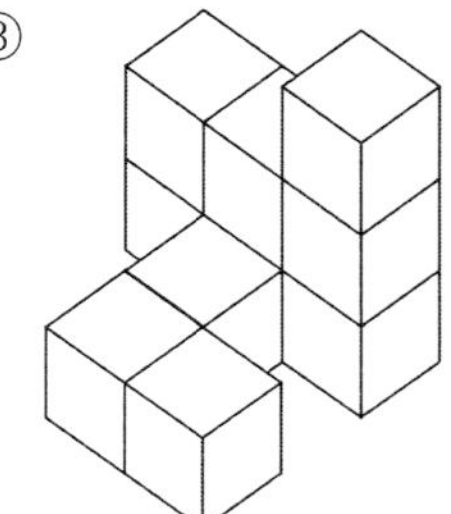

④ 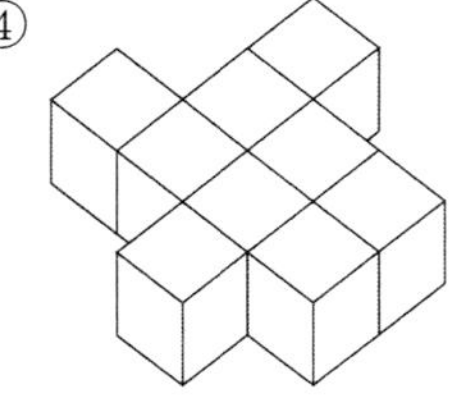

✔ 해설 ④

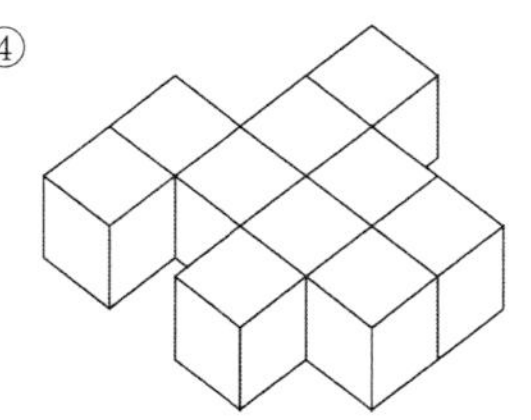

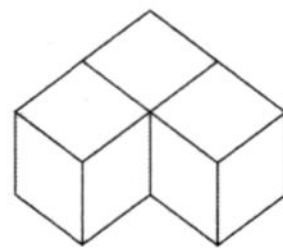 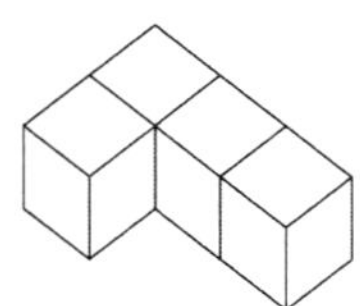

① 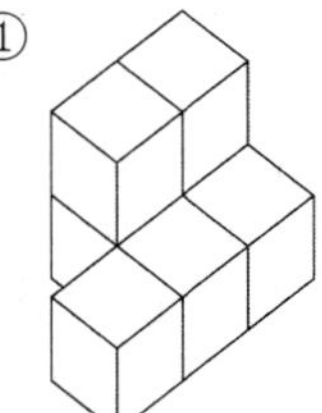

② 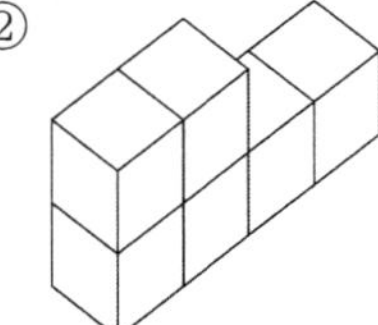

③ 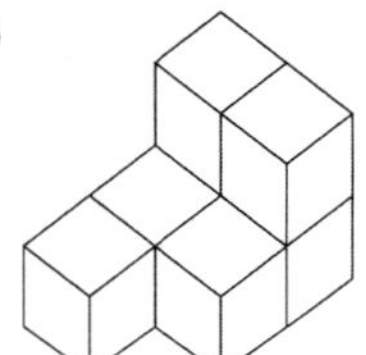

④ 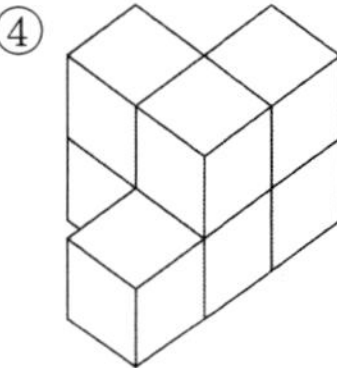

✔해설 ②

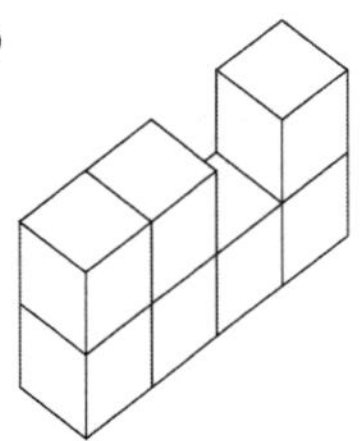

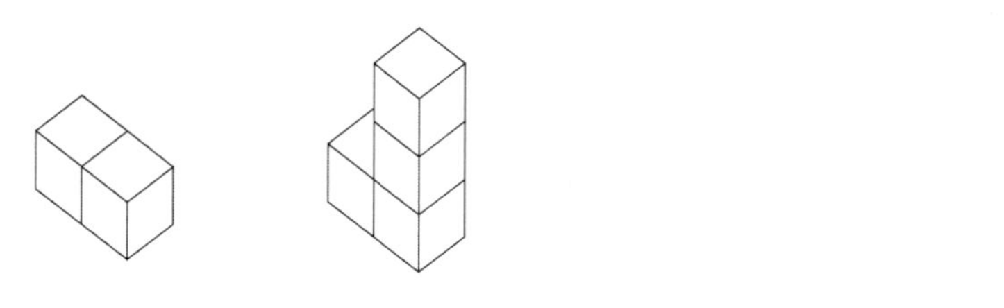

① 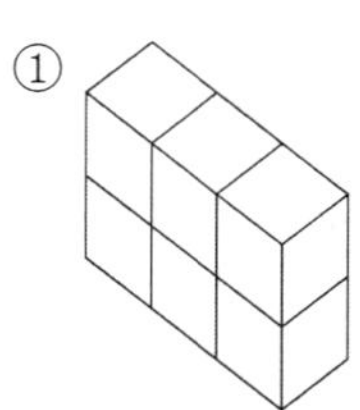

② 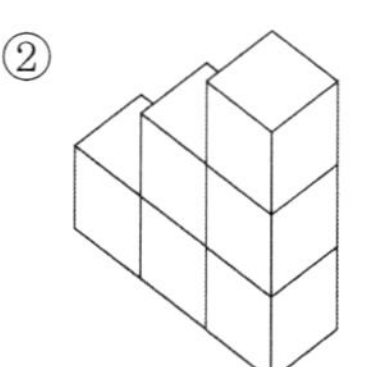

③ 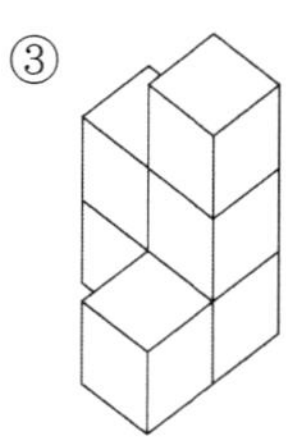

④ 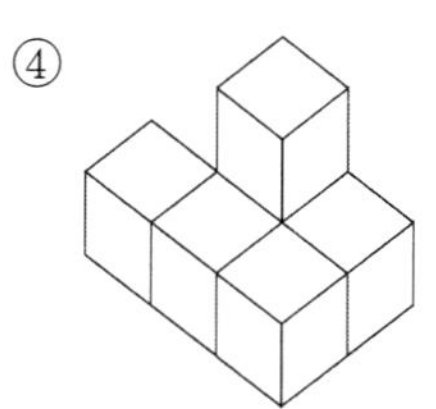

✔ 해설 ② 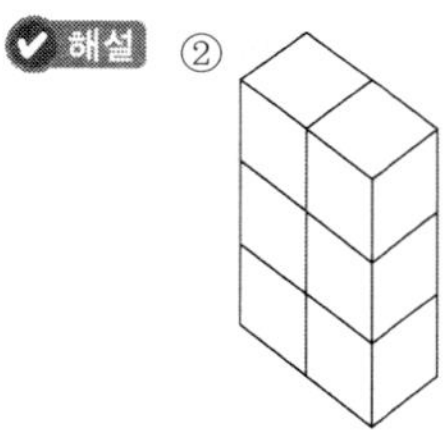

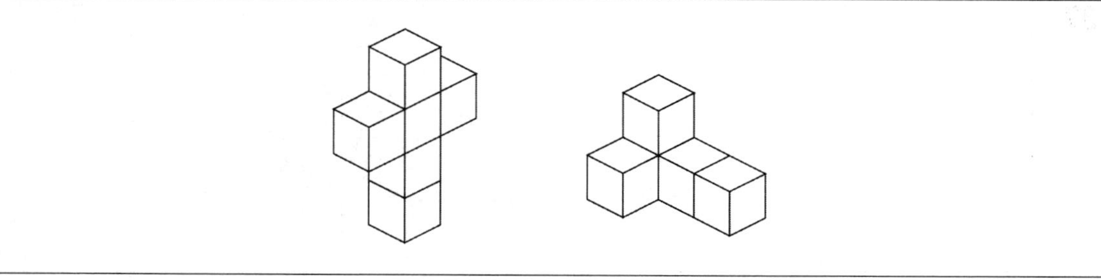

① 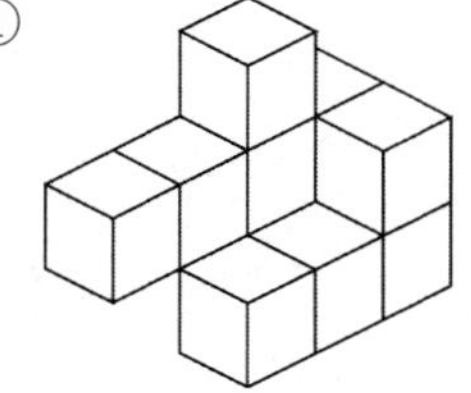

② 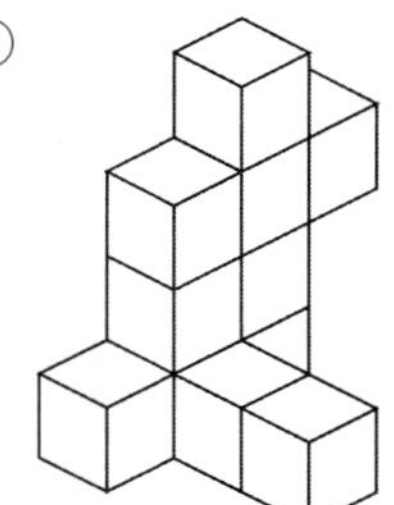

③ 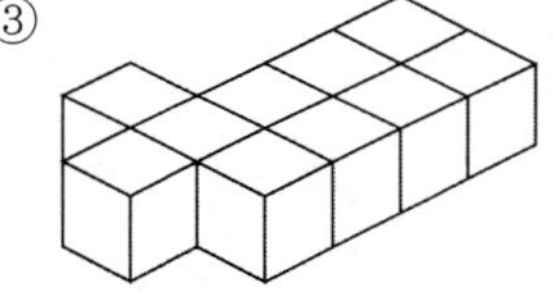

④ 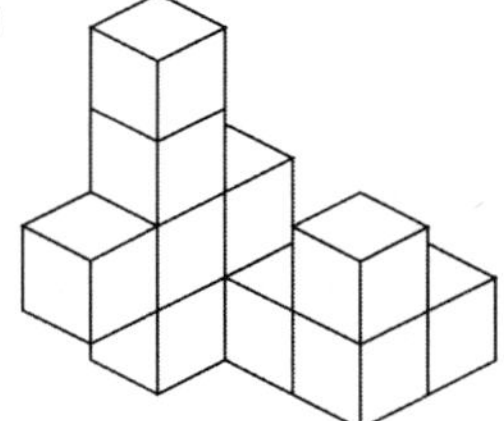

✔ 해설 ③

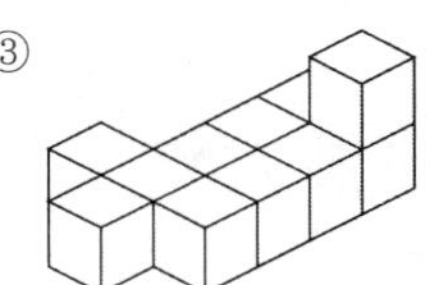

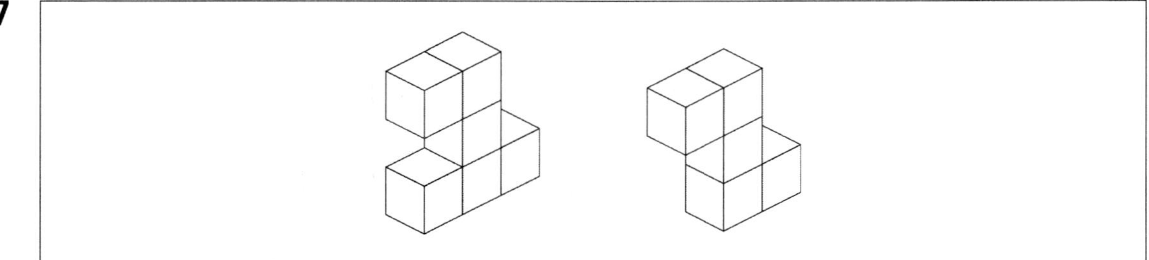

① 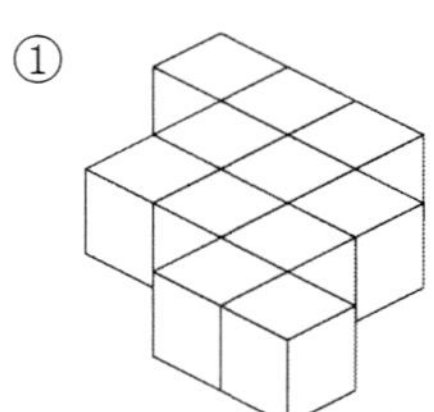

② 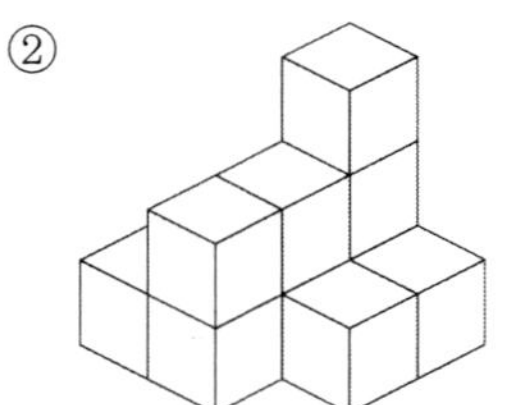

③ 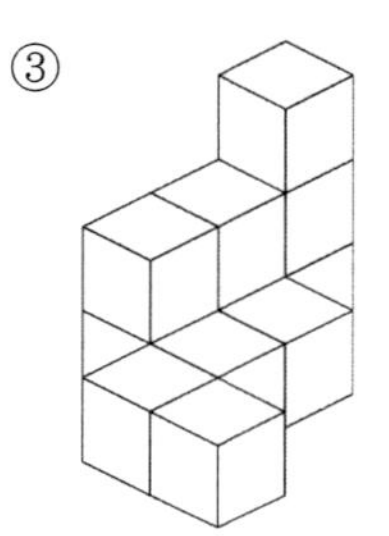

④ 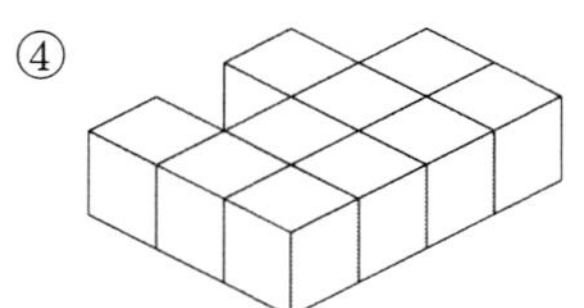

✔ 해설 ④ 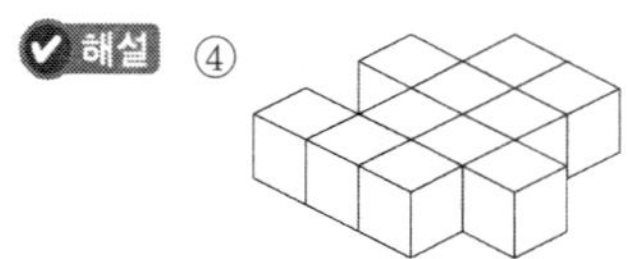

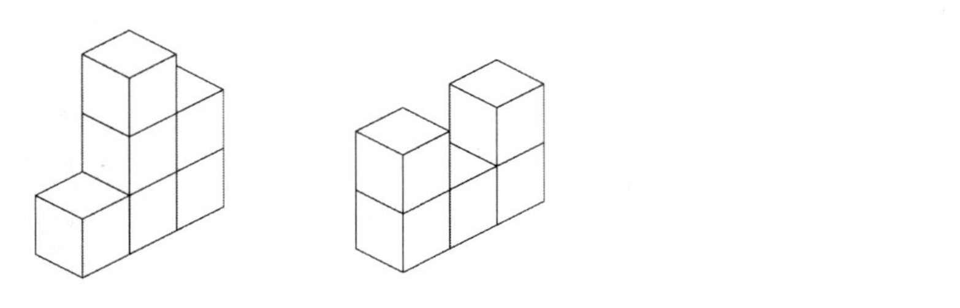

① 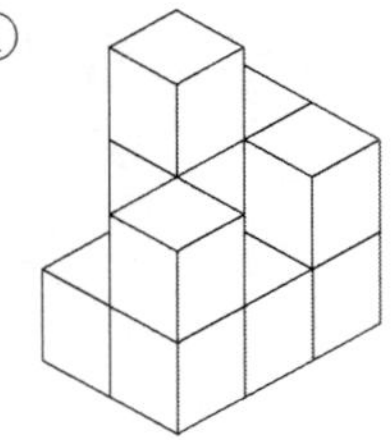

② 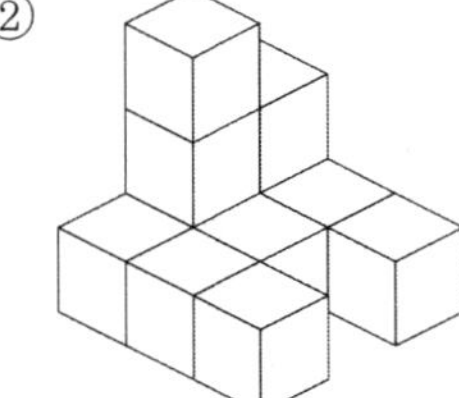

③ 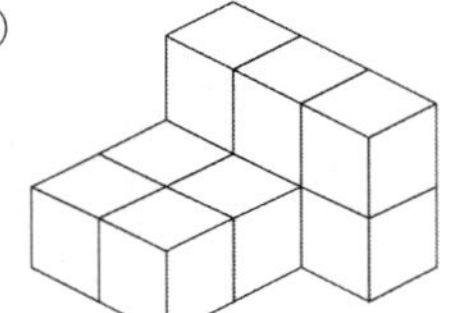

④ 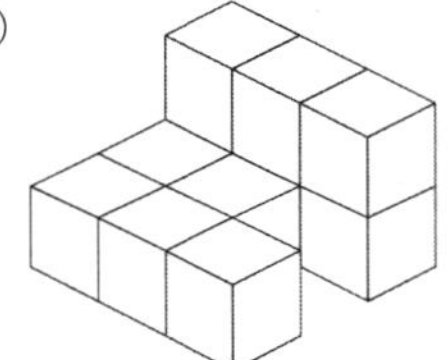

✔ 해설 ③ 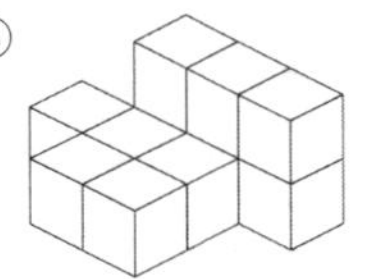

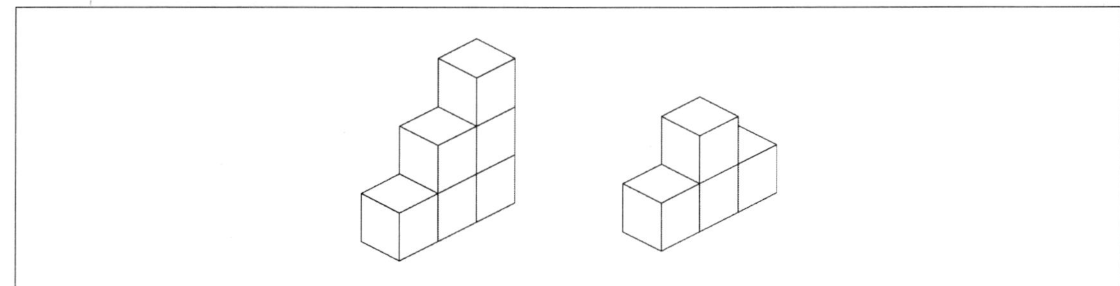

① 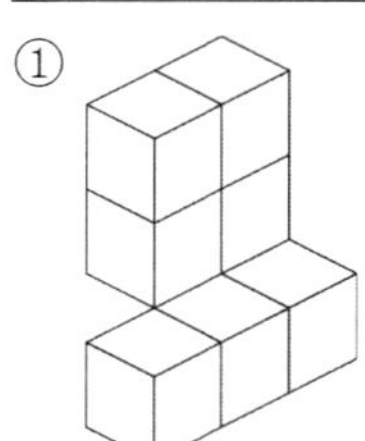

② 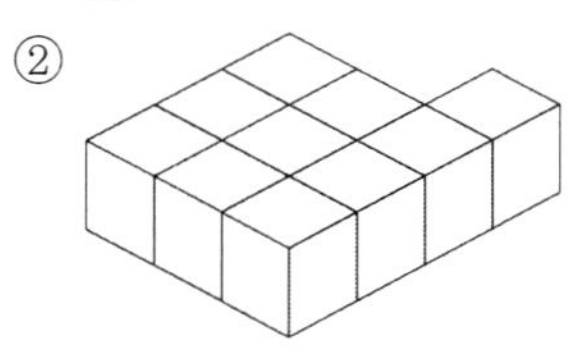

③ 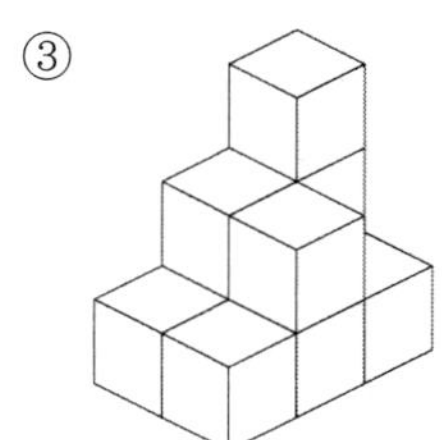

④ 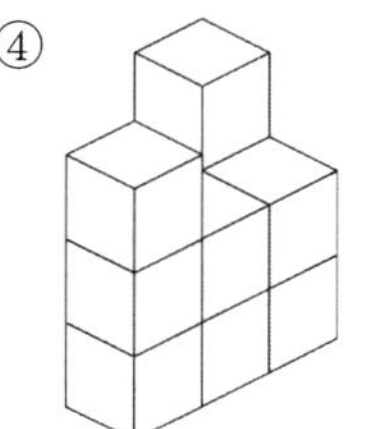

✔ 해설 ① 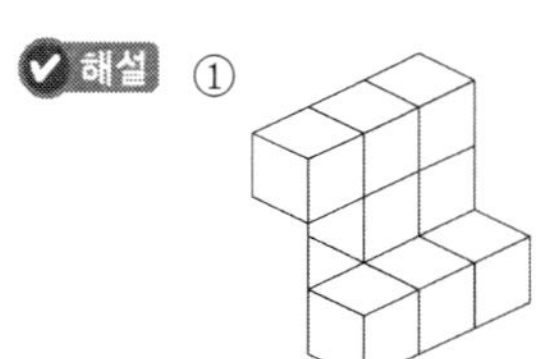

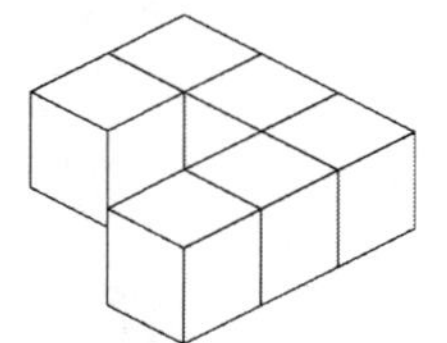 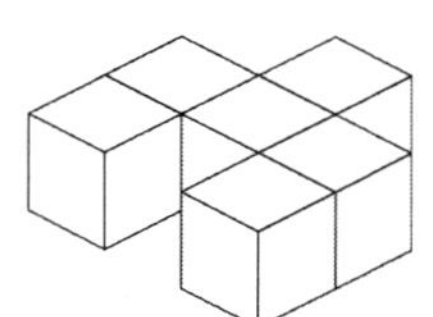

① 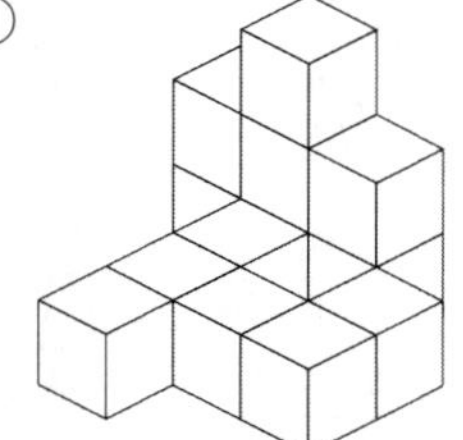

② 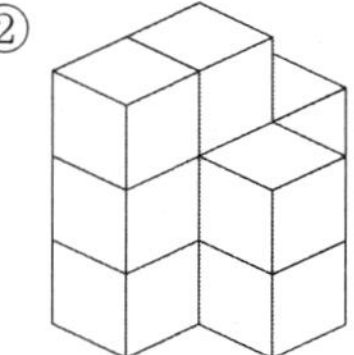

③ 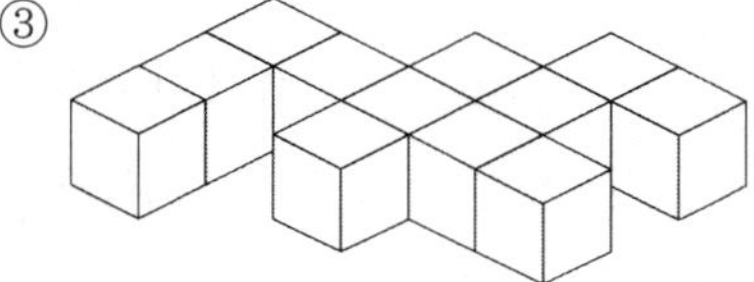

④ 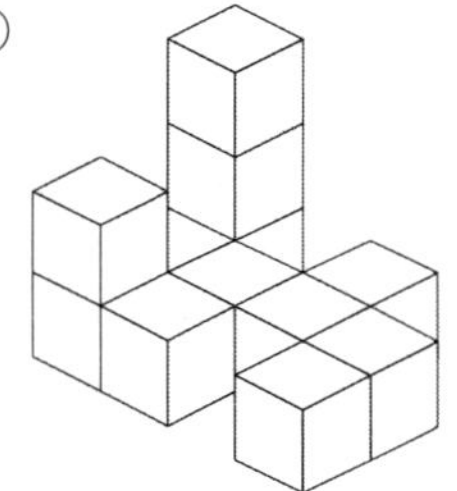

✔ 해설   ① 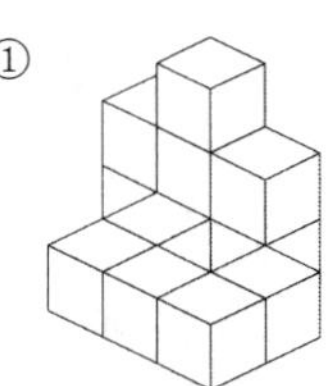

PART

02

인성검사

인성검사의 이해

1 인성검사의 목적

(1) 조직 적합성 평가

인성검사는 지원자의 성품을 알고자 하는 것이 아니다. 인사 담당자는 지원자의 어떠한 특성이 발달했는지를 알아보고, 해당 직무의 특성과 조직의 가치관에 얼마나 합치하는지를 평가한다. 직무 수행 능력과 더불어 조직과의 조화, 가치 공유 여부 등이 특히 중요하게 평가된다. 결국 인성검사는 지원자가 조직에 장기적으로 적합한 인재인지 판단하기 위한 목적을 갖는다.

(2) 조직 리스크 관리

인성검사는 문제 행동 가능성이나 스트레스 대처 방식 등을 파악하는 데에 활용된다. 책임감, 정직성, 협업 태도 등은 조직의 안정성과 직결되는 요소이기 때문에 내부 갈등, 윤리 문제, 조기 퇴사 등과 같은 잠재적인 리스크를 줄이기 위해서 시행된다.

(3) 면접과의 연계

인성검사 결과는 이후 면접에서도 긴밀하게 활용된다. 면접관은 인성검사에서 나타난 지원자의 특징과 응답 경향을 바탕으로 실제 행동이 일관되게 나타나는지를 확인한다. 즉, 인성검사는 면접 단계에서 지원자 답변의 진정성을 검증할 기초 자료를 확보하려는 목적을 내포한다.

(4) 공정하고 객관적인 평가 보완

면접은 주관적인 요소가 개입될 수 있다. 인성검사는 이를 보완하기 위한 객관적인 지표의 역할을 한다. 동일한 기준으로 다수의 지원자를 비교할 수 있기 때문에 선발 과정에서 공정성을 높이는 데에 기여를 할 수 있다. 또한 서류나 면접에서 볼 수 없었던 지원자의 성향을 추가적으로 확인이 가능하다.

(5) 인재 관리 및 배치 참고 자료 확보

채용 이후에 인성검사 결과를 통해서 인재를 배치하고 교육 방향을 설정하는 데에 활용이 가능하다. 팀 구성 시 성향을 고려하여 배치하거나 개인별 강·약점을 파악하여 맞춤형 교육설계가 가능하다.

(1) 기업 인재상 분석

지원 기업의 인재상과 핵심 가치를 사전에 확인해야 한다. 인성검사는 기업 문화 적합도를 평가하는 도구이므로, 기업이 중시하는 성향과 자신의 특성을 비교하는 과정이 필요하다. 이를 통해 과도한 연출 없이도 방향성 있는 응답 기준을 설정할 수 있다.

(2) 직무 성향 파악

같은 기업이라도 직무에 따라 요구되는 성향은 다르다. 예를 들어 영업 직무는 대인관계 적극성과 목표지향성이, 연구 직무는 집중력과 안정성이 상대적으로 중요하다. 지원 직무의 특성을 이해하면 응답 기준을 보다 명확히 정립할 수 있다.

(3) 자기 성향 점검

시험 전 자신의 성향을 객관적으로 정리해보는 과정이 필요하다. 평소 갈등 상황에서의 대응 방식, 규칙 준수 태도, 스트레스 관리 방식 등을 점검하면 응답 일관성을 유지하는 데 도움이 된다. 자기 이해가 부족한 상태에서 시험에 응시할 경우 즉흥적 판단이 늘어날 가능성이 높다.

(4) 모의 문항 연습

유형을 미리 경험하면 시험 당일 긴장을 줄일 수 있다. 특히 반복 문항 구조와 역문항 패턴을 이해하는 연습이 필요하다. 다만 정답을 외우는 방식이 아니라, 자신의 기준을 점검하는 방식으로 연습해야 한다.

(5) 컨디션 관리

인성검사는 장시간 집중을 요구하므로 체력과 집중력 관리가 중요하다. 수면 부족이나 과도한 긴장은 응답 패턴을 흔들 수 있다. 시험 전 충분한 휴식과 안정된 심리 상태를 유지하는 것이 바람직하다.

③ 인성검사 주요 평가 요소

(1) 성실성

규칙을 잘 지키고 일을 계획적으로 할 수 있는 태도를 말한다. 주요 문항으로는 "하기 싫더라도 주어진 일은 참고 한다", "인내심이 강하다는 말을 듣는다" 등이 있다. 인사 담당자는 성실성이 높은 지원자를 긍정적으로 평가한다. 인내심이 강하고 어려운 업무를 받아도 포기하지 않을 것이라고 생각하기 때문이다.

(2) 이타성

개인보다 공동체의 이익을 강조하는 성향으로, 협동을 중요시하는 조직에서 특히 선호하는 요소이다. "내 일을 끝내면 다른 사람을 돕는다", "봉사나 기부를 하면 뿌듯하다" 등의 문항이 이타성을 평가하는 데 사용된다. 이타성이 높으면 주로 긍정적인 평가를 받는다. 그러나 과할 경우 타인을 돕는 데 집중하다가 본인의 업무가 지연되거나 처리 효율이 떨어질 수 있다는 우려를 받는다.

(3) 허위성

응답 시 자기 특성을 과도하게 미화하여 표현하려는 성향으로, 입사를 위해 자신을 과장되게 좋은 사람으로 포장하는 경우가 이에 해당한다. 주로 '항상', '한 번도', '언제나' 등의 극단적인 표현이 들어가는 것이 특징이다. 지나치게 꾸며낸 답변은 이후 중복되거나 모순된 문항에 걸리기 쉬우므로 주의한다. 검사에서는 현재의 자신보다 조금 성장한 자신을 표현하는 정도가 적당하다.

> **TIP** 허위성을 판별하는 질문
>
> 실제 인성검사에서는 아래와 같은 문항을 통해 지원자가 현실적으로 불가능한 완벽함을 추구하지 않는지 판별한다. 과하게 이상적이거나 인간이라면 있을 수밖에 없는 감정과 실수를 부정하는 질문이 이에 해당한다.
> • 늘 기분이 좋다.
> • 화를 낸 적이 한 번도 없다.
> • 나는 어떤 실수도 반복하지 않는다.
> • 절대 충동적으로 행동하지 않는다.
> • 다른 사람을 부럽다고 생각해 본 적이 없다.

(4) 책임감

자신의 행동이 조직에 미치는 영향을 이해하고 주어진 일을 끝까지 해내는 성향을 의미한다. 주요 문항으로는 "맡은 일은 끝까지 해내려고 하는 편이다", "해야 할 일을 미루지 않으려고 노력한다" 등이 있다. 책임감은 일반적으로 성실성과 신뢰성을 보여주는 지표이므로 긍정적으로 평가된다. 그러나 지나치게 높을 경우 강박적으로 보이기도 한다.

(5) 자기주도성

적극적인 업무 태도와 향상성, 자기 개발 능력 등을 나타내는 정신적 활동력을 말한다. 주요 문항으로는 "하고 싶은 일을 좀처럼 실행할 수 없는 편이다", "새로운 것을 만나면 도전하고 싶다" 등이 있다. 자기주도성이 높은 것은 조직 내 성장 가능성과 책임감을 나타내는 긍정적인 요인이다. 그러나 과도하게 높으면 독단적이거나 의사소통에 문제가 있어 보일 수 있다.

(6) 정서안정성

잦은 감정 기복이나 불안 수준 등의 심리적 안정도를 측정한다. 주요 문항으로는 "실수할까 봐 어떤 일을 시작하는 것이 두렵다", "힘들다고 생각하면 쉽게 그만둔다" 등이 있다. 정서안정성이 높을 경우 감정의 폭이 일정하고 상황을 받아들이는 폭이 넓어 업무 적응력 면에서 긍정적인 요인으로 작용한다.

(7) 조직적응력

조직의 규칙과 문화를 이해하고 협동성을 바탕으로 원활한 사내 관계를 유지할 수 있는지를 측정한다. 주요 문항으로는 "팀의 목표를 위해 개인 의견을 조정할 수 있다", "새로운 환경에 빠르게 적응하는 편이다" 등이 있다. 점수가 높으면 조직 생활과 협업에 유리하게 작용한다.

(8) 준법성

업무를 공정하고 투명하게 처리하며 규칙과 절차를 성실히 따르는 성향으로, 공기업이나 공공기관에서 특히 중요시하는 성향이다. 주요 문항으로는 "규칙보다 개인의 편의를 우선시하는 것은 바람직하지 않다", "법에 어긋나더라도 관행이면 상사의 지시를 따른다" 등이 있다. 점수가 높을수록 신뢰감을 얻지만, 과할 경우 융통성이 부족하다는 인상을 줄 수 있다.

(9) 대인관계능력

타인과 원만하고 협조적인 관계를 형성할 수 있는지를 보여주는 지표이다. 주요 문항으로는 "새로운 사람들과 적응하는 시간이 짧다", "갈등이 생기면 대화를 통해 해결하는 것이 좋다" 등이 있다. 대인관계능력이 높으면 원만한 조직 생활이 가능하므로 긍정적인 평가를 받는다. 하지만 사교적으로 보이기 위해 지나치게 꾸며낸 답변은 오히려 진정성을 의심받을 수 있다.

(10) 문제해결능력

난관이나 갈등 상황에서 원인을 분석하고 현실적인 대안을 모색하여 문제를 해결하는 능력을 측정한다. 주요 문항으로는 "예상치 못한 문제에도 침착하게 대응할 수 있다", "일이 해결될 때까지 어려워도 버텨내는 편이다" 등이 있다. 이러한 능력은 도전적이고 책임감 있는 사람으로 평가받는 데 영향을 준다.

(1) 직무부적합

지원 직무를 수행하는 데 필요한 성향이나 역량이 부족하다고 판단되는 경우이다. 세밀함이 요구되는 업무에서 충동적인 성향이나 낮은 주의력이 나타나는 경우가 이에 해당한다. 검사 전 지원 직무에 어울리는 성향을 정확히 이해하는 것이 중요하다.

(2) 조직에 부적합한 성향

조직의 가치관이나 문화와 조화를 이루기 어렵다고 평가되는 경우이다. 협력보다 경쟁을 선호하거나, 규율을 중시하는 환경에서 자유로운 분위기를 선호하는 경우가 이에 해당한다. 지원하는 조직이 원하는 인재상을 미리 파악해 두는 것이 좋다.

(3) 일관적이지 않은 답변

동일하거나 유사한 문항에 상반된 답을 반복적으로 제시한 경우이다. 이는 자신의 성향을 정확히 인식하지 못했거나, 인위적으로 '좋은 인상'을 주려는 의도로 답변했을 가능성을 의미한다. 앞서 언급했듯 최대한 꾸밈없이 일관된 답변을 하는 것이 중요하다.

(4) 극단적 성향

성격 특성이 한쪽으로 지나치게 치우친 경우이다. 자신감이 지나쳐 독단적으로 보이거나, 소극적인 태도가 지나쳐 단호함이 부족해 보이는 경우가 이에 해당한다. 특정 성향이 과도하게 드러나도록 답변하는 것은 바람직하지 않다.

(5) 과도하게 이상적인 인간인 것

과도하게 이상적인 인물로 답하면 문항 간 응답 일관성이 무너져 신뢰도 점수가 낮아질 수 있다. 모든 항목에 극단적으로 긍정 응답을 선택할 경우, 사회적 바람직성 왜곡으로 판단되어 감점 요인이 된다. 완벽한 사람이 아니라 예측 가능한 사람을 선호하기 때문에 과장된 응답은 오히려 탈락 위험을 높인다.

⑤ 인성검사 대응 전략

(1) 솔직하게 답변한다.

인성검사에는 정답 대신 조직에서 바라는 인재상 또는 기대하는 답변이 있을 뿐이다. 이를 염두에 두되, 자신을 과도하게 가공하여 표현하지 않도록 주의한다. 솔직함이 일관성과 진정성을 유지하는 가장 중요한 요소가 된다.

(2) 신속하게 답변한다.

인성검사의 문항 수는 대개 150 ~ 300문항 정도이다. 너무 곰곰이 생각하다가는 문항을 다 읽지 못한 채 시간이 끝나거나, 시간에 쫓겨 대충 답하게 될 수도 있다. 이 점에 유의하여 문항을 본 순간 떠오른 첫 생각을 신속히 마킹하는 것이 바람직하다.

(3) 일관성 있게 답변한다.

실제 인사 담당자 인터뷰에 따르면, 인성검사에서 일관성 없는 답변을 한 지원자가 감점되어 탈락한 사례가 많다. 과장되거나 거짓된 응답은 결국 문항 간 모순으로 드러난다. 따라서 상기한 대로 솔직하고 일관성 있게 대답하는 것이 좋다.

(4) 반복해서 연습한다.

인성검사는 세세한 부분은 달라도 전체 구조나 패턴이 유사하다. 긴 시간 집중력을 유지하고 체력을 분배하기 위해 사전에 다양한 모의고사를 치러보며 마킹까지 끝낼 수 있도록 반복해서 연습하는 것이 좋다. 반복 연습은 사고의 일관성과 반응 속도를 높이는 데 도움이 된다.

(5) 인재상에 맞는 방향성을 설정한다.

인성검사는 기업이 추구하는 인재상과의 적합도를 확인하는 과정인 만큼 해당 기업의 핵심가치, 기업 철학 등을 파악하고 그에 부합하는 성격을 설정하는 것이 도움이 된다. 실제로 일부 지원자는 모니터 옆에 지원하는 기업의 인재상을 붙여 두고, 해당 기준에 따라 일관된 태도를 유지하며 답변하는 전략을 사용한다. 다만 주지하다시피 현실적인 범위 내에서 진정성을 유지하는 것이 중요하다.

(6) 면접에 적용한다.

인성검사 결과는 면접에 사용된다. 만일 정직성이 의심된다면 면접에서 그 부분을 기반으로 한 질문을 받게 될 것이다. 인성검사에서 자신을 어떤 사람으로 표현했는지 잘 기억하며 면접에서도 같은 방향성을 유지하는 것이 좋다. 기업의 인재상과 자신의 인성검사 답변을 정리하여 면접 준비에 활용하도록 한다.

1 심리적 측면

(1) 민감성

① 특징 : 꼼꼼함, 섬세함 등의 요소를 통해 얼마나 정서적으로 안정되었는지를 측정한다. 적당한 민감성은 세심하고 감수성이 풍부하다는 장점으로 이어질 수 있다.

② 면접 시 유의점

    ㉠ 민감성이 높은 경우 : 인사 담당자는 동료와의 관계 유지나 스트레스 대응력 등을 우려할 수 있다. 따라서 타인의 감정에 잘 공감하고 배려하는 소통 능력을 강조하는 것이 좋다.

    ㉡ 민감성이 낮은 경우 : 주변의 변화나 타인의 감정에 둔감하다는 인상을 줄 수 있다. 상대의 의견을 충분히 경청하고 상황 변화에 유연하게 대응해 온 경험을 드러내는 것이 좋다.

(2) 과민성

① 특징 : 예상치 못한 어려움이 발생했을 때 부정적인 감정을 얼마나 크게 받아들이는지를 측정한다. 문제에 예민하게 반응하거나 스스로를 비난하고 책망하는 경향 등이 포함된다.

② 면접 시 유의점

    ㉠ 과민성이 높은 경우 : 비관적인 성격으로 예상될 가능성이 있다. 문제 상황에서 침착하게 대처하고 스트레스를 균형 있게 조절할 수 있음을 어필하는 것이 좋다.

    ㉡ 과민성이 낮은 경우 : 감정에 흔들리지 않고 안정된 대인 관계를 유지할 수 있는 사람으로 평가받을 수 있다. 그러나 과도하게 낮다면 자기중심적으로 보일 수 있으므로 사교적이고 긍정적인 태도를 어필하는 것이 좋다.

(3) 불안성

① **특징** : 기분의 굴곡이 얼마나 큰지 측정하는 항목이다. 새로운 상황이나 예기치 못한 변화가 발생했을 때 정서적으로 얼마나 흔들리는지를 파악하고자 한다.

② **면접 시 유의점**

　㉠ **불안성이 높은 경우** : 불안성이 높은 사람은 의지보다 감정에 따라 행동하기 쉽다. 그러므로 불안성 점수가 높은 지원자는 감정 조절 능력을 강조하고 차분한 태도로 면접에 임하는 것이 좋다.

　㉡ **불안성이 낮은 경우** : 쉽게 일비일희하지 않아 안정적으로 성과를 낼 수 있는 지원자로 보일 수 있다. 그러므로 면접에서도 이러한 장점을 적절히 부각하여 신뢰감을 주는 것이 좋다.

(4) 독자성

① **특징** : 주변에 대한 견해나 관심보다는 자신의 관점과 느낌을 중요하게 생각하는 개인성의 정도를 측정한다. 주로 독자성이 낮을수록 상식적이며 일반적인 판단 기준에 따라 행동한다고 본다.

② **면접 시 유의점**

　㉠ **독자성이 높은 경우** : 독창적이고 자율적인 사고를 강조할 수 있지만, 규범이나 절차를 중시하는 조직 환경에서는 적응에 어려움을 겪을 가능성이 있다. 해당 경우 협업 과정에서 타인의 의견을 수용하고 조직의 기준을 존중하는 태도를 보이는 것이 좋다.

　㉡ **독자성이 낮은 경우** : 지나치게 수동적으로 보이지 않아야 한다. 필요한 상황에서는 스스로 판단하고 의견을 제시할 수 있음을 함께 어필하는 것이 좋다.

(5) 자신감

① **특징** : 자신의 능력과 가치를 얼마나 긍정적으로 인식하고 있는지 측정한다. 적정 수준의 자신감 표출은 도전 의지와 안정된 자기 효능감으로 이어질 수 있다.

② **면접 시 유의점**

　㉠ **자신감이 높은 경우** : 자신감 점수가 너무 높으면 오만하게 보일 수 있다. 따라서 겸손한 태도와 함께 타인의 의견을 존중하며 협력한 경험을 제시해 균형 잡힌 인상을 주는 것이 좋다.

　㉡ **자신감이 낮은 경우** : 소극적이거나 쉽게 좌절할 것으로 평가될 수 있다. 이때는 맡은 일을 책임감 있게 완수한 경험과 꾸준히 발전해 온 모습을 강조하는 것이 좋다.

(6) 고양성

① 특징 : 자유분방함, 명랑함 등과 같은 정서적 활성도를 측정한다. 기본적인 정서적 에너지 수준과 대인 상황에서의 자기표현 방식을 파악하고자 한다.

② 면접 시 유의점

　㉠ 고양성이 높은 경우 : 착실함과 집중력이 요구되는 직무에서 산만하다는 인상을 남길 수 있으므로 주의가 필요하다. 필요할 때는 착실하고 책임감 있게 업무를 수행할 수 있음을 어필하는 것이 좋다.

　㉡ 고양성이 낮은 경우 : 안정적인 태도와 일관된 업무 수행력이 기대되나, 지나치게 낮은 경우에는 감정표현이 다소 부족해 보일 수 있다. 차분한 모습으로 소통 면에서의 신뢰감을 주면 좋다.

(7) 진위성

① 특징 : 자신을 필요 이상으로 좋게 포장하거나 기업체가 바라는 이상적인 대답을 하고 있지는 않은지 측정한다. 지원자의 진정성과 일관성을 파악하고자 한다.

② 면접 시 유의점

　㉠ 진위성이 높은 경우 : 정직하고 외부의 압력과 스트레스에도 흔들리지 않는 사람으로 평가받을 수 있다. 이러한 긍정적인 면을 일관되게 유지하여 면접에 임하는 것이 좋다.

　㉡ 진위성이 낮은 경우 : 과장되거나 인위적인 답변을 했다는 인상을 줄 수 있다. 솔직하고 꾸며내지 않은 경험을 제시하여 진정성을 드러내고 신뢰를 회복하는 것이 중요하다.

❷ 행동적 측면

(1) 신중성

① 특징 : 의사결정이나 행동을 취하기 전에 얼마나 면밀히 사고하고 판단하는지를 측정하며, 계획적이고 체계적으로 접근하려 하는 성향을 포함한다.

② 면접 시 유의점

　ⓐ 신중성이 높은 경우 : 완벽주의 성향으로 인해 업무 효율성이 저하되거나 변화 대응력이 부족할 것이라는 인상을 줄 수 있다. 신중성뿐만 아니라 추진력 또한 갖추었음을 어필하는 것이 좋다.

　ⓑ 신중성이 낮은 경우 : 빠른 실행력을 장점으로 제시하되, 충동적이고 경솔한 유형이라는 평가를 받지 않도록 중요한 결정 시에는 충분한 검토 과정을 거친다는 점을 함께 설명하는 것이 좋다.

(2) 지속성

① 특징 : 목표를 설정한 후 그것을 달성하기 위해 지속적으로 노력을 기울이는 정도를 측정한다. 난관이나 장애물에 직면했을 때도 쉽게 포기하지 않고 끝까지 과업을 완수하려는 태도가 이에 해당한다.

② 면접 시 유의점

　ⓐ 지속성이 높은 경우 : 인내심이 많지만 특정 업무에만 몰두하여 유연한 업무 처리가 어려울 것이라는 우려를 남긴다. 상황에 따라 우선순위를 조정하는 유연성을 어필하는 것이 좋다.

　ⓑ 지속성이 낮은 경우 : 쉽게 포기하거나 끈기가 부족하다는 인상을 줄 수 있다. 그러므로 맡은 일을 끝까지 책임지고 마무리할 의지가 있다는 점을 분명하게 전달하는 것이 좋다.

(3) 침착성

① 특징 : 예상치 못한 상황이나 압박 속에서도 감정 동요 없이 차분하게 행동할 수 있는지를 측정한다. 위기 상황에서 냉정함을 유지하며 합리적인 판단을 내리는 능력과 관련이 있다.

② 면접 시 유의점

　ⓐ 침착성이 높은 경우 : 신중하게 계획을 세워 안정적으로 업무를 수행할 것이라고 평가된다. 차분하게 면접에 임하여 이러한 강점을 입증하되, 소극적이거나 열정이 부족해 보이지 않도록 주의한다.

　ⓑ 침착성이 낮은 경우 : 충분한 검토 없이 즉각적으로 행동하는 유형으로 해석될 수 있다. 인사 담당자에게 경솔하다는 인상을 줄 수 있으므로 사려 깊고 신중한 태도를 충분히 드러내는 것이 좋다.

(4) 신체활동성

① **특징** : 신체적인 에너지를 활용하는 활동에 대한 선호와 의지 정도를 측정한다. 활동적 환경과 정적인 환경 중 어떤 상황에서 더 안정적으로 행동하는지를 파악한다.

② **면접 시 유의점**

    ㉠ **신체활동성이 높은 경우** : 적극적이고 추진력 있다는 인상을 줄 수 있다. 그러나 집중력과 신중함이 필요한 업무에서는 부정적인 요인으로 평가될 수도 있다. 활동을 통해 얻은 구체적인 성과를 강조하고, 상황에 따라 유연하게 대응하는 능력을 어필하는 것이 좋다.

    ㉡ **신체활동성이 낮은 경우** : 차분하고 안정적인 태도를 지닐 것으로 기대되지만, 자칫 에너지가 부족해 보일 수도 있다. 맡은 일에 적극적으로 성과를 내고자 하는 태도를 강조해 균형 잡힌 이미지를 전달하는 것이 좋다.

(5) 사회적 내향성

① **특징** : 대인 관계 시 나타나는 개방성과 사교성 등을 측정한다. 낯선 상황에서 타인과 상호작용하는 방식, 의사 표현의 적극성, 협업 시 보이는 관계 형성 패턴 등을 파악한다.

② **면접 시 유의점**

    ㉠ **사회적 내향성이 높은 경우** : 조용하고 신중한 태도를 보이는 경향이 있다. 과묵하게 보이지 않도록 배려와 경청을 기반으로 한 의사소통 방식을 자연스럽게 드러내어 협업에 문제없다는 인상을 주는 것이 좋다.

    ㉡ **사회적 내향성이 낮은 경우** : 자기주장이 강하거나 협조성이 부족하다는 평가를 받을 수 있다. 면접 상황에서 발언 비중을 조절하고 경청의 태도를 보이면 안정감을 줄 수 있다.

③ 의욕적 측면

(1) 달성의욕

① 특징 : 자신이 설정한 목표를 이루기 위해 노력하고자 하는 성취 지향적인 태도를 측정한다. 높은 이상이나 뚜렷한 목적의식을 가졌는지를 판별한다.

② 면접 시 유의점

  ㉠ 달성의욕이 높은 경우 : 자기 계발 의지 및 경쟁심 등으로 연결될 수 있어 대부분의 조직에서 긍정적으로 평가된다. 다만 점수가 지나치게 높은 경우 독단적이거나 고집이 세 보일 수 있으므로 수용적인 태도를 함께 갖추는 것이 좋다.

  ㉡ 달성의욕이 낮은 경우 : 도전 의지가 부족하거나 목표 설정에 소극적인 인상을 줄 수 있다. 주어진 역할을 꾸준히 수행하여 안정적인 성취를 이룬 경험을 드러내는 것이 좋다.

(2) 활동의욕

① 특징 : 목표를 위해 정신적인 에너지를 발휘하고 적극적으로 행동하려는 활동력 및 추진력을 측정한다. 새로운 일을 마주했을 때 빠르게 움직이고, 상황을 주도적으로 이끄는 것이 이에 해당한다.

② 면접 시 유의점

  ㉠ 활동의욕이 높은 경우 : 대개 상황 판단이 빠르고 실행 능력이 뛰어나다고 평가받는다. 다만 상황에 맞춰 의욕을 조절할 수 있음을 함께 보여 이러한 성향이 과도한 성급함으로 해석되지 않도록 하는 것이 좋다.

  ㉡ 활동의욕이 낮은 경우 : 신중하고 차분한 특성이 강조된다. 소극적인 인재로 해석될 가능성이 있으므로 업무 진행 과정에서 주도성을 발휘할 수 있다는 태도를 보이는 것이 좋다.

> **TIP** 인재상과 나의 실제 성격이 다를 때
>
> 기업체의 인재상과 나의 실제 성격이 다를 수 있다. 그럴 때는 자신의 성향을 해석하고 전달하는 방식을 바꾸어 인재상과 연결 짓도록 한다.
>
> • 사회적 내향성이 높은 성격이지만 협동력과 대인관계능력을 중요시하는 인재상을 요구받을 수 있다. 이 경우 내성적이지만 경청을 잘해 갈등 중재에 뛰어나다는 점을 강조한다.
> • 사회적 내향성이 낮고 신체활동성이 높아서 성실성을 강조하는 인재상에 맞지 않는 경우가 있다. 이 경우 체력을 기반으로 꾸준히 노력할 수 있는 인재라는 점을 어필한다.

인성검사의 예시

① 인성검사 유형

(1) 복합형

복합형 인성검사는 하나의 문항 안에 서로 다른 성향을 암시하는 질문을 제시하여 응답자가 어떤 특성을 우선시하는지 확인하는 유형이다. 즉, 응답자의 성향이 얼마나 일관된 기준을 중심으로 정리되어 있는지를 통해 응답자의 균형감각과 우선순위 설정 능력 등을 확인하는 데에 활용된다.

(2) 생각일치형

생각일치형 인성검사는 개인의 가치관, 신념, 사고방식이 어떤 형태를 띠고 있는지 판단하는 유형이다. 주로 업무 태도, 인간관계, 문제 해결 방식과 같이 인지적 판단이 개입되는 영역을 다루는 문항이 출제된다. 이를 통해 지원자의 생각이 상황에 따라 쉽게 바뀌는지, 혹은 일정한 기준에 따라 논리적으로 사고하는지를 확인하고자 한다.

(3) 행동일치형

행동일치형 인성검사는 지원자의 실제 행동 경향을 중심으로 성향을 판단하는 유형이다. 생각이나 태도와 달리 행동은 비교적 꾸며내기 어렵다는 점에서 중요한 평가 자료로 활용될 수 있다. 이 유형은 '어떻게 생각하는가'보다는 '실제로 어떻게 행동해 왔는가'를 기준으로 성향을 파악한다. 즉, 지원자의 실천 가능성과 지속성 등을 중점적으로 평가한다.

(4) 진위형

진위형 인성검사는 문항에 대해 '그렇다/아니다'와 같은 구조로 이분법적 선택을 요구하는 유형이다. 문항 자체는 비교적 단순해 보일 수 있으나, 동일하거나 유사한 내용이 반복적으로 제시되며 응답의 진실성과 일관성을 검증하는 데에 자주 활용된다.

② 복합형 응답 요령과 예시

(1) 응답 요령

복합형 응답법

- 응답 Ⅰ : 각각의 문항에 대해 자신이 동의하는 정도를 ① (전혀 그렇지 않다) ~ ⑤ (매우 그렇다)로 표시한다.
- 응답 Ⅱ : 제시된 문항들을 비교하여 상대적으로 자신의 성격과 가장 가까운 문항 하나와 가장 거리가 먼 문항 하나를 선택한다. 응답 Ⅱ는 가깝다 한 개, 멀다 한 개, 무응답 두 개여야 한다.

(2) 예시 및 해설

질문	응답 Ⅰ	응답 Ⅱ
	① ② ③ ④ ⑤	멀다 가깝다
A. 무슨 일도 좀처럼 시작하지 못 한다.		
B. 초면인 사람과도 바로 친해질 수 있다.		
C. 행동하고 나서 생각하는 편이다.		
D. 쉬는 날은 집에 있는 경우가 많다		

〈문항 해설〉

A. 자신감을 구분하는 문항이다.
B. 사회적 내향성을 구분하는 문항이다.
C. 신중성을 구분하는 문항이다.
D. 신체활동성을 구분하는 문항이다.

(3) 응답 전략

① 다양한 응답 유형 사이에서도 일관성을 유지하는 것이 중요하다. 문항 전체에서 흔들리지 않는 핵심 가치를 하나 잡고 응답을 이어 나가는 것이 도움 될 수 있다.

② 모든 항목에서 '매우 그렇다/매우 아니다'를 선택하면 신뢰도가 떨어지고 진정성을 의심받을 수 있다. 너무 이상적이거나 완벽한 사람처럼 보이는 응답은 되도록 피한다.

③ 상황에 따라 유연하게 판단할 수 있다는 인상을 주되, 책임 회피형 응답은 피한다.

❸ 생각일치형 응답 요령과 예시

(1) 응답 요령

생각일치형 응답법

제시된 네 가지 질문 중에서 자신과 가장 가깝다고 생각하는 질문에 '가깝다', 자신과 가장 멀다고 생각하는 질문에 '멀다'로 각각 선택한다. 응답은 가깝다 한 개, 멀다 한 개, 무응답 두 개여야 한다.

(2) 예시 및 해설

질문	가깝다	멀다
나는 계획적으로 일을 하는 것을 좋아한다.		
나는 꼼꼼하게 일을 마무리하는 편이다.		
나는 새로운 방법으로 문제를 해결하는 것을 좋아한다.		
나는 빠르고 신속하게 일을 처리해야 마음이 편하다.		

〈문항 해설〉

질문 : 업무 수행에서의 방식·태도·정밀도·속도에 대한 선호를 비교하여 신중성의 수준을 구분하는 문항이다.

(3) 응답 전략

① 유사한 맥락의 문항을 반복적으로 물어 일관성을 확인하는 유형이다. 비슷한 문항은 의미 단위로 기억하여 일관적인 답변을 제시하도록 한다.

② 의미상 양극단의 문항(ex. 나는 꼼꼼하게 일을 마무리하는 편이다/나는 세심하지 못한 편이다)에 모순되는 답변을 하지 않도록 특히 주의한다.

③ 너무 극단적으로 보일 수 있는 문항은 되도록 선택을 피하는 것이 좋다.

4 행동일치형 응답 요령과 예시

(1) 응답 요령

제시된 ① ～ ④ 질문 중에서 자신과 가장 가깝다고 생각하는 것은 ㄱ에 표시하고, 자신과 가장 멀다고 생각하는 것은 ㅁ에 표시한다.

(2) 예시 및 해설

1	① 아무것도 생각하지 않을 때가 많다.	ㄱ ①②③④
	② 스포츠는 하는 것보다 보는 게 좋다.	
	③ 성격이 급한 편이다.	ㅁ ①②③④
	④ 비가 오지 않으면 우산을 가지고 가지 않는다.	

〈문항 해설〉
① 활동의욕을 구분하는 문항이다.
② 신체활동성을 구분하는 문항이다.
③ 침착성을 구분하는 문항이다.
④ 신중성을 구분하는 문항이다.

(3) 응답 전략

① 행동 양상을 분석해서 생각과의 일관성을 판단하는 유형이다. 생각과 행동이 일치할 때 설득력이 높아짐에 유의한다.

② 지원하는 직무의 역할과 맥락을 고려하여, 태도에서 강조한 강점이 행동 사례에서도 입증되도록 응답한다.

③ 너무 극단적인 표현이나 단정 짓는 어조를 가진 문항에 주의하여 응답한다.

⑤ 진위형 응답 요령과 예시

(1) 응답 요령

(2) 예시 및 해설

질문	YES	NO
1. 집에 머무는 시간보다 밖에서 활동하는 시간이 더 많은 편이다.		
2. 자주 생각이 바뀌는 편이다.		
3. 사람들과 관계 맺는 것을 잘하지 못한다.		
4. 끈기가 있는 편이다.		
5. 인생의 목표는 큰 것이 좋다.		

〈문항 해설〉

1. 신체활동성을 구분하는 문항이다.
2. 신중성을 구분하는 문항이다.
3. 사회적 내향성을 구분하는 문항이다.
4. 지속성을 구분하는 문항이다.
5. 달성의욕을 구분하는 문항이다.

(3) 응답 전략

① 단순 양자택일의 유형이므로 극단적인 진술이 되지 않도록 특히 주의한다.

② 조직의 인재상에 부합하는 중요한 가치에는 일관된 긍정 답변을 제시하는 것이 좋다.

③ 약한 수준의 부정적 성향을 묻는 문항(ex. 나는 <u>가끔</u> 우울하다)에는 솔직하게 긍정해서 진정성을 드러내는 것이 좋다.

 상황판단형 응답 요령과 예시

(1) 응답 요령

상황판단형 응답법

상황판단형은 개인의 감정보다 조직 기준에 부합하는 행동을 선택하는 것이 중요하다. 무조건적인 반항, 무조건적인 복종과 같은 극단적인 행동은 감점 요인이 될 수 있다. 문항에서 제시된 상황의 맥락을 먼저 파악한 뒤, 책임성과 협업성을 동시에 고려해야 한다.

(2) 예시 및 해설

문항 질문 : 상사가 규정을 다소 위반하는 방식으로 업무를 처리하라고 지시하였다. 당신의 행동으로 가장 적절한 것은 무엇인가?
① 지시에 따르되, 문제 발생 시 책임은 상사에게 전가한다.
② 규정 위반이므로 즉시 거부하고 문제를 외부 기관에 신고한다.
③ 우선 상사에게 규정 위반 가능성을 설명하고 대안을 제시한다.
④ 지시에 따르되, 별다른 의견은 제시하지 않는다.

〈문항 해설〉
① 책임 회피적 태도로 판단될 수 있으며 조직 신뢰성 측면에서 부정적으로 평가될 가능성이 있다.
② 원칙 중심적 태도는 긍정적이나, 조직 내 해결 노력 없이 즉각 외부 신고를 선택하는 것은 협업성 부족으로 해석될 수 있다.
③ 규정을 존중하면서도 상사와의 소통을 통해 해결을 시도하는 방식으로, 책임감·의사소통 능력·조직 적응성을 동시에 보여주는 선택이다.
④ 갈등을 회피하고 수동적으로 따르는 태도로 평가될 수 있으며, 문제 해결 능력이 낮게 판단될 가능성이 있다.

(3) 응답 전략

① 상황의 핵심 갈등 요소를 먼저 파악해야 한다.

② 조직 질서를 존중하되 소통과 문제 해결 노력을 포함한 선택지를 우선 고려한다.

③ 감정적 대응이나 책임 회피형 선택은 지양하고, 책임·협업·합리성이 균형을 이루는 답안을 선택하는 것이 바람직하다.

※ 인성검사는 개인의 인성 및 성향을 알아보기 위한 검사로 별도의 답이 존재하지 않습니다.

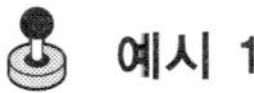 예시 1

┃1~250┃ 다음 제시된 문항이 당신에게 해당한다면 YES, 그렇지 않다면 NO를 선택하시오.

	YES	NO
1. 조금이라도 나쁜 소식은 절망의 시작이라고 생각해버린다.	( )	( )
2. 언제나 실패가 걱정이 되어 어쩔 줄 모른다.	( )	( )
3. 다수결의 의견에 따르는 편이다.	( )	( )
4. 혼자서 커피숍에 들어가는 것은 전혀 두려운 일이 아니다.	( )	( )
5. 승부근성이 강하다.	( )	( )
6. 자주 흥분해서 침착하지 못하다.	( )	( )
7. 지금까지 살면서 타인에게 폐를 끼친 적이 없다.	( )	( )
8. 소곤소곤 이야기하는 것을 보면 자기에 대해 험담하고 있는 것으로 생각된다.	( )	( )
9. 무엇이든지 자기가 나쁘다고 생각하는 편이다.	( )	( )
10. 자신을 변덕스러운 사람이라고 생각한다.	( )	( )
11. 고독을 즐기는 편이다.	( )	( )
12. 자존심이 강하다고 생각한다.	( )	( )
13. 금방 흥분하는 성격이다.	( )	( )
14. 거짓말을 한 적이 없다.	( )	( )
15. 신경질적인 편이다.	( )	( )
16. 끙끙대며 고민하는 타입이다.	( )	( )

17. 감정적인 사람이라고 생각한다. ……………………………………………………(　)(　)

18. 자신만의 신념을 가지고 있다. ……………………………………………………(　)(　)

19. 다른 사람을 바보 같다고 생각한 적이 있다. ………………………………(　)(　)

20. 금방 말해버리는 편이다. ……………………………………………………………(　)(　)

21. 싫어하는 사람이 없다. ………………………………………………………………(　)(　)

22. 대재앙이 오지 않을까 항상 걱정을 한다. …………………………………(　)(　)

23. 쓸데없는 고생을 사서 하는 일이 많다. ……………………………………(　)(　)

24. 자주 생각이 바뀌는 편이다. ………………………………………………………(　)(　)

25. 문제점을 해결하기 위해 여러 사람과 상의한다. …………………………(　)(　)

26. 내 방식대로 일을 한다. ……………………………………………………………(　)(　)

27. 영화를 보고 운 적이 많다. …………………………………………………………(　)(　)

28. 어떤 것에 대해서도 화낸 적이 없다. …………………………………………(　)(　)

29. 사소한 충고에도 걱정을 한다. ……………………………………………………(　)(　)

30. 자신은 도움이 안되는 사람이라고 생각한다. ………………………………(　)(　)

31. 금방 싫증을 내는 편이다. …………………………………………………………(　)(　)

32. 개성적인 사람이라고 생각한다. ……………………………………………………(　)(　)

33. 자기주장이 강한 편이다. ……………………………………………………………(　)(　)

34. 산만하다는 말을 들은 적이 있다. ………………………………………………(　)(　)

35. 학교를 쉬고 싶다고 생각한 적이 한 번도 없다. …………………………(　)(　)

36. 사람들과 관계 맺는 것을 보면 잘하지 못한다. ……………………………(　)(　)

37. 사려 깊은 편이다. ……………………………………………………………………(　)(　)

38. 몸을 움직이는 것을 좋아한다. ……………………………………………………(　)(　)

39. 끈기가 있는 편이다. …………………………………………………………………(　)(　)

YES   NO

40. 신중한 편이라고 생각한다. ···(   )(   )

41. 인생의 목표는 큰 것이 좋다. ···(   )(   )

42. 어떤 일이라도 바로 시작하는 타입이다. ·····································(   )(   )

43. 낯가림을 하는 편이다. ···(   )(   )

44. 생각하고 나서 행동하는 편이다. ··(   )(   )

45. 쉬는 날은 밖으로 나가는 경우가 많다. ·······································(   )(   )

46. 시작한 일은 반드시 완성시킨다. ··(   )(   )

47. 면밀한 계획을 세운 여행을 좋아한다. ···(   )(   )

48. 야망이 있는 편이라고 생각한다. ··(   )(   )

49. 활동력이 있는 편이다. ···(   )(   )

50. 많은 사람들과 왁자지껄하게 식사하는 것을 좋아하지 않는다. ·········(   )(   )

51. 돈을 허비한 적이 없다. ···(   )(   )

52. 운동회를 아주 좋아하고 기대했다. ··(   )(   )

53. 하나의 취미에 열중하는 타입이다. ··(   )(   )

54. 모임에서 회장에 어울린다고 생각한다. ···(   )(   )

55. 입신출세의 성공이야기를 좋아한다. ···(   )(   )

56. 어떠한 일도 의욕을 가지고 임하는 편이다. ···································(   )(   )

57. 학급에서는 존재가 희미했다. ···(   )(   )

58. 항상 무언가를 생각하고 있다. ··(   )(   )

59. 스포츠는 보는 것보다 하는 게 좋다. ··(   )(   )

60. '참 잘했네요'라는 말을 듣는다. ··(   )(   )

61. 흐린 날은 반드시 우산을 가지고 간다. ···(   )(   )

62. 주연상을 받을 수 있는 배우를 좋아한다. ······································(   )(   )

YES   NO

63. 공격하는 타입이라고 생각한다. ·····( )( )

64. 리드를 받는 편이다. ·····( )( )

65. 너무 신중해서 기회를 놓친 적이 있다. ·····( )( )

66. 시원시원하게 움직이는 타입이다. ·····( )( )

67. 야근을 해서라도 업무를 끝낸다. ·····( )( )

68. 누군가를 방문할 때는 반드시 사전에 확인한다. ·····( )( )

69. 노력해도 결과가 따르지 않으면 의미가 없다. ·····( )( )

70. 무조건 행동해야 한다. ·····( )( )

71. 유행에 둔감하다고 생각한다. ·····( )( )

72. 정해진 대로 움직이는 것은 시시하다. ·····( )( )

73. 꿈을 계속 가지고 있고 싶다. ·····( )( )

74. 질서보다 자유를 중요시하는 편이다. ·····( )( )

75. 혼자서 취미에 몰두하는 것을 좋아한다. ·····( )( )

76. 직관적으로 판단하는 편이다. ·····( )( )

77. 영화나 드라마를 보면 등장인물의 감정에 이입된다. ·····( )( )

78. 시대의 흐름에 역행해서라도 자신을 관철하고 싶다. ·····( )( )

79. 다른 사람의 소문에 관심이 없다. ·····( )( )

80. 창조적인 편이다. ·····( )( )

81. 비교적 눈물이 많은 편이다. ·····( )( )

82. 융통성이 있다고 생각한다. ·····( )( )

83. 친구의 휴대전화 번호를 잘 모른다. ·····( )( )

84. 스스로 고안하는 것을 좋아한다. ·····( )( )

85. 정이 두터운 사람으로 남고 싶다. ·····( )( )

YES　　NO

86. 조직의 일원으로 별로 안 어울린다. ·······································(　)(　)

87. 세상의 일에 별로 관심이 없다. ···(　)(　)

88. 변화를 추구하는 편이다. ···(　)(　)

89. 업무는 인간관계로 선택한다. ···(　)(　)

90. 환경이 변하는 것에 구애되지 않는다. ·································(　)(　)

91. 불안감이 강한 편이다. ···(　)(　)

92. 인생은 살 가치가 없다고 생각한다. ···································(　)(　)

93. 의지가 약한 편이다. ···(　)(　)

94. 다른 사람이 하는 일에 별로 관심이 없다. ·····························(　)(　)

95. 사람을 설득시키는 것은 어렵지 않다. ·································(　)(　)

96. 심심한 것을 못 참는다. ···(　)(　)

97. 다른 사람을 욕한 적이 한 번도 없다. ·································(　)(　)

98. 다른 사람에게 어떻게 보일지 신경을 쓴다. ·····························(　)(　)

99. 금방 낙심하는 편이다. ···(　)(　)

100. 다른 사람에게 의존하는 경향이 있다. ································(　)(　)

101. 그다지 융통성이 있는 편이 아니다. ··································(　)(　)

102. 다른 사람이 내 의견에 간섭하는 것이 싫다. ·························(　)(　)

103. 낙천적인 편이다. ···(　)(　)

104. 숙제를 잊어버린 적이 한 번도 없다. ·································(　)(　)

105. 밤길에는 발소리가 들리기만 해도 불안하다. ·························(　)(　)

106. 상냥하다는 말을 들은 적이 있다. ····································(　)(　)

107. 자신은 유치한 사람이다. ···(　)(　)

108. 잡담을 하는 것보다 책을 읽는 게 낫다. ·····························(　)(　)

109. 나는 영업에 적합한 타입이라고 생각한다. ·······································(　)(　)

110. 술자리에서 술을 마시지 않아도 흥을 돋울 수 있다. ·····················(　)(　)

111. 한 번도 병원에 간 적이 없다. ··(　)(　)

112. 나쁜 일은 걱정이 되어서 어쩔 줄을 모른다. ································(　)(　)

113. 금세 무기력해지는 편이다. ··(　)(　)

114. 비교적 고분고분한 편이라고 생각한다. ·······································(　)(　)

115. 독자적으로 행동하는 편이다. ··(　)(　)

116. 적극적으로 행동하는 편이다. ··(　)(　)

117. 금방 감격하는 편이다. ··(　)(　)

118. 어떤 것에 대해서는 불만을 가진 적이 없다. ································(　)(　)

119. 밤에 못 잘 때가 많다. ··(　)(　)

120. 자주 후회하는 편이다. ··(　)(　)

121. 뜨거워지기 쉽고 식기 쉽다. ··(　)(　)

122. 자신만의 세계를 가지고 있다. ··(　)(　)

123. 많은 사람 앞에서도 긴장하는 일은 없다. ····································(　)(　)

124. 말하는 것을 아주 좋아한다. ··(　)(　)

125. 인생을 포기하는 마음을 가진 적이 한 번도 없다. ·······················(　)(　)

126. 어두운 성격이다. ··(　)(　)

127. 금방 반성한다. ···(　)(　)

128. 활동범위가 넓은 편이다. ··(　)(　)

129. 자신을 끈기 있는 사람이라고 생각한다. ······································(　)(　)

130. 좋다고 생각하더라도 좀 더 검토하고 나서 실행한다. ·················(　)(　)

131. 위대한 인물이 되고 싶다. ··(　)(　)

132. 한 번에 많은 일을 떠맡아도 힘들지 않다. ···( )( )

133. 사람과 만날 약속은 부담스럽다. ··( )( )

134. 질문을 받으면 충분히 생각하고 나서 대답하는 편이다. ··································( )( )

135. 머리를 쓰는 것보다 땀을 흘리는 일이 좋다. ···( )( )

136. 결정한 것에는 철저히 구속받는다. ··( )( )

137. 외출 시 문을 잠갔는지 몇 번을 확인한다. ···( )( )

138. 이왕 할 거라면 일등이 되고 싶다. ···( )( )

139. 과감하게 도전하는 타입이다. ···( )( )

140. 자신은 사교적이 아니라고 생각한다. ···( )( )

141. 무심코 도리에 대해서 말하고 싶어진다. ···( )( )

142. '항상 건강하네요'라는 말을 듣는다. ···( )( )

143. 단념하면 끝이라고 생각한다. ···( )( )

144. 예상하지 못한 일은 하고 싶지 않다. ···( )( )

145. 파란만장하더라도 성공하는 인생을 걷고 싶다. ··( )( )

146. 활기찬 편이라고 생각한다. ···( )( )

147. 소극적인 편이라고 생각한다. ···( )( )

148. 무심코 평론가가 되어 버린다. ··( )( )

149. 자신은 성급하다고 생각한다. ···( )( )

150. 꾸준히 노력하는 타입이라고 생각한다. ···( )( )

151. 내일의 계획이라도 메모한다. ···( )( )

152. 리더십이 있는 사람이 되고 싶다. ···( )( )

153. 열정적인 사람이라고 생각한다. ··( )( )

154. 다른 사람 앞에서 이야기를 잘 하지 못한다. ···( )( )

155. 통찰력이 있는 편이다. ··(　)(　)

156. 엉덩이가 가벼운 편이다. ···(　)(　)

157. 여러 가지로 구애됨이 있다. ···(　)(　)

158. 돌다리도 두들겨 보고 건너는 쪽이 좋다. ·····································(　)(　)

159. 자신에게는 권력욕이 있다. ···(　)(　)

160. 업무를 할당받으면 기쁘다. ···(　)(　)

161. 사색적인 사람이라고 생각한다. ··(　)(　)

162. 비교적 개혁적이다. ··(　)(　)

163. 좋고 싫음으로 정할 때가 많다. ··(　)(　)

164. 전통에 구애되는 것은 버리는 것이 적절하다. ·······························(　)(　)

165. 교제 범위가 좁은 편이다. ···(　)(　)

166. 발상의 전환을 할 수 있는 타입이라고 생각한다. ····························(　)(　)

167. 너무 주관적이어서 실패한다. ···(　)(　)

168. 현실적이고 실용적인 면을 추구한다. ··(　)(　)

169. 내가 어떤 배우의 팬인지 아무도 모른다. ······································(　)(　)

170. 현실보다 가능성이다. ··(　)(　)

171. 마음이 담겨 있으면 선물은 아무 것이나 좋다. ·······························(　)(　)

172. 여행은 마음대로 하는 것이 좋다. ··(　)(　)

173. 추상적인 일에 관심이 있는 편이다. ···(　)(　)

174. 일은 대담히 하는 편이다. ···(　)(　)

175. 괴로워하는 사람을 보면 우선 동정한다. ··(　)(　)

176. 가치기준은 자신의 안에 있다고 생각한다. ·····································(　)(　)

177. 조용하고 조심스러운 편이다. ···(　)(　)

178. 상상력이 풍부한 편이라고 생각한다. ·····(　)(　)

179. 의리, 인정이 두터운 상사를 만나고 싶다. ·····(　)(　)

180. 인생의 앞날을 알 수 없어 재미있다. ·····(　)(　)

181. 밝은 성격이다. ·····(　)(　)

182. 별로 반성하지 않는다. ·····(　)(　)

183. 활동범위가 좁은 편이다. ·····(　)(　)

184. 자신을 시원시원한 사람이라고 생각한다. ·····(　)(　)

185. 좋다고 생각하면 바로 행동한다. ·····(　)(　)

186. 좋은 사람이 되고 싶다. ·····(　)(　)

187. 한 번에 많은 일을 떠맡는 것은 골칫거리라고 생각한다. ·····(　)(　)

188. 사람과 만날 약속은 즐겁다. ·····(　)(　)

189. 질문을 받으면 그때의 느낌으로 대답하는 편이다. ·····(　)(　)

190. 땀을 흘리는 것보다 머리를 쓰는 일이 좋다. ·····(　)(　)

191. 결정한 것이라도 그다지 구속받지 않는다. ·····(　)(　)

192. 외출 시 문을 잠갔는지 별로 확인하지 않는다. ·····(　)(　)

193. 지위에 어울리면 된다. ·····(　)(　)

194. 안전책을 고르는 타입이다. ·····(　)(　)

195. 자신은 사교적이라고 생각한다. ·····(　)(　)

196. 도리는 상관없다. ·····(　)(　)

197. '침착하네요'라는 말을 듣는다. ·····(　)(　)

198. 단념이 중요하다고 생각한다. ·····(　)(　)

199. 예상하지 못한 일도 해보고 싶다. ·····(　)(　)

200. 평범하고 평온하게 행복한 인생을 살고 싶다. ·····(　)(　)

201. 몹시 귀찮아하는 편이라고 생각한다. ·······································(　)(　)

202. 특별히 소극적이라고 생각하지 않는다. ·······························(　)(　)

203. 이것저것 평하는 것이 싫다. ···(　)(　)

204. 자신은 성급하지 않다고 생각한다. ·······································(　)(　)

205. 꾸준히 노력하는 것을 잘 하지 못한다. ·······························(　)(　)

206. 내일의 계획은 머릿속에 기억한다. ·······································(　)(　)

207. 협동성이 있는 사람이 되고 싶다. ···(　)(　)

208. 열정적인 사람이라고 생각하지 않는다. ·······························(　)(　)

209. 다른 사람 앞에서 이야기를 잘한다. ·····································(　)(　)

210. 행동력이 있는 편이다. ···(　)(　)

211. 엉덩이가 무거운 편이다. ···(　)(　)

212. 특별히 구애받는 것이 없다. ···(　)(　)

213. 돌다리는 두들겨 보지 않고 건너도 된다. ·····························(　)(　)

214. 자신에게는 권력욕이 없다. ···(　)(　)

215. 업무를 할당받으면 부담스럽다. ···(　)(　)

216. 활동적인 사람이라고 생각한다. ···(　)(　)

217. 비교적 보수적이다. ···(　)(　)

218. 손해인지 이익인지로 정할 때가 많다. ···································(　)(　)

219. 전통을 견실히 지키는 것이 적절하다. ···································(　)(　)

220. 교제 범위가 넓은 편이다. ···(　)(　)

221. 상식적인 판단을 할 수 있는 타입이라고 생각한다. ···············(　)(　)

222. 너무 객관적이어서 실패한다. ···(　)(　)

223. 보수적인 면을 추구한다. ···(　)(　)

224. 내가 누구의 팬인지 주변의 사람들이 안다. ……………………………………………………( )( )

225. 가능성보다 현실이다. ……………………………………………………………………………( )( )

226. 그 사람이 필요한 것을 선물하고 싶다. ………………………………………………………( )( )

227. 여행은 계획적으로 하는 것이 좋다. ……………………………………………………………( )( )

228. 구체적인 일에 관심이 있는 편이다. ……………………………………………………………( )( )

229. 일은 착실히 하는 편이다. ………………………………………………………………………( )( )

230. 괴로워하는 사람을 보면 우선 이유를 생각한다. …………………………………………( )( )

231. 가치기준은 자신의 밖에 있다고 생각한다. …………………………………………………( )( )

232. 밝고 개방적인 편이다. …………………………………………………………………………( )( )

233. 현실 인식을 잘하는 편이라고 생각한다. ……………………………………………………( )( )

234. 공평하고 공적인 상사를 만나고 싶다. ………………………………………………………( )( )

235. 시시해도 계획적인 인생이 좋다. ………………………………………………………………( )( )

236. 적극적으로 사람들과 관계를 맺는 편이다. …………………………………………………( )( )

237. 활동적인 편이다. …………………………………………………………………………………( )( )

238. 몸을 움직이는 것을 좋아하지 않는다. ………………………………………………………( )( )

239. 쉽게 질리는 편이다. ……………………………………………………………………………( )( )

240. 경솔한 편이라고 생각한다. ……………………………………………………………………( )( )

241. 인생의 목표는 손이 닿을 정도면 된다. ………………………………………………………( )( )

242. 무슨 일도 좀처럼 시작하지 못한다. …………………………………………………………( )( )

243. 초면인 사람과도 바로 친해질 수 있다. ………………………………………………………( )( )

244. 행동하고 나서 생각하는 편이다. ………………………………………………………………( )( )

245. 쉬는 날은 집에 있는 경우가 많다. ……………………………………………………………( )( )

246. 완성되기 전에 포기하는 경우가 많다. ·······························( )( )

247. 계획 없는 여행을 좋아한다. ·····································( )( )

248. 욕심이 없는 편이라고 생각한다. ·································( )( )

249. 활동력이 별로 없다. ···( )( )

250. 많은 사람들과 왁자지껄하게 식사하는 것을 좋아한다. ···········( )( )

예시 2

▌1~15▌ 다음 주어진 보기 중에서 자신과 가장 가깝다고 생각하는 것은 'ㄱ'에 표시하고, 자신과 가장 멀다고 생각하는 것은 'ㅁ'에 표시하시오.

1
① 모임에서 리더에 어울리지 않는다고 생각한다.
② 착실한 노력으로 성공한 이야기를 좋아한다.
③ 어떠한 일에도 의욕이 없이 임하는 편이다.
④ 학급에서는 존재가 두드러졌다.

ㄱ	① ② ③ ④
ㅁ	① ② ③ ④

2
① 아무것도 생각하지 않을 때가 많다.
② 스포츠는 하는 것보다는 보는 게 좋다.
③ 성격이 급한 편이다.
④ 비가 오지 않으면 우산을 가지고 가지 않는다.

ㄱ	① ② ③ ④
ㅁ	① ② ③ ④

3
① 1인자보다는 조력자의 역할을 좋아한다.
② 의리를 지키는 타입이다.
③ 리드를 하는 편이다.
④ 남의 이야기를 잘 들어준다.

ㄱ	① ② ③ ④
ㅁ	① ② ③ ④

4
① 여유 있게 대비하는 타입이다.
② 업무가 진행 중이라도 야근을 하지 않는다.
③ 즉흥적으로 약속을 잡는다.
④ 노력하는 과정이 결과보다 중요하다.

ㄱ	① ② ③ ④
ㅁ	① ② ③ ④

5　① 무리해서 행동할 필요는 없다.

　② 유행에 민감하다고 생각한다.

　③ 정해진 대로 움직이는 편이 안심된다.

　④ 현실을 직시하는 편이다.

| ㄱ | ① ② ③ ④ |
| ㅁ | ① ② ③ ④ |

6　① 자유보다 질서를 중요시하는 편이다.

　② 사람들과 이야기하는 것을 좋아한다.

　③ 경험에 비추어 판단하는 편이다.

　④ 영화나 드라마는 각본의 완성도나 화면구성에 주목한다.

| ㄱ | ① ② ③ ④ |
| ㅁ | ① ② ③ ④ |

7　① 혼자 자유롭게 생활하는 것이 편하다.

　② 다른 사람의 소문에 관심이 많다.

　③ 실무적인 편이다.

　④ 비교적 냉정한 편이다.

| ㄱ | ① ② ③ ④ |
| ㅁ | ① ② ③ ④ |

8　① 협조성이 있다고 생각한다.

　② 친한 친구의 휴대폰 번호는 대부분 외운다.

　③ 정해진 순서에 따르는 것을 좋아한다.

　④ 이성적인 사람으로 남고 싶다.

| ㄱ | ① ② ③ ④ |
| ㅁ | ① ② ③ ④ |

9
① 단체 생활을 잘 한다.
② 세상의 일에 관심이 많다.
③ 안정을 추구하는 편이다.
④ 도전하는 것이 즐겁다.

| ㄱ | ① ② ③ ④ |
| ㅁ | ① ② ③ ④ |

10
① 되도록 환경은 변하지 않는 것이 좋다.
② 밝은 성격이다.
③ 지나간 일에 연연하지 않는다.
④ 활동범위가 좁은 편이다.

| ㄱ | ① ② ③ ④ |
| ㅁ | ① ② ③ ④ |

11
① 자신을 시원시원한 사람이라고 생각한다.
② 좋다고 생각하면 바로 행동한다.
③ 세상에 필요한 사람이 되고 싶다.
④ 한 번에 많은 일을 떠맡는 것은 골칫거리라고 생각한다.

| ㄱ | ① ② ③ ④ |
| ㅁ | ① ② ③ ④ |

12
① 사람과 만나는 것이 즐겁다.
② 질문을 받으면 그때의 느낌으로 대답하는 편이다.
③ 땀을 흘리는 것보다 머리를 쓰는 일이 좋다.
④ 이미 결정된 것이라도 그다지 구속받지 않는다.

| ㄱ | ① ② ③ ④ |
| ㅁ | ① ② ③ ④ |

13
① 외출 시 문을 잠갔는지 잘 확인하지 않는다.
② 권력욕이 있다.
③ 안전책을 고르는 타입이다.
④ 자신이 사교적이라고 생각한다.

ㄱ	① ② ③ ④
ㅁ	① ② ③ ④

14
① 예절 · 규칙 · 법 따위에 민감하다.
② '참 착하네요'라는 말을 자주 듣는다.
③ 내가 즐거운 것이 최고다.
④ 누구도 예상하지 못한 일을 해보고 싶다.

ㄱ	① ② ③ ④
ㅁ	① ② ③ ④

15
① 평범하고 평온하게 행복한 인생을 살고 싶다.
② 모험하는 것이 좋다.
③ 특별히 소극적이라고 생각하지 않는다.
④ 이것저것 평하는 것이 싫다.

ㄱ	① ② ③ ④
ㅁ	① ② ③ ④

┃1~10 ┃ 다음은 직장생활이나 사회생활에서 겪을 수 있는 상황들이다. 각 상황에 대한 반응의 적당한 정도를 표시하시오.

1 회사의 아이디어 공모에 평소 당신이 생각했던 것을 알고 있던 동료가 자기 이름으로 제안을 하여 당선이 되었다면 당신은 어떻게 할 것인가?

a. 나의 아이디어였음을 솔직히 말하고 당선을 취소시킨다.

매우 바람직하다						전혀 바람직하지 않다.
①	②	③	④	⑤	⑥	⑦

b. 동료에게 나의 아이디어였음을 말하고 설득한다.

매우 바람직하다						전혀 바람직하지 않다.
①	②	③	④	⑤	⑥	⑦

c. 모른척 그냥 넘어간다.

매우 바람직하다						전혀 바람직하지 않다.
①	②	③	④	⑤	⑥	⑦

d. 상사에게 동료가 가로챈 것이라고 알린다.

매우 바람직하다						전혀 바람직하지 않다.
①	②	③	④	⑤	⑥	⑦

2 회사에서 근무를 하던 중 본의 아닌 실수를 저질렀다. 그로 인하여 상사로부터 꾸지람을 듣게 되었는데 당신의 실수에 비해 상당히 심한 인격적 모독까지 듣게 되었다면 당신은 어떻게 할 것인가?

a. 부당한 인격적 모욕에 항의한다.

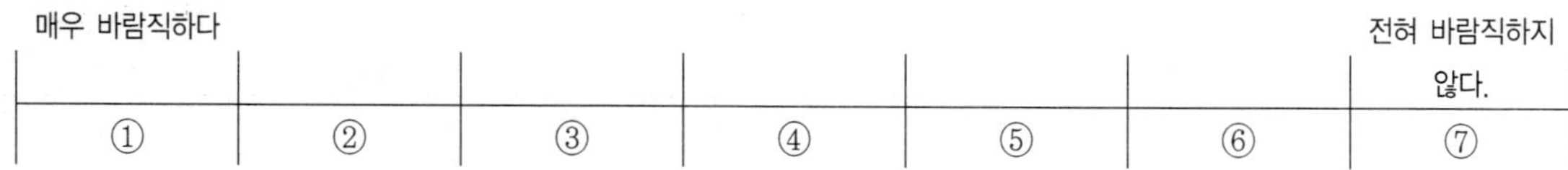

매우 바람직하다   전혀 바람직하지 않다.

① ② ③ ④ ⑤ ⑥ ⑦

b. 그냥 자리로 돌아가 일을 계속한다.

매우 바람직하다   전혀 바람직하지 않다.

① ② ③ ④ ⑤ ⑥ ⑦

c. 더 위의 상사에게 보고하여 그 상사의 사직을 권고한다.

매우 바람직하다   전혀 바람직하지 않다.

① ② ③ ④ ⑤ ⑥ ⑦

d. 동료들에게 상사의 험담을 한다.

매우 바람직하다   전혀 바람직하지 않다.

① ② ③ ④ ⑤ ⑥ ⑦

3 회사의 비품이 점점 없어지고 있다. 그런데 당신이 범인이라는 소문이 퍼져 있다면 당신은 어떻게 할 것인가?

a. 내가 아니면 그만이므로 그냥 참고 모른 척 한다.

매우 바람직하다   전혀 바람직하지 않다.

①   ②   ③   ④   ⑤   ⑥   ⑦

b. 소문을 퍼트린 자를 찾아낸다.

매우 바람직하다   전혀 바람직하지 않다.

①   ②   ③   ④   ⑤   ⑥   ⑦

c. 사람들에게 억울함을 호소한다.

매우 바람직하다   전혀 바람직하지 않다.

①   ②   ③   ④   ⑤   ⑥   ⑦

d. 회사 물품뿐만 아니라 회사 기밀도 마구 빼돌렸다고 과장된 거짓말을 한다.

매우 바람직하다   전혀 바람직하지 않다.

①   ②   ③   ④   ⑤   ⑥   ⑦

4 상사가 직원들과 대화를 할 때 항상 반말을 하며, 이름을 함부로 부른다. 당신은 어떻게 하겠는가?

a. 참고 지나간다.

매우 바람직하다   전혀 바람직하지 않다.

①   ②   ③   ④   ⑤   ⑥   ⑦

b. 상사에게 존댓말과 바른 호칭을 쓸 것을 요구한다.

매우 바람직하다   전혀 바람직하지 않다.

①   ②   ③   ④   ⑤   ⑥   ⑦

c. 더 위의 상사에게 이런 상황에 대한 불쾌감을 호소한다.

매우 바람직하다   전혀 바람직하지 않다.

①   ②   ③   ④   ⑤   ⑥   ⑦

d. 듣지 못한 척한다.

매우 바람직하다   전혀 바람직하지 않다.

①   ②   ③   ④   ⑤   ⑥   ⑦

5 신입사원으로 출근을 한 지 한 달이 지났지만 사무실의 분위기와 환경이 잘 맞지 않아 적응하는 게 무척 힘들고 어렵다고 느끼고 있다. 그러나 어렵게 입사한 직장이라 더욱 부담은 커지고 하루하루 지친다는 생각이 든다. 당신은 어떻게 하겠는가?

a. 분위기에 적응하려고 애쓴다.

매우 바람직하다						전혀 바람직하지 않다.
①	②	③	④	⑤	⑥	⑦

b. 상사에게 힘든 사항을 말하고 조언을 구한다.

매우 바람직하다						전혀 바람직하지 않다.
①	②	③	④	⑤	⑥	⑦

c. 여가시간을 활용한 다른 취미생활을 찾아본다.

매우 바람직하다						전혀 바람직하지 않다.
①	②	③	④	⑤	⑥	⑦

d. 다른 직장을 알아본다.

매우 바람직하다						전혀 바람직하지 않다.
①	②	③	④	⑤	⑥	⑦

6 당신이 야근을 마치고 엘리베이터를 타고 내려가고 있는데 갑자기 정전이 되었다면 어떻게 할 것인가?

a. 비상벨을 누른다.

매우 바람직하다   전혀 바람직하지 않다.

① ② ③ ④ ⑤ ⑥ ⑦

b. 사람을 부른다.

매우 바람직하다   전혀 바람직하지 않다.

① ② ③ ④ ⑤ ⑥ ⑦

c. 핸드폰으로 도움을 요청한다.

매우 바람직하다   전혀 바람직하지 않다.

① ② ③ ④ ⑤ ⑥ ⑦

d. 소리를 지른다.

매우 바람직하다   전혀 바람직하지 않다.

① ② ③ ④ ⑤ ⑥ ⑦

7 30명의 회사직원들과 함께 산악회를 결성하여 산행을 가게 되었다. 그런데 오후 12시에 산 밑으로 배달되기로 했던 도시락이 배달되지 않아, 우유와 빵으로 점심을 때우게 되었다. 점심을 다 먹고 난 후 도시락 배달원이 도착하였는데 음식점 주인이 실수로 배달장소를 다른 곳으로 알려주는 바람에 늦었다고 한다. 당신은 어떻게 할 것인가?

a. 음식점 주인의 잘못이므로 돈을 주지 않는다.

매우 바람직하다   전혀 바람직하지 않다.

① ② ③ ④ ⑤ ⑥ ⑦

b. 빵과 우유값을 공제한 음식값을 지불한다.

매우 바람직하다   전혀 바람직하지 않다.

① ② ③ ④ ⑤ ⑥ ⑦

c. 음식점 주인의 잘못이므로 절반의 돈만 준다.

매우 바람직하다   전혀 바람직하지 않다.

① ② ③ ④ ⑤ ⑥ ⑦

d. 늦게라도 도착하였으므로 돈을 전액 주도록 한다.

매우 바람직하다   전혀 바람직하지 않다.

① ② ③ ④ ⑤ ⑥ ⑦

8 회사의 사정이 좋지 않아 직원을 채용하지 못해 업무량만 늘어나고 있다. 동료 중 한 명이 회사를 떠나려고 사직을 준비하고 있다. 당신은 어떻게 하겠는가?

a. 회사 사정이 좋아질 때까지 조금만 더 참을 것을 요구한다.

매우 바람직하다						전혀 바람직하지 않다.
①	②	③	④	⑤	⑥	⑦

b. 내 업무만 신경쓴다.

매우 바람직하다						전혀 바람직하지 않다.
①	②	③	④	⑤	⑥	⑦

c. 동료가 다른 직장을 구했는지 알아보고 그 회사가 직원을 더 구하고 있는지 알아본다.

매우 바람직하다						전혀 바람직하지 않다.
①	②	③	④	⑤	⑥	⑦

d. 같이 퇴사할 것을 고려해 본다.

매우 바람직하다						전혀 바람직하지 않다.
①	②	③	④	⑤	⑥	⑦

9 회사에서 구조조정을 한다는 소문이 돌고 있으며, 상사와 동료들로부터 냉정하고 따가운 시선이 느껴지다면 당신은 어떻게 하겠는가?

a. 모르는 척 무시한다.

매우 바람직하다						전혀 바람직하지 않다.
①	②	③	④	⑤	⑥	⑦

b. 퇴사를 준비한다.

매우 바람직하다						전혀 바람직하지 않다.
①	②	③	④	⑤	⑥	⑦

c. 싸늘한 시선이 느껴짐을 사람들 앞에서 큰 소리로 말한다.

매우 바람직하다						전혀 바람직하지 않다.
①	②	③	④	⑤	⑥	⑦

d. 다른 사람의 잘못된 점을 은근슬쩍 꼬집어 상사에게 말한다.

매우 바람직하다						전혀 바람직하지 않다.
①	②	③	④	⑤	⑥	⑦

10 평소 애인과 함께 보고 싶었던 유명한 오케스트라 공연 티켓을 간신히 구했다. 회사를 막 퇴근하려고 하는데 상사로부터 전원 야근이라는 소리를 들었다. 당신은 어떻게 하겠는가?

a. 상사에게 양해를 구하고 공연을 보러 간다.

매우 바람직하다						전혀 바람직하지 않다.
①	②	③	④	⑤	⑥	⑦

b. 티켓을 환불하고 다음에 다른 공연을 보러가자고 애인에게 알린다.

매우 바람직하다						전혀 바람직하지 않다.
①	②	③	④	⑤	⑥	⑦

c. 공연관람 후 다시 회사로 돌아와 야근을 한다.

매우 바람직하다						전혀 바람직하지 않다.
①	②	③	④	⑤	⑥	⑦

d. 애인에게 티켓을 주고 다른 사람과 보러가라고 한다.

매우 바람직하다						전혀 바람직하지 않다.
①	②	③	④	⑤	⑥	⑦

면접

1 면접 목적

(1) 역량 검증

면접은 다양한 기법을 활용하여 지원자가 직무에 필요한 능력을 보유하고 있는지 확인하는 절차이다. 지원자는 직무 수행에 필요한 요건과 관련한 자신의 경험, 관심사, 성취 등을 기업에 직접 어필하고, 인사 담당자는 기업은 서류만으로는 알 수 없는 지원자의 정보를 직접적으로 판단하고 평가한다.

(2) 강점 어필

면접은 보통 대면으로 이루어지며, 즉흥적인 질문을 포함하기 때문에 지원자가 완벽하게 준비하기 어렵다. 그러나 지원자에게는 서류 전형에서 미처 보이지 못한 실제 외국어 능력이나 커뮤니케이션 능력, 비즈니스 매너 등을 인사 담당자에게 추가로 어필하는 기회가 될 수 있다.

(3) 가치관 및 태도 확인

지원자의 성실성, 책임감, 윤리 의식 등 기본적인 인성 요소를 종합적으로 판단한다. 위기 상황에서의 태도, 실패 경험에 대한 인식 등을 통해 가치관의 방향성을 확인한다. 이는 장기 근속 가능성과도 밀접하게 연결되는 평가 요소이다.

(4) 의사소통 능력 평가

면접은 질문을 이해하고 핵심을 구조화하여 전달하는 능력을 평가하는 과정이다. 논리 전개력, 표현의 명확성, 경청 태도 등을 종합적으로 본다. 특히 조직 내 보고 · 협업 환경에서 원활한 소통이 가능한지를 판단한다.

(5) 성장 가능성 탐색

현재 역량뿐 아니라 향후 발전 가능성을 함께 평가한다. 피드백 수용 태도, 자기 성찰 능력, 학습 의지를 통해 잠재력을 확인한다. 즉시 투입 가능한 인재와 동시에 장기적으로 성장할 수 있는 인재를 선별하고자 한다.

(1) 경험에 대한 이해와 성찰

면접 평가에서는 지원자가 제시한 경험 그 자체보다 해당 경험을 통해 무엇을 느꼈고 어떤 발전을 이루어냈는지가 더 중요하게 고려된다. 동일한 경험이라 하더라도 문제 인식의 깊이, 판단의 기준, 성찰 정도에 따라 평가가 달라질 수 있다.

(2) 태도와 잠재력

면접관은 지원자의 의사소통 방식, 질문에 대한 반응 등을 통해 협업 능력과 발전 의지를 파악한다. 완벽한 답변보다는 겸손하면서도 주도적인 자세, 피드백을 수용하는 열린 태도, 그리고 조직의 가치관과 부합하는 직업관을 가지고 있을 때 좋은 평가를 받을 수 있다.

(3) 직무 역량

지원 직무와 관련된 이해도, 문제 해결 능력, 실무 적용 가능성을 평가한다. 경험 기반 답변이 구체적일수록 높은 평가를 받을 가능성이 크다.

(4) 의사소통 능력

질문 의도를 정확히 이해하고 구조적으로 답변하는지를 본다. 논리 전개, 핵심 전달력, 태도의 안정성이 중요한 요소이다.

(5) 조직 적합성

기업 문화와의 조화 가능성을 평가한다. 협업 태도, 갈등 해결 방식, 규범 수용 태도 등이 관찰 대상이다.

(6) 태도 및 인성

자신감, 성실성, 책임감, 예의 등을 종합적으로 판단한다. 지나친 과장이나 방어적 태도는 감점 요인이 될 수 있다.

(7) 성장 가능성

현재 능력뿐 아니라 학습 의지와 발전 가능성을 함께 평가한다. 피드백 수용 태도와 자기 성찰 능력도 중요한 요소이다.

면접 준비

1 면접 전 준비 사항

(1) 복장 및 스타일

최근 면접 복장을 점차 자율화하는 추세지만, 인사 담당자와 처음으로 만나는 자리이므로 예의를 갖춰 단정하게 입는 것이 좋다.

- 깔끔한 셔츠나 블라우스에 슬랙스를 매치하는 것이 가장 무난하다. 여성의 경우 단정한 원피스도 좋은 선택지가 될 것이다.
- 너무 화려한 액세서리와 넥타이, 높은 구두는 피하는 것이 좋다.
- 헤어스타일 역시 복장의 일부이기에 단정하게 정돈한다. 앞머리가 있다면 눈을 가리지 않도록 정리한다. 여성의 경우 묶이지 않는 길이가 아니라면 깔끔하게 묶는 것을 권장한다.

(2) 조직 정보 확인

지원한 조직의 홈페이지에서 비전과 경영 목표 등을 미리 확인한다. 조직마다 지향점이 다르고, 그 지향점에 따라 지원자에게 바라는 인재상 또한 달라지기 때문이다. 조직에서 제시하는 핵심 가치나 인재상에 자신의 경험과 강점을 연결 지어 답변할 수 있도록 준비한다.

(3) 시간 준수

예절의 기본은 시간이다. 지각할 경우 면접에 응시할 수 없거나 불이익을 받을 가능성이 높다. 면접 시간과 장소가 결정되면 가장 먼저 교통편과 소요 시간을 미리 확인하도록 한다. 가능하면 사전에 방문해 본다. 면접 당일 여유를 가지고 20 ~ 30분 전에 도착하는 것이 좋다.

(4) 지원서와 자기소개서 숙지

인성 면접은 지원서와 자기소개서에 관한 내용을 바탕으로 진행하기 마련이다. 그러므로 작성했던 지원서와 자기소개서를 사전에 충분히 숙지하도록 한다. 특히 자신이 작성한 경험이나 성과에 대해 '왜 그렇게 했는지', '그 과정에서 무엇을 배웠는지' 등의 세부 내용을 명확히 알고 있어야 꼬리 질문에 대비할 수 있다.

(5) 최신 뉴스와 시사상식 파악

사회 이슈에 대한 견해나 시사상식에 관한 질문에 대비하기 위해, 지원한 분야와 관련된 최신 뉴스와 시사상식을 알아 두는 것이 좋다. 이런 부분에서 해당 조직에 대한 관심, 입사 의지, 직무 이해도 등을 보일 수 있다.

(6) 예상 질문 및 답변 준비

사전에 다빈도 기출 질문 리스트를 만들고 예상 답변을 정리해 본다. 다소 긴장한 상태에서도 자연스럽게 답할 수 있도록 반복해서 연습한다. 거울을 보며 말하거나 답변하는 자신의 모습을 동영상으로 촬영해 보는 것도 도움이 될 수 있다.

(7) 면접 점검표

점검사항	확인
① 면접 장소를 확인했다.	
② 면접 장소까지의 교통편과 소요 시간을 확인했다.	
③ 지원한 조직의 비전과 목표를 확인했다.	
④ 지원한 조직의 인재상을 확인했다.	
⑤ 면접 자리에 알맞은 복장을 준비했다.	
⑥ 헤어스타일을 단정하게 정돈했다.	
⑦ 지원서와 자기소개서를 숙지했다.	
⑧ 지원한 조직의 보도 자료를 확인했다.	
⑨ 지원 분야와 관련된 최신 뉴스를 확인했다.	
⑩ 지원 분야와 관련된 시사상식을 숙지했다.	
⑪ 다빈도 기출 질문 리스트를 만들고 예상 답변을 정리했다.	

(1) 자세

① 인사를 할 때는 목만 숙인다거나 흐트러진 상태가 되지 않도록 주의한다.

② 걸을 때는 상체를 곧게 유지하고 발끝은 평행이 되게 하며 무릎은 스치듯 11자로 걷는다. 보폭은 어깨너비만큼이 적당하지만, 스커트를 입은 경우 보폭을 줄인다.

③ 서 있을 때는 팔을 자연스럽게 내리고 양손을 가볍게 쥐어 바지 옆선에 붙인다. 스커트를 입은 경우 공수 자세를 유지한다.

④ 앉아 있을 때 시선은 정면을 바라보며 턱은 가볍게 당기고 미소를 짓는다.

⑤ 앉고 일어날 때는 자세가 흐트러지지 않도록 의식해서 행동한다.

(2) 언어적 표현

① 인사말을 할 때는 밝고 친근감 있는 목소리로 또박또박 발성하며, 이름과 응시직렬, 수험번호 등을 간략하게 소개한다.

② 면접은 면접관과 지원자가 서로 이야기를 나누는 과정이므로 목소리가 미치는 영향력이 상당히 크다. 때문에 적절한 답변을 하더라도 자신감 없는 작은 목소리나 콧소리를 동반하면 신뢰감이 떨어질 수 있다. 부드러우면서 명확한 목소리를 유지하는 것이 바람직하다.

(3) 비언어적 표현

① 표정은 감정을 가장 잘 표현할 수 있는 의사소통 도구이며, 면접에서 지원자의 첫인상을 결정하는 중요한 요소 중 하나이다. 따라서 면접 중에는 밝은 표정으로 미소를 지어 호감을 형성할 수 있도록 한다.

② 시선은 면접관과 고르게 맞추고 생기 있는 눈빛을 띠도록 한다. 인사 시에는 상대방의 눈을 보며 하는 것이 가장 중요하지만, 너무 빤히 쳐다본다는 느낌이 들지 않도록 주의한다.

(1) 질문 의도 파악 실패

질문과 무관한 답변을 장황하게 이어가는 경우 감점 요인이 된다. 면접은 말하기 시험이 아니라 질문에 정확히 답하는 능력을 평가하는 과정이다. 질문의 핵심을 파악하지 못하면 직무 이해도와 사고력에 대한 신뢰가 낮아질 수 있다.

(2) 경험의 구체성 부족

추상적인 표현이나 일반론적 답변은 실제 역량 검증이 어렵다. 열심히 했다, 최선을 다했다와 같은 표현은 설득력이 낮다. 구체적인 상황·행동·결과가 제시되지 않으면 직무 수행 가능성에 의문이 생길 수 있다.

(3) 책임 회피형 태도

실패 경험을 설명하면서 타인이나 환경 탓으로 돌리는 태도는 부정적으로 평가된다. 조직은 완벽한 인재보다, 문제를 인식하고 개선하는 인재를 선호한다. 책임을 인정하고 학습한 점을 제시하지 못하면 성장 가능성 점수가 낮아질 수 있다.

(4) 과도한 자기 연출

지나치게 이상적이거나 완벽한 모습만을 강조하면 진정성이 의심될 수 있다. 실제 경험과 동떨어진 과장된 답변은 추가 질문에서 쉽게 드러난다. 완벽한 사람보다 예측 가능한 사람을 선호한다는 점을 이해해야 한다.

(5) 비언어적 태도의 불안정성

시선 처리, 표정, 자세, 말의 속도는 신뢰감 형성에 영향을 미친다. 과도한 긴장으로 인한 급한 말투나 불안정한 태도는 준비 부족으로 해석될 수 있다. 안정된 자세와 일정한 말하기 속도는 내용 이상의 평가 요소가 된다.

03 면접 답변 구조

1 STAR

(1) 정의 및 특징

상황과 경험 면접에서 주로 사용한다. 어려운 상황을 극복했던 경험, 갈등을 중재했던 경험 등을 묻는 질문에 답하기 좋다.

상황(situation)		업무(task)		실행(action)		결과(result)
계기나 상황	→	맡은 업무	→	실행한 사례	→	실행의 결과

(2) 질문 답변 예시

> Q. 가장 힘들었던 때와 그때를 극복해 낸 경험을 말해 보십시오.

① S : 고등학교 이 학년 때 동아리 회장직을 맡게 되었습니다. 그런데 내부 갈등으로 인원과 예산이 줄어 동아리를 폐쇄해야 할 위기에 직면했습니다.

TIP 당시 상황과 맥락을 들어 사건의 시발점을 간결하게 제시한다.

② T : 저는 동아리 재건에 도전하기로 마음먹었습니다. 동아리 활성화를 위해 가장 중요한 것은 사람이라고 생각했고, 새로운 동아리 회원을 모집하고자 했습니다.

TIP 주어진 책임이나 목표를 언급하며, 해결해야 했던 핵심 과제 또는 맡은 업무를 중심으로 답변한다.

③ A : 그래서 동아리 홍보 포스터를 만들어 일 학년 게시판이나 복도에 중심적으로 게시하고, 점심시간과 쉬는 시간에 선생님들께 양해를 얻어 일 학년 교실에서 동아리 홍보를 하기도 했습니다.

TIP 중심이 되는 부분이므로 명확하게 전달한다. 문제 해결을 위해 취한 행동을 구체적으로 설명하며, 능동 표현을 사용하는 것이 좋다.

④ R : 그 결과 폐쇄 위기였던 저희 동아리는 일 년 만에 학교에서 신입생이 가장 많은 동아리가 되었고, 이후 다양한 활동을 하며 동아리를 활성화했습니다. 이 경험으로 문제 해결을 위해 주도적으로 행동하는 자세의 중요성을 배울 수 있었습니다.

TIP 구체적인 성과를 언급하며 마무리한다. 가능하다면 수치나 객관적 지표를 제시하는 것이 효과적이다. 배운 점 또는 느낀 점을 덧붙이면 더 좋은 인상을 남길 수 있다.

2 SCAR

(1) 정의 및 특징

압박이나 개별 면접에서 주로 사용한다. 갈등이나 위기, 도전 경험을 설명하는 데 유용하게 사용할 수 있다.

상황(situation)		위기(crisis)		행동(action)		결과(result)
상황 설명	→	위기 상황	→	위기 해결 행동	→	행동의 결과

(2) 질문 답변 예시

> Q. 갈등 상황을 중재한 적이 있습니까? 있다면 경험을 말해 보십시오

① S : 팀 프로젝트에서 자료 분석 방향을 두고 두 명이 서로 다른 해석을 주장하며 큰 의견 차이를 보인 적이 있었습니다.

TIP 지원 분야와 관련한 전문적인 과제 및 업무 상황의 내용을 제시하면 유리하다.

② C : 가벼운 토의에서 시작했지만 분석 기준과 책임 범위를 두고 감정적인 논쟁으로까지 번졌고, 이에 따라 프로젝트가 무산될 위험까지 생겼습니다.

TIP 위기 또는 갈등 상황을 구체적으로 설명한다. 예상되었던 부정적인 결과를 덧붙이면 상황의 심각성을 더욱 설득력 있게 전달할 수 있다.

③ A : 저는 우선 갈등 악화를 막기 위해 회의를 중단하고, 이후 중립적인 기준을 바탕으로 두 주장을 정리한 뒤, 타협안을 도출해서 다음 회의 때 제시했습니다.

TIP 자신의 역할과 행동을 중심으로 답변한다. 가능한 경우 문제의 접근 방법과 합리적인 판단의 근거 등을 함께 설명하면 좋다.

④ R : 그 결과, 의견이 원만하게 통일되어 프로젝트에서 만족스러운 결과를 얻을 수 있었습니다. 저는 이를 통해 양측의 입장을 헤아려 합리적인 해결책을 제시하는 중재자의 역할을 경험했습니다.

TIP 앞서 언급한 행동의 긍정적인 결과를 제시하고, 그로 인해 얻은 교훈이나 역량으로 마무리한다.

(1) 정의 및 특징

토론이나 발표 면접에서 주로 사용한다. 논리적인 이유와 실제 사례 및 데이터에 기반하므로 설득력 있는 주장을 펼칠 수 있다.

주장(point)	→	이유(reason)	→	사례(example)	→	주장(point)
주장 제시		논리적 이유		근거 보충		주장 강조

(2) 질문 답변 예시

> Q. 재택근무 제도에 대해 어떻게 생각하십니까?

① P : 저는 재택근무 제도에 찬성합니다. 재택근무를 확대하는 것이 조직의 발전에 도움이 된다고 생각합니다.

TIP 주장과 주장의 핵심이 되는 내용을 시작으로 답변을 전개한다. 짧고 간결한 표현을 사용하면 좋다.

② R : 업무 특성에 따라 유연한 근무 환경을 제공하면 직원들의 업무 집중도와 조직 전체의 효율성이 높아질 수 있기 때문입니다.

TIP 주관적인 판단보다는 주제를 객관적으로 파악하는 관점을 가지는 것이 좋다.

③ E : 실제로 근래에 많은 기업이 재택근무를 도입하기 시작했는데, 출퇴근 시간 단축과 자율적인 근무 환경으로 만족도와 생산성이 동시에 향상되었다는 조사 결과가 있었습니다.

TIP 근거와 직접적으로 연결되는 부연 설명을 덧붙인다. 연구 결과, 기사, 통계 등을 활용하면 신뢰성과 설득력을 높일 수 있다.

④ P : 그러므로 재택근무 제도를 적극 도입해 근무자의 업무 수행력을 높일 수 있도록 도와야 한다고 생각합니다.

TIP 마무리 단계에서 처음 주장을 반복함으로써 자신의 의견을 강조할 수 있다. 제안이나 기대 효과 등을 함께 언급하면 논리의 전문성을 높이는 데 도움이 된다.

④ OREO

(1) 정의 및 특징

토론이나 발표 면접에서 주로 사용한다. 설득보다는 설명과 이해를 좀 더 중시한다는 특징이 있다.

주장(opinion)	→	이유(reason)	→	예시(example)	→	주장(opinion)
주장 명시		논리적 이유		구체적 예시		주장 강조

(2) 질문 답변 예시

> Q. 현재 동물 학대 처벌 수준에 대해 어떻게 생각하십니까?

① O : 저는 동물 학대에 대한 처벌을 크게 강화해야 한다고 생각합니다.

TIP 도입부에서 자신의 주장을 명확하게 제시한다. 추상적이거나 애매한 입장은 피하고 확실한 태도를 갖는 편이 더욱 신뢰감을 줄 수 있다.

② R : 동물 또한 감정과 고통을 가진 존재이기 때문에 윤리적으로 충분히 보호받아야 할 필요가 있습니다. 그러나 현행 처벌 수준으로는 동물 학대의 실질적인 억제 효과가 부족합니다.

TIP 의견을 뒷받침하는 논리적 근거를 중심으로 답변한다. 이때 주장과 이유의 인과관계를 분명히 하여, 타당하고 듣는 이가 납득하기 쉽게 구성하는 것이 좋다.

③ E : 일부 국가에서는 동물 학대에 대한 처벌을 강화한 후, 관련 범죄가 감소하고 동물 복지 의식이 높아졌다는 보고가 있습니다. 예를 들어, 독일은 헌법에 동물 보호를 명시하고 학대자에 대해 최대 3년의 징역형을 집행하면서, 동물 학대가 매우 드문 국가가 된 사례가 있습니다.

TIP 구체적인 사례나 통계를 제시하여 주장과 이유를 보다 자세히 설명한다. 이때 검증할 수 있고 신뢰가 가는 자료를 채택하는 것이 좋다.

④ O : 따라서 동물 학대에 대한 처벌을 대폭 강화해 실질적인 동물 복지를 개선하고 사회 전반의 윤리적 수준을 높여야 한다고 생각합니다.

TIP 핵심 의견을 다시 강조하며 마무리한다. 가능하다면 예상되는 결과나 미래 전망 등을 함께 언급해서 결론을 더 강조할 수 있다.

면접 유형 및 준비전략

1 인성면접

(1) 평정 요소

① 대인관계능력

> • 처음 만나는 사람과 쉽게 친해지는 편입니까?
> • 생각이 다른 동료와 함께 일했을 때 어떻게 협업했습니까?
> • 업무 중 동료와 갈등이 생긴다면 어떻게 하겠습니까?

㉠ 협조성과 갈등 중재 능력, 팀워크 등을 심사하는 질문이다. 인사 담당자로서는 동료들과 얼마나 원활한 관계를 형성하고 유지해 나가는지도 중요한 평정요소이다.

㉡ 대인관계능력은 의사소통에서 시작한다. 의사소통능력은 단순히 조리 있게 말을 잘 하는 것뿐만 아니라 경청하는 자세, 문서를 읽고 쓰는 능력, 기초 외국어 능력까지 포함한다.

② 자기계발능력

> • 가장 힘들었던 때와 그때를 극복해 낸 경험을 말해 보십시오.
> • 입사 후 전문성을 키우기 위해 어떤 자기 계발을 할 계획입니까?
> • 새로운 업무 시스템이나 절차가 도입되었을 때 빠르게 이해하고 적응했던 경험이 있습니까?

㉠ 과거에 자기 계발을 했던 경험, 또는 입사 후 포부 등 다양한 형태로 질문한다.

㉡ 과거의 경험은 자신의 부족한 점이나 약점을 인식한 후 어떤 노력을 통해 극복했는지, 입사 후 포부는 자신의 부족한 점을 어떻게 더욱 개발할지를 묻는다.

③ 스트레스 관리

> • 취미가 무엇입니까?
> • 자신만의 스트레스 관리법이 있습니까?
> • 평소 여가시간을 어떻게 보내는 편입니까?

㉠ 스트레스를 어떻게 관리하고 해소하는지를 통해 인사 담당자는 해당 지원자가 압박 상황에서 어떻게 대처하는지를 알 수 있다.

㉡ 취미나 여가 시간을 묻는 단순한 질문에도 자신의 직무 역량과 연결해 답하는 것이 중요하다.

④ 성실성

> • 장기간 꾸준히 노력했던 경험을 말씀해 주십시오.
> • 마감 기한이 촉박했던 상황에서 어떻게 대응했는지 구체적으로 설명해 보십시오.
> • 반복적이고 단조로운 업무를 맡았을 때 어떻게 동기를 유지했습니까?

㉠ 성실하게 근무를 했었던 경험에 대해서 질문한다.

㉡ 장기 근속 여부 및 맡은 업무를 성실하게 할 수 있는 가를 중요하게 확인한다.

⑤ 책임감

> • 본인의 실수로 문제가 발생했던 경험과 그 해결 과정을 설명해 보십시오.
> • 팀 프로젝트에서 갈등이 발생했을 때 본인은 어떤 역할을 했습니까?
> • 맡은 역할 이상으로 추가적인 책임을 수행했던 경험이 있다면 말씀해 주십시오.

㉠ 업무에 책임감을 확인하는 평정요소이다.

㉡ 문제 해결을 한 경험에 대해서 빈번하게 묻는다.

⑥ 가치관 및 조직적합성

> • 조직 내에서 규정과 개인의 판단이 충돌한다면 어떻게 행동하시겠습니까?
> • 본인이 중요하게 생각하는 직장인의 덕목은 무엇입니까?
> • 상사의 지시가 본인의 생각과 다를 경우 어떻게 대응하겠습니까?

㉠ 가치관을 확인하는 질문을 하는 평정요소이다.

㉡ 인성검사 결과와 연관되는 질문을 빈번하게 하는 편이다.

⑦ 의사소통 태도 및 안정성

> • 본인의 의견이 받아들여지지 않았던 경험을 설명해 보십시오.
> • 예상치 못한 질문을 받았을 때 어떻게 대응하시겠습니까?
> • 면접과 같은 긴장 상황에서 본인을 어떻게 조절합니까?

㉠ 의사소통 및 소통능력을 확인하는 평정요소이다.
㉡ 동료들과 의사소통을 통해서 갈등을 해결한 경험을 주요하게 물어본다.

(2) 준비전략

인성면접은 지원자의 인품을 넘어 상기 평정 요소들을 평가하는 일종의 구술시험이다. 따라서 인성 평가라는 사고에 갇혀 무난한 모범 대답만 반복하는 것은 피해야 한다. 질문의 의도를 파악하고 그것을 조리 있게 말하는 능력이 중요하다. 주로 지원서나 자기소개서에 기반으로 하는 질문 또는 사회적으로 쟁점이 되는 뉴스와 시사상식에 대한 견해를 묻기 때문에 해당 내용을 사전에 숙지해야 한다.

❷ 직무면접

(1) 평정 요소

① 직무상식

> • A 프로그램을 사용할 수 있습니까?
> • 해당 업무를 수행할 때 바람직한 태도는 무엇입니까?
> • 직무와 관련해 개인적으로 학습하거나 준비한 것이 있습니까?

▽ 직무를 수행할 최소한의 학습 경험과 이해도·관심도를 갖추었는지를 평가한다.

▼ 해당 직무를 담당할 때 필요한 기초 지식과 태도 등의 이해를 필요로 한다.

◆ 전공 개론 수준의 이론 또는 사용하는 툴이나 프로그램 등을 묻는다.

② 응용능력

> • 업무 과정에서 비효율적인 부분을 발견하고 개선한 경험이 있습니까?
> • 업무에서 실수를 줄이고 정확성을 유지하기 위한 자신만의 방법이 있습니까?
> • 업무 마감 시간이 얼마 남지 않았는데 시스템 오류가 발생했다면 어떻게 하겠습니까?

▽ 직무 지식을 실제 현장에서 응용할 수 있는지 파악하기 위한 질문이다.

▼ 직무와 관련된 상황을 분석하고 해결 전략을 제시하는 논리적 사고를 필요로 한다.

◆ 어떠한 상황을 주고 그 상황에서 본인이라면 어떻게 할 것인지를 묻는 경우가 많다.

③ 직무이해도

> • 이 직무를 수행하는 데 가장 중요한 역량은 무엇이라고 생각합니까?
> • B 법이 다음 달부터 개정 발효되는데 이유를 알고 있습니까?
> • C 안건을 본인이 한다면 어떤 순서로 하겠습니까?

▽ 지원하는 업무를 정확히 이해하고 있는지를 확인하기 위한 질문이다.

▼ 자신이 어떤 일을 해야 하는지 알고 해당 직종의 정책 및 지향점을 명확히 파악하는 것이 중요하다.

◆ 직무에 대한 세부적인 질문을 받았을 때, 기업의 비전 또는 미션과 해당 직무의 역할을 연결 지어 답변하는 것 또한 좋은 어필이 된다.

(2) 준비전략

직무면접은 지원자의 직무 적합성을 검증하기 위한 면접이므로, 지원하는 직무에 대한 기본 이론부터 응용 상식까지 포괄적인 내용을 숙지하는 것이 중요하다. 채용 공고의 직무 설명, 홈페이지의 기업의 직무 소개, NCS 직무기술서 등을 토대로 필요 역량과 툴 등을 명확하게 파악하도록 한다.

❸ AI 면접

(1) 특징

AI가 면접관 역할을 대신하는 비대면 면접 유형 중 하나이다. 화상 카메라, 마이크 등을 준비해야 한다는 번거로움이 있지만, 시간과 장소의 제약이 없다는 것이 장점이다. AI가 지원자의 시선, 말투, 표정, 제스처까지 전부 분석하고 많은 인원의 면접을 빠르게 치를 수 있다는 점에서 AI 면접을 선호하는 곳이 늘고 있다.

(2) 준비전략

① AI 면접에서는 시선처리와 발음, 응답속도가 중요한 평가 요소로 작용한다. 많은 지원자가 카메라가 아닌 화면을 보는 실수를 하는데, AI 면접 시에는 화면이 아닌 카메라를 정확히 보는 연습을 하는 것이 좋다.

② 음성 인식 정확도를 높이기 위해서는 또박또박 천천히 말하고, 질문이 끝난 뒤 2 ~ 3초 정도의 간격을 두고 대답한다.

❹ 개별면접

(1) 특징

한 명 또는 여러 명의 면접관과 한 명의 지원자가 면접을 치르는 것이다. 지원자가 한 명인 만큼 심층적인 질문과 다양한 꼬리 질문을 받는다. 지원자의 사고 과정과 태도를 집중적으로 검증할 수 있다는 특징이 있다.

(2) 준비전략

① 심화 질문에 대비하기 위해서는 채용 공고, 기업의 비전과 미션, 보도 자료, 직종과 관련된 시사상식, 최근 이슈, 지원서와 자기소개서 등을 모두 꼼꼼하게 숙지하도록 한다.

② 다 대 일 면접의 경우 심리적 압박감이 강할 수 있으므로 모의 면접을 통해 여러 면접관의 질문에 차분히 대응하는 연습을 해두는 것이 좋다.

③ 한 면접관의 질문에 답변할 때도 다른 면접관들과 자연스럽게 시선을 나누며 소통하는 자세를 유지해야 한다.

5 토론면접

(1) 특징

면접자들을 조별로 나누어 특정 주제를 주고 찬반 토론을 하도록 하는 면접이다. 토론을 통해 도출해 낸 최종안도 중요하지만, 결론을 도출하는 과정에서의 의사소통능력 및 갈등 상황에서 의견을 조정하는 대처 능력 등도 중요하게 평가된다.

(2) 준비전략

① 적극적으로 나의 의견을 주장하는 것도 중요하지만, 경청하고 조정하는 능력도 평정 요소 중 하나라는 사실에 유념하여 토론에 임해야 한다. 다른 사람이 발언할 때 고개를 끄덕이거나 적절한 반응을 보이며 경청하는 비언어적 커뮤니케이션을 잊지 않도록 한다.

② 주제는 주로 최근 사회 이슈나 업계 관련 쟁점 중에서 나오는 경우가 많으므로 이를 중심으로 공부하는 것이 좋다.

6 상황면접

(1) 특징

실제 업무 중 마주할 수 있는 상황을 제시하고 어떻게 행동할 것인지를 묻는 방식으로 진행하는 면접이다. 현장에서 겪을 수 있는 상황을 제시함으로써 입사 이후의 실제적인 업무 수행 능력을 중점적으로 평가한다.

(2) 준비전략

① 상황면접 특성상 면접 질문이 길다는 점에 유의한다. 질문의 핵심 의도를 짚어내고 적절한 답을 제시할수록 높은 점수를 얻을 수 있다.

② 다양한 관점을 고려하여 어려운 문제 상황에 대한 답을 미리 생각해 보고 구조화된 면접 답변을 준비하는 것이 좋다.

7 **비대면 면접**

(1) 특징

면접관과 지원자가 대면하지 않은 상태에서 진행하는 면접이다. 화상 프로그램을 통해 면접관과 질의문답을 주고받는 것과, 주어진 주제나 질문에 답하는 모습을 녹화하여 제출하는 것 두 종류로 나뉜다. 면접관이 사람이라는 점에서 AI 면접과는 차이가 있다.

(2) 준비전략

① 카메라와 마이크가 잘 작동하는지, 프로그램 설치나 설정이 맞게 되어있는지를 사전에 반드시 점검하도록 한다.

② 화면이 아닌 카메라 렌즈를 향해서 자연스러운 시선 처리를 유지하고, 질문이 끝난 뒤 2 ~ 3초의 간격을 두고 또렷하게 답변하는 것이 좋다.

③ 시스템 오류 등의 예상치 못한 상황이 벌어지더라도 당황하지 않고 침착하게 담당자의 안내에 따르도록 한다.

8 **외국어 면접**

(1) 특징

외국어로 진행되는 면접으로, 외국계 기업이나 업무상 외국어를 많이 사용하는 직종에서 주로 시행한다. 전문용어나 비즈니스 매너 등까지 전반적으로 갖춰야 하므로, 원어민 면접관이 면접을 진행하는 때도 많다.

(2) 준비전략

① 중요한 건 자신감이다. 면접장에서 외국어를 완벽하게 구사해야 한다는 사실을 부담스러워하는 지원자가 많다. 그러나 완벽하지 않더라도 자신감 있게 나를 표현하는 모습이 좋은 평가를 받을 수 있다.

② 문화권마다 예의범절이나 비즈니스 매너 등이 다르다는 점에 유의하고 미리 숙지하도록 한다.

9 **발표면접 (PT면접)**

(1) 특징

지원자가 제시된 특정 주제와 자료를 토대로 자기 생각을 발표하는 면접이다. 주어진 자료에서 핵심 주제와 맥락을 짚어낼 수 있는 능력과, 그것들을 기반으로 문제를 해결할 수 있는 능력 등이 주요 평정 요소이다.

(2) 준비전략

① 주제와 상황을 명징하게 파악하는 것이 가장 중요하다. 강조하고자 하는 핵심을 찾아내고, 서론 – 본론 – 결론의 체계적인 구조를 사용하여 이를 드러내는 것이 좋다.

② 발표할 때는 주어진 시간을 엄수하여 명확하고 자신 있는 태도로 한다.

10 **다(多) 대 다(多) 면접**

(1) 특징

다수의 면접관과 다수의 지원자가 함께 면접을 보는 것이다. 개별 역량뿐만 아니라 다른 지원자들과의 상호작용, 경쟁 상황에서의 태도 등을 종합적으로 평가한다. 제한된 시간 내에 자신을 효과적으로 드러내야 하는 점이 어렵지만, 다른 지원자와 비교하여 자신의 취약점이나 강점을 파악할 수 있다는 장점도 있다.

(2) 준비전략

① 사람들 사이에서 자신을 보여주는 것도 중요하지만, 다른 지원자들을 향한 태도도 중요하다. 다른 지원자가 답변할 때는 그 지원자를, 면접관이 질문할 때는 그 면접관을 바라보며 경청하는 태도를 보인다.

② 다른 지원자와 답변이 겹치지 않도록 한 질문에 다양한 답변을 준비하는 것이 좋다.

Q. 자기소개를 간단하게 해 보세요.

A. 안녕하십니까, A사 B계열에 지원한 OOO(이)라고 합니다. 저는 제 핵심 강점인 책임감을 바탕으로, 어느 조직에서나 끈질긴 분석과 협업을 통해 목표 달성에 기여하고자 노력해 왔습니다. 이 과정에서 업무에 필요한 문제 해결 능력과 추진력 또한 키울 수 있었습니다. 실제로 여러 프로젝트에 참여하여 직접 제안한 아이디어로 성과 개선에 기여한 경험이 있습니다. 입사 후에도 이러한 역량과 경험을 바탕으로 빠르게 업무에 적응하고, 장기적으로는 A사의 핵심 인재로 성장할 수 있도록 노력하겠습니다. 감사합니다.

> **TIP** 블라인드 면접 시 학교명이나 나이 등의 신상정보를 빼고, 직무와 관련된 강점 중심으로만 답변해야 한다. 자신의 성향을 한 문장으로 요약하고, 이어서 간단한 경험으로 근거를 제시한 뒤, 그 역량이 지원 직무에 어떻게 도움이 되는지 언급하며 마무리하면 좋다.

Q. 우리 회사를 지원한 이유는 무엇입니까?

A. 회사의 성장 방향성 및 추구하는 목표가 제 가치관과 역량에 잘 맞는다고 생각했기 때문입니다. 저는 조직의 성격과 구성원의 역량이 맞닿을 때 가장 큰 성과를 만든다고 믿습니다. A사가 명확한 목표를 갖고 체계적으로 성장 전략을 실천하는 조직 문화를 갖추고 있으며, 구성원들이 도전하면서도 협업을 중시하는 환경에서 일하고 있다는 점이 인상 깊었습니다. 저 또한 A사에서 책임감 있게 협업하고 결과를 내는 사람으로 성장하고 싶어 지원했습니다.

> **TIP** 홈페이지나 채용 공고에서 언급되는 핵심 가치 또는 인재상을 파악하고, 이를 자신의 성향과 연결 지어 기업과 자신의 지향점이 일치함을 강조하는 것이 바람직하다. 마무리는 능동적이고 미래지향적인 표현을 사용해 입사 의지를 드러내면 좋다.

Q. 해당 직무에 지원한 이유는 무엇입니까?

A. 저는 문제를 해결하고 가치를 창출하는 과정에서 큰 성취를 느끼는 사람입니다. 해당 직무가 분석을 바탕으로 명확한 결과를 만들어내며, 팀과 조직 목표 달성에 직접적으로 기여할 수 있다는 점이 매력적으로 다가왔습니다. 이전에도 주어진 과제를 체계적으로 분석하고 접근하여 성과를 낸 경험이 많이 있습니다. 때문에 해당 직무에서 제 흥미와 역량을 가장 효과적으로 발휘할 수 있다고 생각했습니다.

> TIP 직무에 대한 지원자의 이해도와 직무 적합성을 파악하기 위한 질문이다. 효과적인 답변을 위해서는 지원하는 직무의 핵심 역할을 정확히 파악하고 있다는 사실을 드러내고, 그 안에서 자신의 역량을 발휘할 수 있다는 점을 어필하는 것이 좋다. 해당 역량을 효과적으로 발휘한 사례를 더하면 설득력을 높일 수 있다.

Q. 자신의 장·단점은 무엇이라고 생각합니까?

A. 저의 장점은 인내심입니다. 어렵고 힘든 문제를 만나도 쉽게 포기하지 않고 해결할 때까지 끊임없이 노력하기 때문입니다. 단점은 목표가 없으면 쉽게 나태해진다는 점입니다. 이를 극복하기 위해서 평소에도 맡은 일에 단계별로 구체적인 목표와 계획을 세우고 점검하는 습관을 만들었습니다.

> TIP 장·단점을 묻는 질문은 자신의 약점을 어떻게 관리하고 성장의 계기로 삼는지를 평가하기 위한 목적이 있다. 따라서 단점을 언급할 때는 너무 사소하거나 추상적인 것보다는 개선 가능성과 보완 의지를 드러낼 수 있는 현실적인 문제를 제시하는 것이 좋다.

Q. 취미가 무엇입니까?

A. 제 취미는 조깅입니다. 운동을 하면 몸과 마음이 개운해질 뿐만 아니라 생각도 정리할 수 있기 때문입니다. 건강관리에 큰 도움이 되고 있기 때문에 조금 바쁘거나 피곤하더라도 시간을 내 꾸준히 조깅이나 산책을 하고 있습니다.

> TIP 취미를 통한 지원자의 성실성, 자기관리 태도 등을 파악하려는 의도를 내포한다. 따라서 단순히 '운동을 좋아한다', '독서를 한다'처럼 열거식으로 답하기보다, 해당 취미가 자신에게 어떤 긍정적 영향을 주는지를 들어 답변하는 것이 바람직하다.

Q. 여가 시간은 주로 어떻게 보냅니까?

A. 여가 시간에는 주로 취미인 조깅을 하면서 보내는 편입니다. 하지만 밤이거나 날씨가 안 좋을 때는 책이나 영화를 보기도 합니다. 중요한 것은 균형 있는 활동과 휴식을 통해 체력을 관리하며 업무 시간에 필요한 집중력을 확보하는 것이라고 생각합니다.

TIP 시간 분배와 자기관리에 대한 체계적인 태도나 긍정적으로 업무 에너지를 회복하는 모습을 보이면 좋은 인상을 남길 수 있다. 이는 주어진 자원을 효율적으로 활용하고 장기적인 업무 수행에서도 안정적인 성과를 낼 수 있는 사람으로 평가 받는 데 도움을 준다.

Q. 자신만의 스트레스 해소법이 있습니까?

A. 스트레스를 받는 상황이 생기면 우선 감정적으로 반응하기보다 이성적으로 상황을 정리하고 마음을 다스릴 수 있도록 노력합니다. 보통 짧은 산책이나 조깅으로 생각을 환기하는 것이 도움 되었습니다. 스트레스 해소는 감정 배출이 아닌 문제를 해결하기 위한 정리 과정이라고 생각하고 있습니다.

TIP 긍정적이며 건강한 방법을 제시하고, 구체적인 예시를 들어 자신만의 스트레스 해소법을 언급하는 것이 좋다. 이를 통해 압박 상황에서도 일의 균형과 효율을 유지할 수 있는 안정적인 지원자로 인식될 가능성이 높다.

Q. 가장 최근에 읽은 책은 무엇입니까?

A. 카시와기의 「데이터 문해력」을 읽었습니다. 데이터를 어떻게 해석하고 업무 의사결정에 활용할 것인지에 대한 책입니다. 데이터 활용 능력이 더욱 중요해지고 있는 시대인 만큼 데이터를 통해 실제 문제를 해결하는 방법을 더 잘 이해해야 한다고 생각했습니다. 책을 읽으며 데이터를 다루는 기술적 역량뿐만 아니라 그 속의 맥락을 이해하는 능력도 함께 키워야겠다고 느꼈습니다.

TIP 자기 계발과 직무 역량 향상을 위해 노력하는 태도를 어필할 수 있는 질문이다. 단순히 책의 줄거리나 내용 요약을 말하기보다, 그 책을 통해 무엇을 느꼈고 어떤 점을 배우게 되었는지를 중심으로 답변하면 설득력이 높아진다.

Q. 자신을 리더라고 생각합니까, 팔로워라고 생각합니까?

A. 저는 팔로워에 좀 더 가깝다고 생각합니다. 지금까지 상황을 분석하고 소통하는 능력을 통해 리더의 아래에서 팀을 하나로 만든 경험이 많았기 때문입니다. 그러나 좋은 팔로워의 경험이 있어야 좋은 리더도 될 수 있다고 생각합니다. 조율이 필요한 순간에는 앞장서서 의견을 모으고 정리하는 리더 역할도 마다하지 않고자 합니다. 팀의 성과를 위해 두 역할을 유연하게 수행하는 사람이 되겠습니다.

TIP 자신의 강점과 역량에 대해 충분히 이해하고 있는 것이 중요하다. 구체적인 경험을 근거로 들어, 적절한 자리에서 스스로의 역할을 충실히 수행할 수 있는 인재라는 점을 설명한다. 가능하다면 한쪽만 일방적으로 강조하기보다 두 역할을 상황에 따라 조화롭게 수행할 수 있는 유연성을 보여주어도 좋다.

Q. 자신보다 어린 상사에 대해 어떻게 생각합니까?

A. 나이보다는 개인이 가진 전문성과 역량이 더 중요하다고 생각하므로 개의치 않습니다. 실제로 인턴 활동 중 저보다 어린 선배와 함께 일했던 적이 있습니다. 그분은 업무 경험이 많고 문제 해결 능력이 뛰어났기 때문에 옆에서 많이 여쭤보고 배울 수 있었습니다. 조직에서 상사라는 사실은 그만큼 인정받은 경력이 있다는 의미이기 때문에, 나이와 관계없이 존중하며 배우는 자세로 임하겠습니다.

TIP 조직 내 위계에 대한 이해도와 관계 유연성을 파악하기 위한 목적이 있다. 합리적인 근거와 경험을 토대로 연령보다 역량을 중시하는 성숙한 사고방식을 드러내는 것이 좋다.

Q. 상사가 업무와 무관한 사적인 일을 시킨다면 어떻게 하겠습니까?

A. 먼저 지시받은 일의 목적과 필요성을 여쭤보겠습니다. 신입사원인 만큼 제가 해당 지시의 의미를 제대로 파악하지 못했을 수 있다고 생각하기 때문입니다. 그럼에도 명백히 업무와 무관한 사적인 일이라고 판단되면, 현재 더 필요한 업무에 집중하기 위해서 정중하게 거절하겠습니다.

TIP 지원자의 문제 대처 능력, 윤리관 등을 평가할 수 있는 질문이다. 우선 상황을 객관적으로 파악하려는 시도 이후 합리적인 결정을 내리는 모습을 보이면 보다 긍정적인 평가를 받을 수 있다. 언행에서는 예의와 조직 존중의 자세를 잃지 않는 태도 또한 중요하다.

Q. 원하지 않는 지방이나 외국으로 발령을 받는다면 어떻게 하겠습니까?

A. 지원할 때 순환근무에 대한 사실을 충분히 숙지했기 때문에 기꺼이 받아들일 준비가 되어있습니다. 저는 환경이 바뀌는 것을 어려워하지 않고, 새로운 일에 도전하는 것을 좋아하는 편입니다. 물론 처음에는 낯설 수도 있지만, 그만큼 다양한 경험을 쌓고 폭넓은 시각을 갖춰 보다 성장하는 기회로 삼고자 합니다.

TIP 기업의 인사 정책을 존중하면서도 변화에 긍정적으로 대응하려는 자세로 답변하는 것이 바람직하다. 즉, 곤란하다거나 어렵다고 단정 짓기보다는 이를 성장의 기회로 삼아 조직에 기여하겠다는 의지를 드러내는 것이 좋다.

Q. 과도한 업무가 주어져서 일과 개인 시간의 밸런스가 무너진다면 어떻게 하겠습니까?

A. 우선은 저의 업무 처리 방식을 점검해보겠습니다. 업무에 요령이 부족하거나 서툴러서 생긴 문제일 수 있으므로 이를 개선해야 한다고 생각합니다. 선배님께 효율적인 방법을 여쭤보고 불필요한 시간을 줄이는 법을 익힐 계획입니다. 그런데도 업무량이 과다하다고 느껴진다면, 팀 내 상급자분께 상담을 요청해 조율하겠습니다.

TIP 먼저 스스로 업무를 완수하려는 의지를 보이고, 개인의 역량을 넘는 불가피한 상황임을 인지했을 때는 구체적인 해결 전략을 제시하여 원만한 문제 해결 능력과 소통 능력을 갖추었음을 밝히는 것이 바람직하다.

Q. 만약 이번 채용에 불합격한다면 어떻게 하겠습니까?

A. 겸허히 결과를 받아들이고 준비 과정에서 부족했던 부분을 점검하는 계기로 삼겠습니다. 특히 면접을 준비하며 느꼈던 제 역량의 한계나 보완이 필요하다고 생각한 부분을 중심으로 다시 정리하고, 관련 경험과 역량을 보완해 나가겠습니다.

TIP 채용 결과와 관계없이 지원자의 회복 탄력성, 직무에 대한 지속적인 관심과 준비 의지를 확인하고자 하는 질문이다. 감정적으로 반응하기보다는 자신에게 부족했던 점을 돌아보고 향후 계획을 성숙하게 수립하겠다는 태도를 보이는 것이 좋다.

1 LS그룹 면접 소개

면접은 1차 실무면접과 2차 임원면접으로 이루어지며, 보통 다대다 면접을 기본으로 한다. 또한 계열사 별로 요구하는 역량이 다르기 때문에 영어, PT면접을 거쳐 직무역량을 테스트 하기도 한다.

2 면접기출 질문

① 이 분야에 지원한 동기는 무엇이고, 이 분야를 잘할 수 있는가?

② 면접관에게 질문해보라

③ 본인만이 가지고 있는 장점은 무엇인가?

④ 노조에 대해서 어떻게 생각하는가?

⑤ 자신의 학점에 대해서 어떻게 생각하는가?

⑥ 과정과 결과 중 어느 것이 중요한가?

⑦ 준비한 자기소개 말고 LS그룹 준비 과정부터 합격 후 포부까지 1분 내로 말해보시오.

⑧ 영어로 방금한 말을 다시 해보시오.

⑨ 대학 졸업 후 공백 기간 동안 어떠한 일을 하였는가? (*공백기 있는 지원자들에게는 빠지지 않고 물어본 질문)

⑩ 자신이 좋아했던 전공과목은 무엇인가?

⑪ LS그룹에 대하여 알고 있는 정보를 말해보시오.

⑫ 당사 제품의 제조공정에 대해 설명해보시오.

⑬ 희망근무지역 선택사유는 무엇인가?

⑭ 자신을 동물에 비유하면 무엇이며, 그 선택이유는 무엇인가?

⑮ 다른 회사 지원한 곳이 있는가, 왜 떨어졌다고 생각하는가?

⑯ 지원자의 생활신조 또는 좌우명은 무엇인가?

⑰ 자신이 생각하였던 것보다 실질적으로는 연봉이 적을 것인데 돈을 포기하면서 입사해야 하는 이유가 무엇인지 말해보시오.

⑱ 원하는 직무와 다른 곳에 간다면 어떤 자세로 임할 것인가?

⑲ 제2의 도약을 위해 LS그룹 직원으로서 갖춰야 할 덕목은 무엇이라고 생각하는가?

⑳ 지원자 본인만의 스트레스 해소법을 말해보시오.

㉑ 본인이 생각하는 품질관리란 무엇이고, 무엇을 중요하게 생각하는지 말해보시오.

㉒ 회사의 홈페이지에 들어가 보았다면 무엇이 가장 기억에 남는가?

㉓ 당사 제품 서비스 등에 대해 아는 대로 말해보시오.

※ 지원한 분야 혹은 전공 관련 질문이 있으므로 준비를 해가는 것이 좋습니다.

③ 국내 주요 기업 면접 기출

(1) 삼성

① 상사와 갈등이 지속적으로 생긴다면 어떻게 대처하겠습니까?

② 전 직장을 그만 둔 이유는 무엇입니까?

③ 당사에 지원한 동기는 무엇입니까?

④ 지방 근무 가능하십니까?

⑤ 가족관계를 설명해주세요.

⑥ 입사 후 자신이 싫어하는 업무를 맡았을 때 어떻게 하겠습니까?

⑦ 학교 다닐 때 어떤 것을 경험했고, 그 교훈은 무엇이었습니까?

⑧ 노조에 대해 어떻게 생각하십니까?

⑨ 자신의 (성격) 장·단점을 말해보세요.

⑩ 마지막으로 하고 싶은 말이 있으면 말해보세요.

(2) CJ

① 자기의 능력을 키우기 위해서 어떠한 노력을 했습니까?

② 왜 그 직무에 지원했습니까?

③ 자신이 심사위원이라면 신입사원을 어떤 기준으로 뽑겠습니까?

④ 경쟁사에서 스카웃 제의가 들어온다면 어떻게 하겠는가?

⑤ 상사와 의견이 대립하게 되면 어떻게 풀어갈 것입니까?

⑥ 당사의 인재상 중 지원자와 잘 맞는 것은?

⑦ 입사 후 본인이 하고 싶은 일을 짧게 말해보세요.

⑧ 앞으로 10년 후 당신은 회사에서 어떤 모습일 것 같습니까?

⑨ 업무실적이 안 나오면 어떻게 할 것인가?

⑩ 당사 영업점에 가본적이 있습니까?

(3) SK

① 입사 후에 자신이 배치받은 직무가 마음에 들지 않을 때 어떻게 하겠습니까?

② 이직의 이유가 무엇입니까?

③ 지원 동기는 무엇입니까?

④ 다른 회사는 어디에 지원했습니까? 합격한다면 어디로 갈 것입니까?

⑤ 입사 후 어떤 일을 하고 싶습니까?

⑥ 지방근무는 가능합니까?

⑦ 자신의 취미를 말해보세요.

⑧ 주량은 어떻게 됩니까?

⑨ 가족 소개를 해보세요.

(4) LG

① 본인이 가진 장점 중 LG에서 일하기에 가장 적합한 특성은 무엇인가?

② 지방 근무는 가능합니까?

③ 입사하면 어떤 일을 하고 싶습니까?

④ 다른 회사에 지원했습니까?

⑤ 술은 얼마나 합니까?

⑥ 해당 직무에 지원하는 이유는 무엇입니까?

⑦ 입사 후 하고 싶은 일을 말해보세요.

⑧ 입사 후 포부를 말해주세요.

⑨ 취미를 말해보세요.

⑩ 마지막으로 하고 싶은 말은?

(5) 롯데

① 자신에 대해서 자랑할 수 있는 것 다섯 가지를 말해보세요.

② 입사한다면 어떤 일을 하고 싶은가?

③ 자신의 강점을 설명해보세요.

④ 가족사항을 소개해주세요.

⑤ 자사에 지원한 이유가 무엇입니까?

⑥ 해당 근무를 하려는 이유는 무엇입니까?

⑦ 지방 근무는 가능합니까?

⑧ 당사에 대해 아는대로 말해 보세요.

⑨ 자신의 특기를 말해보세요.

⑩ 마지막으로 할 말이 있으면 해보세요.

(6) GS

① 자신의 인생에 있어서 최우선 순위 3가지를 말해보세요.

② 요리는 잘합니까?

③ 앞으로의 포부를 말해보세요.

④ 야근이 많은데 할 수 있는가?

⑤ 면접경험이 있는가? 있다면 이번이 몇 번째인가?

⑥ 어려운 사항을 극복한 과정을 말해보세요.

⑦ 이전 직장에서 맡은 일은 무엇이며, 왜 그만두었나요?

⑧ 정직해서 손해 본 경험이 있다면 말해보시오.

⑨ 전공이 희망 직무와 맞지 않는데 왜 지원했나요?

⑩ 리더십과 팔로우십을 비교 · 설명해보시오.

(7) 현대중공업

① 지금까지 살아오면서 가장 행복했던 일은 무엇이고 이유는 무엇입니까?

② 당사 지원 동기는 무엇입니까?

③ 이직의 사유는 무엇입니까?

④ 입사 후 하고 싶은 일이 무엇입니까?

⑤ 지방 근무는 가능합니까?

⑥ 인생에서 중요하게 여기는 것은?

⑦ 자신만의 특기가 있으면 설명해보세요.

⑧ 동아리 활동을 말해보세요.

⑨ 살면서 가장 자랑스러웠거나 잘한 일은 무엇인가?

⑩ 오늘 면접복장 선택 이유는?

(8) 금호아시아나

① 우리 회사에 왜 지원했는지 이야기해보세요.

② 다른 회사 어디에 지원했고, 어떻게 진행중입니까?

③ 자신의 꿈에 대해서 말해보세요.

④ 들어와서 어떤 일을 하고 싶습니까?

⑤ 원하지 않는 직무를 맡으면 어떻게 할 것인가요?

⑥ 최근 읽은 책, 잡지, 신문 등에서 가장 인상 깊은 부분을 말해보세요.

⑦ 가족 소개를 해보세요.

⑧ 가장 힘들었던 경험을 말해보세요.

⑨ 우리 회사에 대해 아는 대로 말해보세요.

⑩ 지원한 직무에서 하는 일을 아십니까?

(9) 한진

① 지금의 전공을 선택하게 된 이유는 무엇입니까?

② 영어로 자기소개 해보세요.

③ 한진에서 일하기에 본인이 가진 장점이 무엇이라고 생각합니까?

④ 학창시절 동아리 활동에 대하여 말해보세요.

⑤ 지방근무는 가능한가요?

⑥ 노사에 대해서 어떻게 생각합니까?

⑦ 주량은 어떻게 됩니까?

⑧ 자신의 강점을 말해보세요.

⑨ 한진에서 무슨 일을 하고 싶습니까?

⑩ 살면서 가장 힘겨웠던 경험을 말해 보세요.

⑽ 두산

① 취업시장의 채용기준이 변화하고 있는데 본인은 이를 위해서 어떠한 준비를 하고 있습니까?

② 당사에 지원한 동기가 무엇입니까?

③ 전공이 지원 분야와 어떤 상관이 있습니까?

④ 주량은 어느 정도입니까?

⑤ 자신의 취미와 특기를 말해보세요.

⑥ 가족관계를 설명해보세요.

⑦ 학교생활동안 동아리 활동이나 사회봉사활동 경험이 있습니까?

⑧ 지금까지 살면서 힘들었던 일들과 그것을 어떻게 극복했는지 말해보세요.

⑨ 입사한다면 어떤 일을 하고 싶습니까?

⑩ 마지막으로 하고 싶은 말이 있으면 해보세요.

시사용어사전 1228

매일 접하는 각종 기사와 정보! 공기업/언론사/기업체/공무원 채용을 준비하는 수험생과
현대인이 꼭 알아야 할 최신 시사상식을 쏙쏙 뽑아 이해하기 쉽도록 영역별로 정리

경제용어사전 1050

주요 경제용어는 거의 다 실었다! 금융권/공기업/언론사/기업체/공무원 채용을 준비하기 전에,
경제 공부를 시작하기 전에 읽어보면 경제가 쉬워지도록 사전식으로 구성

부동산용어사전 1310

부동산에 대한 이해를 높이고 부동산의 개발과 활용, 투자 및 부동산 용어 학습에도
적극적으로 이용할 수 있는 교재, 공인중개사 출제용어도 수록

자격증
한번에 따기 위한 서원각 교재
한 권에 준비하기 시리즈 / 기출문제 정복하기 시리즈를 통해 자격증 준비하자!
2026
동물보건사
실력평가모의고사
3회
2026
손해평가사
1차시험
기출문제정복하기
2026
스포츠지도사
8개년 2025~2018년
기출문제정복하기
2026년 최신개정판
자격증 한 번에 따기
2급 생활·전문
스포츠지도사
8개년 기출문제 정복하기
황태식, 정재현 공저
SEOWONGAK